Ausgezickt!
So bleibt er für immer

mosaik

Tracy McMillan

Ausgezickt!

So bleibt er für immer

Schluss mit den 10 Kardinalfehlern
moderner Frauen

Aus dem Amerikanischen
von Karin Wirth

mosaik

Alle Namen der in diesem Buch erwähnten Männer und Frauen sowie physische Merkmale und biografische Daten, die eine Identifikation ermöglicht hätten, wurden geändert. Einige Charaktere setzen sich aus mehreren realen Vorbildern zusammen.

Dieses Werk basiert auf dem im Februar 2011 in der Online-Zeitung *The Huffington Post* erschienen Artikel »Why Your're Not Married« von Tracy McMillan.

MIX
Papier aus verantwortungsvollen Quellen
FSC® C014496

Verlagsgruppe Random House FSC-DEU-0100
Das für dieses Buch verwendete FSC®-zertifizierte Papier
Munken Premium Cream liefert Arctic Paper Munkedals AB, Schweden.

1. Auflage
Deutsche Erstausgabe September 2012

Originaltitel: Why You're Not Married … Yet
Originalverlag: Ballantine Books, New York
Umschlaggestaltung: Eisele Grafik-Design
Redaktion: Manuela Knetsch
Satz: Buch-Werkstatt GmbH, Bad Aibling
Druck und Bindung: GGP Media GmbH, Pößneck
Printed in Germany
KW · Herstellung: IH
ISBN 978-3-442-39231-5-5

www.mosaik-verlag.de

Inhalt

Quiz

Oder: 38 Gründe dafür, dass Sie dieses Buch brauchen

Antworten Sie so ehrlich wie möglich. Wenn Sie bei einer Frage unsicher sind, erlauben Sie sich, sie zu überspringen.

Welche Aussagen sind zutreffend?

1. Manchmal frage ich mich, warum überhaupt so viel Aufhebens um Beziehungen gemacht wird.

2. Recht zu haben ist meine Lieblingsbeschäftigung.

3. Ich möchte wirklich um meiner selbst willen geliebt werden.

4. Ich verbringe so viel Zeit im Büro, dass ich schon daran gedacht habe, dort die Wände in meiner Lieblingsfarbe zu streichen.

5. Nette Menschen gehen mir extrem auf die Nerven.

6. Ich habe mehr als zwei Patenkinder (für jedes weitere Patenkind 1 Zusatzpunkt).

7. Auf das Aussehen kommt es nicht an – es sei denn, ein Mann ist arm oder dumm.

8. Ich habe einen Universitätsabschluss in einem Fach, mit dem man keine Chance auf dem Arbeitsmarkt hat.

9. Ich habe noch nie jemanden betrogen – bis auf das eine Mal.

10. Was das Kinderkriegen angeht, liegt mein Alter irgendwo zwischen »Daran verschwende ich noch keinen Gedanken« und »Oh, mein Gott«.

11. Männer verlieben sich mit ihrem Penis.

12. Ich habe auf dem Handy oder Computer eines Mannes herumgeschnüffelt.

13. Ich habe E-Mails oder SMS vom Handy oder Computer eines Mannes an mich weitergeleitet (3 Zusatzpunkte).

14. Ich bin unangemeldet am Arbeitsplatz eines Mannes aufgekreuzt.

15. Manchmal frage ich mich, wie die Chinesische Mauer ganz ohne mein Zutun gebaut werden konnte.

16. Man hat mir gesagt, dass ich anlehnungsbedürftig sei. Was völliger Unsinn ist.

17. Ich habe mit jemandem per SMS oder mit einer Nachricht auf dem Anrufbeantworter Schluss gemacht.

18. Ich habe ernsthaft den Wunsch verspürt, einen Mann zu heiraten, dessen Foto ich im Internet gesehen habe. (10 Zusatzpunkte, wenn Sie ihn wirklich geheiratet haben.)

19. Ich bin mir ziemlich sicher, dass ich übersinnliche Kräfte habe.

20. Alles in allem bin ich seit mehr als fünf Jahren in Therapie.

21. Ich habe die *Gala* abonniert. (5 Zusatzpunkte für *InTouch,* 8 Zusatzpunkte für *OK!*)

22. Ich habe eine Angewohnheit oder Verhaltensweise, die ich ganz bestimmt ablegen werde, sobald ein fester Partner in Sicht ist.

23. Loslassen wird überbewertet. Ich klammere mich gern an Dinge.

24. Ich gehe gern mit Männern aus, die bessere Jobs haben, besser aussehen oder aus besseren Familien stammen als ich.

25. Manchmal halte ich mich für dick/hässlich/dumm – aber ich habe *kein* schwaches Selbstwertgefühl.

26. Mein Bücherregal ist vollgestopft mit Ratgeberliteratur.

27. Ich habe Bücher aus der »Twilight«-Reihe gelesen. (3 Zusatzpunkte, wenn Sie sie komplett gelesen haben. 7 Zusatzpunkte, wenn Sie im Voraus Eintrittskarten für den Film reserviert haben. 23 Zusatzpunkte, wenn Sie vor der Premiere vor dem Kino gezeltet haben.)

28. Ich habe mindestens einmal den »Single Ladies«-Tanz von Beyoncé Knowles ausprobiert.

29. Ich finde das Sternzeichen eines Mannes innerhalb der ersten Woche heraus.

30. Ich nutze Personensuchmaschinen im Internet.

31. Ich habe einem Mann eine süße E-Card oder ein Stofftier geschickt – obwohl wir, genau genommen, nicht miteinander ausgingen.

32. Mein Vater war ein Lügner, Fremdgeher, Spieler, Krimineller und/oder gewalttätig.

33. Meine Mutter war alkoholabhängig, depressiv, jähzornig, eine Schönheit und/oder trug extrem schicke Klamotten.

34. Meine Geschwister sahen besser aus als ich, waren intelligenter, sportlicher und/oder die Art Menschen, die andere gern unterbuttern.

35. Der Familienhund war ein »Rammler« oder hatte andere psychische Probleme.

36. Ich habe schon Namen für meine zukünftigen Kinder ausgewählt. (12 Zusatzpunkte, wenn »Bella« oder »Edward« dabei ist.)

37. Ich bin Single und weiß nicht, warum.

38. Heiraten ist bescheuert, und Männer sind das Letzte.

Auswertung

Geben Sie sich für jede Frage, die Sie mit »Trifft zu« beantwortet haben, 1 Punkt und addieren Sie die angegebenen Zusatzpunkte. Und nicht schummeln!

1–9 Punkte:

Sie könnten von diesem Buch profitieren, aber Sie denken sicher, dass Sie schon alles wissen, was drinsteht. Lesen Sie es darum ganz schnell durch und tun Sie anschließend Ihrer besten Freundin, Schwester, liebsten Feindin oder Kollegin einen Gefallen und kaufen Sie ihr auch ein Exemplar. Versichern Sie ihr, dass Sie das Buch für völlig bescheuert halten, es ihr aber gerade, weil es so lächerlich ist, schenken mussten. Schlagen Sie ihr vor, sich mit Ihnen zu treffen, sobald sie es gelesen hat, damit Sie sich gemeinsam über den ganzen Unsinn lustig machen können. Drücken Sie ihr die Daumen, dass sie vielleicht trotzdem etwas daraus lernt.

10–19 Punkte:

Sie brauchen dieses Buch. Im Ärztejargon gibt es ein »Alles in Ordnung« und ein »In Ordnung, aber wir müssen die Sache im Auge behalten«. Sie gehören in die zweite Kategorie. Es ist nicht so, dass Sie *niemals* eine glückliche Beziehung haben werden, wenn Sie nicht herausfinden, was mit Ihnen los ist. Aber *wenn* Sie es herausfinden, wird es viel schneller der Fall sein. Und wie bei einem Pilz wird es immer schlimmer, je länger Sie warten. Sie müssen einfach genau wissen, mit welcher Art von Pilz(en) Sie es zu tun haben. Und wenn Sie dieses Buch gelesen haben, werden Sie es wissen.

20–29 Punkte:

Sie brauchen dieses Buch unbedingt. Ihr Liebesleben ist wie Silvester am Ende eines Jahres, in dem Sie sich hemmungslos dem Essen, Trinken und Rauchen hingegeben haben. Sie sind *erschöpft.* Niemand bestreitet, dass Sie Spaß bei der Sache hatten, aber Sie sind trotzdem erleichtert, dass das Jahr vorbei ist und Sie endlich gute Vorsätze fassen (und wieder brechen) können. Für Sie ist dieses Buch wie Neujahr – eine Chance, neu anzufangen und es dieses Mal richtig zu machen. Und machen Sie sich keine Sorgen darüber, dass Sie wieder rückfällig werden könnten. Denn mithilfe dieses Buchs werden Sie lernen, dass das ganz allein in Ihrer Hand liegt.

Mehr als 30 Punkte:

Dieses Buch wurde für Sie geschrieben. Sie wissen schon, dass irgendetwas in Ihrem Liebesleben nicht funktioniert. Was Sie noch nicht wussten, ist, dass *nichts* in Ihrem Liebesleben funktioniert. Aber das ist kein Grund zum Verzweifeln. Daran zu arbeiten ist viel einfacher und angenehmer als das, was Sie zurzeit tun: verdrängen. *Das* ist wirklich verdammt schwer.

Einleitung

In Ihren Zwanzigern lief alles völlig problemlos. Sie haben gearbeitet, eingekauft, am Wochenende zu viel getrunken und Sex mit Ihrem Freund (oder sonst jemandem) gehabt – nicht unbedingt in dieser Reihenfolge. Dann ist etwas passiert. Vielleicht ein weiterer Geburtstag. Eine Trennung. Die Hochzeit Ihrer besten Freundin. Sie fanden sich in einem halbwegs eleganten Outfit, das Sie – kombiniert mit netten Stiefeln und einer Jeansjacke – ohne Probleme auch bei anderen Anlässen tragen können, in einer Kirche wieder. Und während Sie durch den Mittelgang schritten und einen Bräutigam sahen, der nicht Ihrer war (was Sie sich in diesem konkreten Fall auch nicht gewünscht hätten), verursachte es Ihnen plötzlich zum allerersten Mal eine Art – Unbehagen? –, *dass Sie Single sind.* Und nicht einmal *nahe dran,* eine feste Beziehung einzugehen.

Ihr Verstand sagt Ihnen, dass es völlig in Ordnung ist, Single zu sein. Aber warum fühlt es sich dann so an, als ob es nicht in Ordnung ist? Als ob der Zug des Lebens jeden Moment abfahren könnte, während Sie sich vergebens abmühen, an einem defekten Automaten eine Fahrkarte zu kaufen? Sie stecken immer wieder Ihre Geldkarte hinein, aber nichts passiert. Sie beginnen sich zu fragen, ob mit dem Magnetstreifen etwas nicht stimmt.

Der Zweck dieses Buches besteht darin, Sie bei der Erfüllung eines Wunsches zu unterstützen, den Sie sich – wenn es Ihnen so wie vielen meiner Bekannten geht – vielleicht nicht einmal selbst eingestehen können: Ich meine den Wunsch, einen Partner (fürs Leben) zu finden.

Eines möchte ich aber sofort klarstellen: In diesem Buch geht es nicht darum, einen Mann zu finden. Eigentlich geht es hier überhaupt nicht um Männer. Denn wie Sie vielleicht schon erkannt haben, besteht das Problem nicht in einem Mangel an Männern. Es gibt da draußen Millionen von ihnen. Die Frage ist, woran es liegt, dass Sie mit keinem von ihnen eine Beziehung eingehen.

In diesem Buch geht es um *Sie.* Um die Art von Frau, die Sie sind. Genauer gesagt um die Frage, ob Sie die Art von Frau sind, die zu einer festen Beziehung bereit ist. Und falls Sie es nicht sind, wie sich das ändern lässt. Natürlich werden Sie sich schon jetzt für eine beziehungsfähige Frau halten. Wer würde sich nicht selbst so einschätzen? Aber wahrscheinlich würde es Ihnen nicht schaden, eine ehrliche – wirklich ehrliche! – Bestandsaufnahme zu machen, sich Ihre negativen Charakterzüge anzuschauen und sich zu fragen, wo sie Ihnen im Weg stehen. Sie machen sicher nicht alles falsch. Aber es ist auch unwahrscheinlich, dass Sie alles richtig machen. Nur wenn Sie bereit sind, sich selbst einen Spiegel vorzuhalten und einen mitfühlenden Blick hineinzuwerfen, können Sie sich als Mensch weiterentwickeln und beziehungsfähig(er) werden.

Meine Grundannahme lautet, dass es in einer Beziehung um Liebe geht. Nicht die Art von Liebe, die Ihnen das Gefühl gibt, die Hauptdarstellerin in einem coolen Werbespot zu sein. Sondern die Art von Liebe, die Sie in die Lage versetzt, Risiken einzugehen, Ihr Ego hintenanzustellen, Ihren Schutzschild abzulegen und einen Mann um seiner selbst willen zu lieben, nicht um der Dinge willen, die Sie sich von ihm erhoffen – selbst wenn das, was Sie sich erhoffen, ist, ihn zu lieben. (Und natürlich eine feste Beziehung und ein Kind.)

Es ist ganz einfach: Wenn Sie nicht in einer festen Partnerschaft leben, es aber gern tun würden, müssen Sie mehr Liebe zum Ausdruck bringen, statt darauf zu hoffen, mehr Liebe zu bekommen. Sie müssen Liebe zeigen, fühlen, leben. Sie überall erkennen.

Wie Madonna es ausgedrückt hat (ziemlich kitschig, ich weiß): *Open your heart.* Es geht darum, sein Herz zu öffnen.

Goldene Ringe und Handfeuerwaffen

Aber wer bin ich eigentlich, und weshalb sollten Sie auf mich hören? Nun, zunächst einmal bin ich nicht die Art von Expertin, die in ihren eigenen Beziehungen immer alles richtig gemacht hat und Ihnen jetzt die wichtigsten Regeln auf einem Silbertablett serviert. Ganz im Gegenteil. Ich war (früher) in puncto Beziehungen eine ziemliche Versagerin, aber ich habe hart daran gearbeitet, das zu überwinden. Ich war eine Art weibliche Version von Robert Downey junior (wenn man das Crack durch Männer und die Waffen durch goldene Ringe ersetzt), die irgendwann am absoluten Tiefpunkt angekommen war.

Seit etwa zehn Jahren bin ich eine Kombination aus Laientherapeutin, Liebescoach und Beraterin für Beziehungswillige. Meine Sprechstunden finden am Getränkeautomaten, in der Kantine, im Café oder auf der Damentoilette statt – meistens dann, wenn ich eigentlich meiner richtigen Arbeit nachgehen sollte. (Ich schreibe Drehbücher für Film und Fernsehen, und davor schrieb ich 15 Jahre lang Texte für Nachrichtensendungen.)

Nicht, dass ich mich je auf die Suche nach »Klienten« gemacht hätte. Ich beschäftigte mich mit den verschiedensten Themen, um mich persönlich weiterzuentwickeln (was ich auch wirklich nötig hatte) und geriet unweigerlich in Situationen, in denen ich das, was ich gelernt hatte – kombiniert mit meiner eigenen Menschenkenntnis und meinen Beziehungserfahrungen – weitergab. Im Lauf der Jahre stellte ich beinahe zu meiner Überraschung fest, dass ich anderen helfen konnte. Ich werde nie vergessen, wie ich einmal durch ein großes Einkaufszentrum in Beverly Hills schlenderte und eine Bekannte traf. Sie erzählte mir ganz aufgeregt, dass sie aus einer Unterhaltung, die wir zwei Jahre zuvor in einem Café geführt hatten, etwas habe mitnehmen können und jetzt mit einem tollen Mann zusammenlebe, den sie liebe. Wie wunderbar! Ich freute mich wirklich für sie und darüber, dass ich meinen bescheidenen Teil zu etwas Gutem beigetragen habe. (Die Quintessenz der Unterhaltung im Café ist in das 9. Kapitel dieses Buches, »Sie benehmen sich wie ein Kerl«, eingeflossen.)

Das war die erste von vielen solcher Begegnungen. Seither habe ich vielen Frauen geholfen, einer festen Beziehung näher zu kommen – nicht weil ich ihnen gezeigt habe, wie sie einen Mann finden können, sondern weil ich ihnen geholfen habe, ihr Frausein in einem neuen Licht zu sehen. Dadurch veränderte sich ihre Selbsteinschätzung und ihr Auftreten gegenüber anderen, und ehe man sich's versah, hatten sie den Mann fürs Leben gefunden.

Ich bin außerdem Mutter eines Sohnes im Teenageralter. Ich kann es gar nicht oft genug sagen: 14-jährige Jungs sind mit dem Einzellerstadium eines Ehemanns vergleichbar. Oft würde ich gern meine Single-Freundinnen für einen Tag zu mir nach Hause einladen, um ihnen klarzumachen, womit sie es tatsächlich zu tun haben, wenn es um Männer geht. Das soll nicht heißen, dass alle Männer unreif sind, sondern dass in allen Männern das Gegenstück zu dem Teil in mir steckt, der nie über die neunte Klasse hinausgekommen ist. Und damit ich Männer (und mich selbst) lieben kann, muss ich diesen Teil realistisch sehen.

Und dann gibt es da noch etwas Wichtiges über mich zu sagen: Ich war dreimal verheiratet. (Ja, dreimal.) Einmal in den Achtzigern, einmal in den Neunzigern und einmal im ersten Jahrzehnt des 21. Jahrhunderts. Außerdem habe ich es irgendwie geschafft, dazwischen noch drei Lebensgemeinschaften und vier weniger bedeutsame Beziehungen unterzubringen – und mich nach unzähligen nicht verfügbaren Männern zu verzehren, die mich nicht lieben konnten oder wollten. Tja, ich war ziemlich beschäftigt.

Während meiner jahrzehntelangen Erfahrungen mit Männern habe ich so viele richtige Beziehungen vermasselt und bin so vielen falschen hinterhergelaufen, dass ich viel darüber gelernt habe, was funktioniert und was nicht. Ich bin zu einer Art Laienanwältin für Beziehungen geworden, die so viel an ihrem eigenen Fall arbeiten musste, dass sie jetzt anderen helfen kann. Ich weiß, was Sie falsch machen, weil ich all das selbst auch gemacht habe. Und ich gebe gern zu, dass ich in Bezug auf das Aufrechterhalten einer Beziehung eine ziemlich zweifelhafte Erfolgsbilanz aufzuweisen habe.

Ganz anders sieht es mit dem Eingehen einer Beziehung aus. Ich weiß nicht, warum, aber Männer anzulocken, die bereit sind, mich zu heiraten oder mit mir zusammenzuleben, scheint meine größte Stärke zu sein. (Gleich an zweiter Stelle kommt Geschwätzigkeit.) Ich habe viel darüber nachgedacht und bin zu dem Schluss gekommen, dass ich zwar nett und treu bin und kein Mann sich je mit mir langweilen wird, dass ich aber ansonsten nichts Besonderes zu bieten habe. Es gibt Frauen, die viel besser qualifiziert sind als ich, aber bei Weitem nicht so viel Gelegenheit bekommen, es unter Beweis zu stellen.

Ich glaube, dass mein Erfolg in diesem Bereich auf meine Bereitschaft zurückzuführen ist, auf bindungswillige Männer zuzugehen, sowie – und das ist sehr wichtig und oft schwieriger – nicht bindungswillige Männer loszulassen.

Das habe ich mir nicht nur selbst erarbeitet. Es hat größtenteils damit zu tun, dass ich in Pflegefamilien aufgewachsen bin. Als ich anfing, mich mit Männern zu verabreden, hatte ich nur ein Ziel: Männer, die mich verlassen würden, zu meiden. Um es mit amerikanischen Präsidenten auszudrücken: Es zog mich zu sanftmütigen, nachdenklichen, vor allem mit dem Herzen begehrenden Männern wie Jimmy Carter hin – die Bill Clintons der Welt konnten woanders Saxophon spielen. Schlimmer, als mit einem solchen Mann auszugehen, stellte ich mir nur die Heirat mit ihm vor. Und heiraten wollte ich unbedingt.

Aber genug davon. Wahrscheinlich fragen Sie sich inzwischen, wie es dazu kommen konnte, dass ich dreimal zum Altar geführt wurde, bevor ich auch nur ein einziges graues Haar bekam. Viele Leute denken, dass ich schlechte Männer geheiratet habe und/oder aufgrund meiner drei Scheidungen völlig verbittert bin, was die Ehe angeht. Keines von beidem trifft zu. Hier eine kurze Übersicht.

Ehemann Nr. 1 Er war der zweite Mann, mit dem ich Sex hatte. Ich wurde mit 17 seine Freundin (ich muss ihm zugutehalten, dass ich ihn belogen hatte – er dachte, ich sei 19) und heiratete ihn (auf einem Schiff) nach einer sehr vernünftigen zweijährigen Phase des Kennenlernens. Er war zehn Jahre älter, hatte einen Universitätsabschluss und einen tollen Job bei einem Großunternehmen (bei dem er heute, 28 Jahre später, immer noch arbeitet). Mit anderen Worten: Er war ein guter, ehrlicher Mann aus einer großartigen Familie. Das einzige Problem war … ich. Ich war einfach zu jung, um diese Art von Bindung einzugehen.

Ehemann Nr. 2 13 Jahre später lief mir Dan über den Weg, ein sehr netter Pfarrerssohn, den ich bei der Arbeit kennenlernte. Nach sechs Monaten Beziehung (mit 31) wurde ich schwanger. Da ich mich verzweifelt nach der Art von Familie sehnte, die ich als Kind vermisst hatte, wusste ich, was ich zu tun hatte (eine Bindung eingehen), aber ich wusste nicht, wie. Ich war unfähig, meine lebenslange Programmierung zu überwinden und tat nach drei Jahren das, was mir natürlich erschien: Ich verließ ihn. Na gut, ich zog nur fünf Kilometer weiter, aber trotzdem: Ich konnte einfach die Nähe nicht ertragen, die man in einer Ehe mit einem stabilen, liebevollen

Mann erlebt. Das ist keine Entschuldigung, sondern einfach eine Tatsache. Heute wären wir Anwärter auf einen Nobelpreis in der Kategorie »Gemeinsam sorgeberechtigte Eltern« (wenn es ihn gäbe).

Ehemann Nr. 3 Zu guter Letzt gab es da noch Paul, den ich mit 40 heiratete und von dem ich mich mit 41 wieder scheiden ließ. Er war der Mann, den ich mein ganzes Leben lang gesucht hatte. Mit anderen Worten, ich fand ihn wahnsinnig attraktiv – und musste leider feststellen, dass »seelenverwandt« manchmal »imstande, alle Wunden deiner Kindheit wieder aufzureißen« bedeutet. Ich wusste es anfangs nicht, aber Paul vereinte die besten (und schlechtesten) Eigenschaften meines Vaters in sich – für den es keine Freizeitbeschäftigung, sondern eine echte Berufung gewesen war, Frauen nachzustellen. Als wir ungefähr acht Monate verheiratet waren, beschloss Paul, etwas mit einer 21-Jährigen anzufangen, weshalb ich ihn klugerweise aufforderte, aus der gemeinsamen Wohnung auszuziehen. Es war sowohl für mich als auch für meinen Sohn eine sehr schmerzliche Zeit, aber so hart die Lektionen des Lebens manchmal auch sein mögen – diese Beziehung durchzustehen, hat mich frei gemacht. Wirklich frei.

Nachdem ich durch ganze Beziehungen hindurch von dem Wunsch beseelt gewesen war, eine bestimmte Art Mann (einen aufregenden, attraktiven und eigentlich nicht verfügbaren Mann) zu finden, weiß ich jetzt aus erster Hand, was meine Version von Mr Big bedeutet: Seelenqualen. Meine Hauptkritik an der Serie *Sex and the City* ist, dass sie eine Beziehung mit Mr Big wünschenswert oder gar realistisch erscheinen lässt, obwohl ein Fantasiemann doch nun einmal nichts weiter als eine Fantasie ist. Sie können jeden Drogenabhängigen fragen: Der Versuch, Tag für Tag der Realität zu entfliehen, ist nicht nur zeitaufwendig, sondern geradezu eine Tortur. Sonst würden wir es ja alle tun.

Kurzum, meine Ehen »scheiterten« – oder treffender: »kollabierten« – aus einem sehr einfachen Grund: Ich war noch nicht die richtige Frau für eine feste Beziehung.

Ach, deswegen ...

Wenn Sie bis hierher durchgehalten haben, möchte ich Sie einladen, mit mir einen humorvollen, schwesterlichen, spirituellen, ernsthaften Blick darauf zu werfen, wie Sie stärker und besser lieben können. Die in diesem Buch vorgestellten Grundprinzipien können Ihr Leben verändern. Nachdem Sie es gelesen haben, werden Sie sich hoffnungsvoller fühlen, als es seit Langem der Fall gewesen ist, weil Sie feststellen werden, dass die Ihnen im Weg stehenden Dinge überwindbar sind, wenn Sie bereit sind, sich ihnen zu stellen.

Dieses Buch umfasst zehn Kapitel – eines für jede der Methoden, die Sie möglicherweise anwenden, um Ihre eigene Beziehungsfähigkeit zu sabotieren. Ich empfehle Ihnen, das Buch einfach mit offenem Herzen und Verstand einmal ganz durchzulesen und anschließend zu einem Kapitel zurückzukehren, das Sie besonders anspricht. Leben Sie eine Woche lang mit den Gedanken aus diesem Kapitel. Versuchen Sie, die empfohlenen Veränderungen umzusetzen. Wenden Sie sich dann einem anderen Kapitel oder Bereich zu, in dem sie Probleme bei sich sehen. So werden Sie ganz allmählich diese neue Selbsteinschätzung im Hinblick auf Liebe und Beziehungen verinnerlichen. Das wird kein Kurzstreckenlauf, aber auch kein Marathon. Es wird ein schöner langer Spaziergang an einem klaren Herbsttag. Einige Male geht es vielleicht bergauf, aber die meiste Zeit können Sie ihn einfach entspannt genießen. Es ist Lebensarbeit.

In jedem dieser Kapitel werden zuerst die Grundprobleme angesprochen, beispielsweise, was »Sie sind eine gehässige Zicke« eigentlich bedeutet. In den Abschnitten »Worum es wirklich geht« beschreibe ich das zugrunde liegende Kernproblem ausführlicher. In jedem Kapitel lasse ich Sie unter der Überschrift »Aus meinem Leben« an besonderen und nicht ganz so besonderen Ereignissen teilhaben, bei denen ich es genauso vermasselt habe, wie Sie es jetzt vielleicht gerade tun. In den Sequenzen »Warum XY keinen Mann hat« erzähle ich Ihnen von sehr netten Singlefrauen, die es ebenfalls vermasseln. Das hilft Ihnen zu erkennen, was Sie falsch machen – Sie wissen ja, dass es immer viel einfacher ist, die Fehler anderer Menschen wahrzunehmen.

Anschließend teile ich in »Was Sie über Männer wissen sollten« meinen reichhaltigen Erfahrungsschatz mit Ihnen. Ich halte es für hilfreich zu wissen, dass Männer das, was sie tun, nicht *uns* antun. Meistens tun sie es einfach, und wir sind zufällig in der Nähe. Mir hilft dieses Wissen, nicht so wütend auf sie zu sein. Damit kommen wir auch schon zu den Lösungen. Sie erfahren, »Was Sie ändern müssen« – und dabei geht es nicht um Make-up, mehr Volumen für Ihr Haar oder das Herumlungern in der Tiefkühlabteilung und an anderen Orten, wo Männer anzutreffen sind, sondern darum, Ihre Einstellung zu Männern, zu Beziehungen und zu sich selbst zu ändern. Weil Veränderungen schwierig sind (wenn es nicht so wäre, würden wir viel mehr ändern), befassen wir uns als Nächstes mit »Spirituellen Übungen, die Ihnen helfen, sich zu verändern«. In diesem Teil wird das Problem, wie versprochen, in einen spirituellen Kontext gestellt (keine Sorge, es wird nicht allzu esoterisch), und Sie bekommen Werkzeuge an die Hand, die Ihnen helfen, die Veränderung in die Tat umzusetzen. Am Ende jedes Kapitels steht, »Was Ihre beste Freundin [oder Ihre Mutter oder Ihre Kollegin oder Ihr Ex] weiß, Ihnen aber nicht sagt«, das heißt, was die Menschen, die Sie lieben, Ihnen sagen würden, wenn sie nur den Mumm dazu hätten. Stattdessen erfahren Sie es von mir, einer Fremden. Allerdings werden Sie nach der Lektüre dieses Buchs genug peinliche Dinge von mir wissen, um über mich urteilen zu können wie über Ihre engsten Freundinnen, was hoffentlich bedeutet, dass Sie wenigstens *in Erwägung ziehen,* mich zu Ihrer Hochzeit einzuladen.

Vor einer Sache muss ich Sie noch warnen: Am Ende werde ich Ihnen etwas völlig Abgefahrenes vorschlagen – sich einen Gott zuzulegen. Halt, nicht weglaufen! Es muss kein bärtiger alter Mann im Himmel und keine große Kirche mit Deckengemälden sein. Aber es sollte irgendetwas anderes sein als Ihr Verstand und das, was er Ihnen sagt. Ein Ort jenseits der Vernunft und des reinen Intellekts. Denn, wie gesagt, letztlich ist eine langfristige Beziehung ein spiritueller Trip. Selbst für coole Frauen wie Sie.

Langfristige Beziehungen sind eine Übung darin, jemanden auch dann zu lieben, wenn wir meinen, dass er es nicht unbedingt verdient hat. Und Liebe ist immer etwas Spirituelles – weil Menschen Fehler haben und es immer schwer ist, Fehler zu lieben. Sie können sich darauf verlassen, dass ein Mann meistens nicht das tut, was Sie wollen. Aber weil Sie ihm trotzdem Liebe geben, weil Sie sich dafür entschieden haben, ein Mensch zu werden, der sich darin übt, freundlich, tiefgründig, treu, ehrlich und großzügig zu sein, und der sich vor allem auch selbst annimmt, werden Sie das erleben, was Sie sich schon immer gewünscht haben: Liebe.

Und es würde mich überhaupt nicht wundern, wenn Sie am Ende den Mann Ihres Lebens finden würden.

1. Sie sind eine gehässige Zicke

Oder: Warum Wut und Angst Sie zum Single machen

1. *Gehen die Menschen in Ihrer Nähe wie auf Eiern – und Sie genießen es irgendwie?*
2. *Macht die Vorstellung, zu einem Mann nett zu sein, Sie wütend?*
3. *Hatten frühere Partner das Gefühl, dass Sie defensiv oder unnahbar waren?*

Es geht darum: Die meisten Männer wollen einfach eine Beziehung mit einer Frau, die nett zu ihnen ist. Nettsein bedeutet Sex, Lachen und gelegentlich – aber nicht so oft, dass es in Unterdrückung ausartet – Kochen oder Wäsche zusammenlegen oder sonst etwas, zu dem er zu faul ist. Einfach, weil Sie ihn lieben. Das bedeutet Nettsein.

Klingt das nach Ihnen? Wenn schon diese Frage genügt, um Sie wütend zu machen, wahrscheinlich nicht.

Aber das allein macht Sie noch nicht zu einer gehässigen Zicke. Zur Zicke werden Sie durch Ihre *Wut auf Männer, die so etwas überhaupt wollen.* Eine Zicke fühlt sich Männern überlegen (und den Frauen, die einen Mann wollen), verdreht die Augen, ohne es zu merken, und ist um den Mund herum immer sehr angespannt. Eine Zicke strahlt etwas aus, das anderen Menschen ein wenig Angst macht. Und wenn Sie eine Zicke sind, ist Ihnen das entweder egal oder Sie müssen sogar zugeben (wenn Sie ganz, ganz ehrlich sind), dass es Ihnen gefällt. Ein wenig jedenfalls.

Das macht Sie zu einer gehässigen Zicke.

Zickigkeit ist weniger eine Charaktereigenschaft als eine Form von *Energie,* gegen die nicht prinzipiell etwas einzuwenden ist. Wir alle haben eine innere Zicke, und sie ist eine mächtige Verbündete, die uns beschützt und verhindert, dass wir ausgenutzt werden. Aber in Beziehungen muss man (wie im Leben allgemein) meistens die Pistole in der Handtasche lassen. Das heißt, in manchen Situationen darf die Zicke zum Vorschein kommen, zum Beispiel bei harten geschäftlichen Verhandlungen oder wenn Sie bedroht werden, aber nicht bei einem Rendezvous. Und auch nicht einfach nur, weil Donnerstag ist.

Leider ist diese Art von negativer Energie bei Singlefrauen erschreckend häufig anzutreffen. Vielleicht liegt es daran, dass der Begriff »Zicke« irgendwann zum Synonym für eine moderne Frau wurde. In den Achtzigern und Neunzigern, in denen ich groß wurde, war man stolz darauf, eine Zicke zu sein. Es ging darum, sich in der Vorstandsetage ebenso zu behaupten wie im Bett. Sich für jahrhundertelange Unterdrückung zu revanchieren. Es war gerecht. Und es *machte stark.*

Aber wenn es um Beziehungen und Heirat (und nicht zuletzt auch um Mutterschaft) geht, ist der Anspruch der totalen Kontrolle eine enorme Belastung und für die meisten Männer – und Frauen – absolut inakzeptabel. Wer will denn schon einen Partner, der völlige Unterwerfung fordert?!

Worum es wirklich geht

Wenn ich behaupte, dass Sie eine Zicke sind, meine ich damit, dass Sie *wütend* sind. Wahrscheinlich glauben Sie das nicht, sondern halten sich für besonders klug, oder (wenn Sie viele Therapiesitzungen hinter sich haben) für jemanden, der anderen Menschen Grenzen setzt. Oder Sie sind der Ansicht, dass Sie aufgrund Ihrer intellektuellen Neugier einfach gern diskutieren. Aber in Wahrheit sind Sie wütend. Auf Ihre Mutter. Auf den Staat oder die Gesellschaft. Auf Kristina Schröder. Aber vor allem auf Männer. Weil sie Sie verletzen und zurückweisen können. Weil sie 23-jährige Mädchen starken und tollen Frauen wie Ihnen vorziehen.

Zumindest reden Sie sich das ein. Meiner Erfahrung nach haben Männer aber weder gegen starke noch gegen tolle Frauen etwas einzuwenden. Was sie allerdings nicht mögen, sind emotional unausgeglichene, nervige, bittere, kalte und vor allem lieblose Frauen.

Wütende Frauen machen Männern Angst. Sie werden es nicht offen zugeben, weil es ihnen oft nicht einmal bewusst ist. Aber seit ich selbst einen Sohn habe, ist mir klar, wie viel Macht eine Frau im Leben eines Mannes hat und welche tief greifenden Auswirkungen unsere Wut auf Männer hat (und ich meine nicht die Wut über herumliegende Socken, sondern eine tief sitzende Wut, die zu einem Teil der Persönlichkeit geworden ist). Es fängt schon bei der Mutter an. So wie wir Frauen mit dem Beziehungsmuster klarkommen müssen, das durch den Vater geprägt wurde, müssen sich Männer mit ihrer Mutter auseinandersetzen. Allerdings zehnmal so intensiv. Denn während der ersten Lebensjahre war diese Frau für sie die Quelle *aller* Dinge – Liebe, Frustration, Tadel, Kekse. Man kann den Einfluss der Mutter auf die Psyche eines Mannes gar nicht überschätzen. Dabei geht es nicht um seine konkrete Mutter, sondern um die Tatsache, dass er eine hat. Ganz zu schweigen davon, dass er eine Zeitlang *in ihrem Körper* gelebt hat! Also ehrlich – diese Vorstellung ist doch verrückt.

Deshalb müssen wir Frauen sehr darauf achten, wie wir unsere Wut ausdrücken. (Wie auch Männer sehr bewusst darauf achten sollten, wie sie ihre Wut ausdrücken.) Es mag Ihnen unfair erscheinen, auf männliche Ängste und Unsicherheiten Rücksicht nehmen zu müssen, um einen Partner zu finden, aber genau genommen ist es die perfekte Vorbereitung auf das, was Sie in einer Beziehung tun werden. Und das ist nicht negativ gemeint. Wenn Sie Mutter sind, müssen Sie auf die Ängste und Unsicherheiten Ihrer Kinder Rücksicht nehmen. Wenn Sie Ihren Arbeitsplatz behalten wollen, müssen Sie auf die Ängste und Unsicherheiten Ihres Chefs Rücksicht nehmen. Wenn Sie Freundschaften erhalten wollen …

Na ja, Sie wissen, was ich meine. Sie müssen Ihre Wut in den Griff bekommen.

Bitte lächeln!

Man hört immer wieder, Männer seien visuelle Wesen. Das bedeutet nicht einfach nur, dass sie Pornos erotischer Literatur vorziehen. Es bedeutet auch, dass sie auf der visuellen Ebene sehr viele Informationen über Sie erhalten. Daher sollten Sie – auch wenn es merkwürdig klingt – **auf Ihren Gesichtsausdruck und Ihre Körpersprache achten.** Einige meiner zickigsten Freundinnen haben keinerlei Vorstellung davon, mit welchem Gesichtsausdruck sie herumlaufen. Wenn sie es wüssten, würden sie ihn sicher ändern!

Sie müssen sich Ihre Mimik und Ihr Verhalten als einen sichtbaren Ausdruck Ihrer Gedanken und Gefühle vorstellen. Wenn Sie ständig wütende, verurteilende, gestresste Gedanken haben, wird man es Ihnen ansehen. Vielleicht kommt es in einem verkniffenen Mund, einem harten Ausdruck in den Augen, einer verächtlich gekräuselten Lippe, einer zur Faust geballten Hand oder einem anderen Aspekt Ihrer Körpersprache zum Ausdruck, der eine Botschaft übermittelt, die Sie nicht aussenden wollen.

Glücklicherweise gibt es eine einfache Möglichkeit, dagegen anzugehen: mit einem Lächeln! Einem Lächeln, das ernst gemeint ist. Das wird nicht nur Ihren Mitmenschen den Tag versüßen, sondern auch bewirken, dass Sie selbst sich besser fühlen – und Sie tausendmal attraktiver erscheinen lassen.

Aus meinem Leben als Ehefrau

Mit 20 war ich eine junge, verheiratete Zicke. Viele Leute sagen, dass sie zickige, gehässige Frauen kennen, die tatsächlich verheiratet sind, und ich weiß, dass das der Wahrheit entspricht, denn auf mich traf es auch einmal zu. Meiner Erfahrung nach fehlt es in den Ehen zickiger Frauen allerdings an liebevoller Wärme und gegenseitiger Wertschätzung (die sicher auch in den Ehen rücksichtsloser Männer fehlen).

Ich war nicht durch und durch schlecht. Ich war eine interessante Gesprächspartnerin, und dank meiner Abenteuerlust wurde das Leben mit mir nie langweilig. Aber ich war auch ein Mensch, der seinem eigenen Verhalten wenig Grenzen setzte. Ich missachtete andere Menschen, ohne es mir einzugestehen. Ich ließ dem Teil von mir freien Lauf, der meinte, er müsse immer seinen Willen haben, und sei es auf Kosten anderer.

Kurzum, ich war eine Zicke. In der Praxis sah das so aus:

1. **Ich übte Kontrolle aus.** Das ist die Hauptwaffe im Arsenal einer Zicke. Man verhindert, dass jemand etwas tut, was einem nicht gefällt, indem man dafür sorgt, dass alle wie auf Eiern gehen. Mein ganzer Körper spannte sich an, sobald jemand ein Thema ansprach, das mir unangenehm war, oder ein Verhalten zeigte, das mir nicht gefiel. Dann brachte ich durch meine Mimik (und gegebenenfalls verbal) mein Missfallen zum Ausdruck. Wer länger als sechs Monate Teil meines Lebens war, lernte die Signale zu interpretieren und machte einen Rückzieher. Bald blieben

nur die Menschen übrig, die sich meinen Wünschen unterwarfen, was mich zu dem Schluss verleitete, dass ich eine sehr angenehme junge Dame sei. Das entsprach allerdings ganz und gar nicht den Tatsachen.

2. **Ich war manipulativ.** Manipulatives Verhalten ist eine heimtückische, indirekte Methode der Beeinflussung anderer Menschen, die keine Spuren hinterlässt. Beispielsweise spricht man »beiläufig« mit seinem Partner über andere … und macht dabei deutlich, welche ihrer Verhaltensweisen einem gegen den Strich gehen. Zufälligerweise geht es dabei um Verhaltensweisen, die man seinem Partner seit Tagen, Wochen oder Monaten auszutreiben versucht. Wenn das nicht funktioniert, bleiben noch Schuldgefühle und Drohungen – man macht seinem Partner einfach klar, dass man Krebs bekommen oder ihn verlassen wird, wenn er weiterhin dieses unerwünschte Verhalten zeigt.

3. **Ich ließ kein gutes Haar an anderen.** Meine Einstellung war: »Niemand macht hier irgendetwas richtig. Punkt.« Ich hielt mich für etwas Besseres. Aber das versteht sich ja von allein. Wenn man diese Einstellung hat, weiß man, wer man ist.

4. **Ich war rachsüchtig.** Wenn man mir etwas »antat« oder ich das Gefühl hatte, dass mir etwas angetan wurde, zögerte ich nicht, Vergeltung zu üben – beispielsweise, indem ich den anderen ständig an Dinge erinnerte, die er einmal gesagt hatte, ihn kritisierte, um sein Selbstwertge-

fühl zu untergraben, oder (meine Lieblingstechnik) ihm eine Lektion erteilte. Bah!

Na, wenn das keine Liste von Eigenschaften ist, die man sich bei seiner Partnerin wünscht ... Vor allem musste ich recht haben. Denn was ich mir mehr als alles andere wünschte (und das war sogar wichtiger, als eine liebevolle Frau zu sein), war, meinen Mann zu beherrschen. Das klingt vielleicht irrational, ist es aber nicht. Ich hatte Angst davor, mich verletzbar zu machen. Ich kam nicht damit klar, diesem einen Menschen, diesem Mann, die Macht über mich zu geben, die mit der Rolle eines Ehemanns einhergeht. Ich löste dieses Problem, indem ich hohe, schwarze Stiefel trug und eine lange Domina-Peitsche in der Hand hielt, die ich knallen lassen konnte, wenn mir danach zumute war. Und wenn man sich vorstellt, wie viel Angst ich hatte, ergibt mein Verhalten durchaus einen Sinn.

Warum Leanne keinen Mann hat

Meine Freundin Leanne ist von einer anderen Variante des Zickenproblems betroffen, die sich hauptsächlich in extremer Scharfzüngigkeit äußert. Sie scheint sich nicht darüber im Klaren zu sein, dass Männer fühlende Wesen sind. Manchmal wünschte ich, ich könnte Leanne filmen und ihr das Video vorspielen, denn was bei Leanne Unterhaltung ist, würde man bei einer anderen Frau als Tiraden bezeichnen. Wahrscheinlich wäre sie beim Anschauen der Aufnahme ziemlich entsetzt, aber sie bekäme wenigstens eine Vorstellung davon, was in ihren Beziehungen passiert. Und wie Männer sie erleben.

Ich werde nie vergessen, wie Leanne einmal in einem Restaurant ein Gespräch mit einem netten Werbefilm-Regisseur namens Eric begann. Ich habe ein Gespür für Männer, die bereit sind, eine Bindung einzugehen, und Eric war einer von ihnen. Er war vielleicht ein bisschen klein, aber wirklich nett. Dass Werbefilm-Regisseure so viel Geld verdienen, dass Mami daheim bei den Kindern bleiben kann, war für mich von eher untergeordneter Bedeutung, aber Leanne achtet auf so etwas. Darum fand ich es ziemlich spannend, dass sich dieser coole Typ für sie interessierte.

Leanne sehnte sich damals sehr nach einer neuen Beziehung, scheute sich aber, es zuzugeben. Sie wollte nicht verzweifelt erscheinen. Sie war schon so lange allein gewesen, dass sie zu fürchten begann, dass irgendetwas mit ihr nicht stimmte – etwas, das für andere Leute, besonders Männer, ziemlich offenkundig zu sein schien. Da sie es meistens zu schmerzlich fand, sich direkt mit dieser Befürchtung auseinanderzusetzen, redete sie sich stattdessen ein, dass sie zu »einschüchternd« und zu »großartig« sei.

Eric, der Regisseur, erzählte uns jedenfalls gerade, wie er vor Kurzem bei einem Bier-Werbespot Regie geführt und den Film anschließend noch einmal allein bearbeitet hatte, weil er mit der Version des Kunden noch nicht wirklich zufrieden gewesen war. »Und das wird dann ›*Beck's Alkoholfrei* – der Director's Cut‹?«, fragte Leanne spöttisch. Das Lächeln verschwand von seinen Lippen, die Freude daran, von seiner Arbeit zu erzählen, war ihm vergangen. Doch Leanne hielt sich für besonders gewitzt und schlagfertig.

Tatsächlich aber hatte sie sich eine Verabredung vermasselt. Eric, der zu Beginn der Unterhaltung so offensichtlich interessiert gewesen war, fragte sie nicht einmal nach ihrer Telefonnummer.

Leanne ist sich dessen nicht bewusst, aber ihr (allzu weitverbreiteter) Verteidigungsmechanismus besteht darin, Männer zurückzuweisen, bevor sie die Chance haben, *sie* zurückzuweisen. Zickiges Verhalten ist eine Maske dieser Angst – der Angst vor Verletzungen, vor Intimität. Leanne behauptet, dass Männer sie nicht mögen würden. Dabei ist ihr anzusehen, dass sie die unsicheren Blicke ihrer Gesprächspartner genießt – schließlich ist sie eine große, gut aussehende Brünette mit einem tollen Job als Firmenanwältin. Sie scheint eine Traumfrau zu sein, was sie doppelt wütend darüber macht, dass sich kein Mann ein zweites Mal mit ihr verabredet.

Anscheinend hat sich Leanne völlig einem Leben verschrieben, in dem sie von Männern schrecklich missverstanden wird. Was sie nicht begreift, ist die Tatsache, dass nicht *sie* es ist, mit der etwas nicht stimmt, sondern ihr Verhalten. Wenn sie als Besserwisserin auftritt, Männern all ihre Irrtümer unter die Nase reibt, sich über ihre primitive Vorliebe für Fußball und *Die Simpsons* lustig macht oder sich mit ihnen einen Konkurrenzkampf liefert, ist die Erwartung, dass diese eine Beziehung mit ihr eingehen wollen, mehr als unrealistisch. Männer sind schließlich auch nur Menschen.

Was Sie über Männer wissen sollten

Wie schon öfter erwähnt habe ich alles, was ich wirklich über Männer wissen muss, dadurch gelernt, dass ich einen zukünftigen Ehemann und Vater zur Welt gebracht habe. Beispielsweise wünscht sich mein Teenager-Sohn derzeit am sehnlichsten Folgendes: Makkaroni mit Käse, ein Videospiel und Kim Kardashian (oder eine Frau, die ihr ähnlich sieht, wenn man die Augen zusammenkneift). Haben Sie Kim Kardashian je wütend auf einen Mann einreden sehen? Ich glaube kaum. Sie haben Kim Kardashian lächeln, mit dem Hintern wackeln und in einem Sexvideo agieren sehen. (Und in kürzerer Zeit heiraten und wieder geschieden werden, als wir anderen brauchen, um Kleider aus der Reinigung abzuholen. Aber das weiß mein Sohn nicht.)

Verstehen Sie mich nicht falsch. Ich rate Ihnen nicht, sich in eine Männerfantasie zu verwandeln. Wahrhaftig nicht. (Der Typ Mann, der eine Beziehung sucht, hätte wahrscheinlich kein Interesse an Kim Kardashian. Sie buhlt ein bisschen zu sehr um Aufmerksamkeit – nichts für ungut, Kim –, und damit wollen sich beziehungsfähige Männer nicht abgeben.) Ich sage nur, dass in jedem Mann ein sehr einfach gestricktes Wesen steckt, das die Gesellschaft einer Frau einfach genießen möchte. Das nicht mit ihr kämpfen möchte. Und dieses Wesen können Sie ihm auch mit den stichhaltigsten feministischen Argumenten nicht ausreden.

Aber vermutlich gibt es keine einzige Eigenschaft, die mit so hoher Wahrscheinlichkeit zu einer Abfuhr führt wie zickiges Verhalten. Viele Frauen hören das sehr ungern. Ihrer Meinung nach sind die Männer unsicher oder frauenfeindlich.

Ja, es gibt unsichere und frauenfeindliche Männer, die sich dafür rächen (und dagegen wehren) wollen, dass Frauen die Macht haben, sie zurückzuweisen. Aber das sind dann einfach männliche Zicken!

Es gibt allerdings andere Männer (vernünftige, gute Männer), die Mitgefühl für zickige Frauen empfinden. Sie verstehen, dass ihrem Verhalten eine Verletzung zugrunde liegt, aber sie wissen auch, dass es nicht in ihrer Macht steht, diese Verletzung zu heilen. Deswegen versuchen sie es gar nicht erst. Denn wie großartig eine Frau auch sein mag – niemand will den Rest seines Lebens in der Schusslinie verbringen.

Was Sie ändern müssen

Kommen wir zum Kern der Sache. Wenn Sie eine gehässige Zicke sind und eine Beziehung eingehen wollen, müssen Sie sich verändern. Glücklicherweise ist das, was Sie tun müssen, wirklich sehr einfach. Aber leider wird es Ihnen nicht gefallen. Ich sage es, wie es ist:

Sie werden lernen müssen, nett zu sein.

Nett ist das Gegenteil von zickig. Wenn Sie Männer fragen, was auf dem Dating-Markt heutzutage fehlt, werden Sie mit Sicherheit zu hören bekommen: Es gibt viel zu wenig nette Frauen. Und auf dem Heiratsmarkt, auf dem mit wesentlich höheren Einsätzen gespielt wird als bei der Dating-Lotterie, tragen nette Frauen am Ende den Ring am Finger.

Was ist also unter »nett« zu verstehen? Lassen Sie mich zuerst beschreiben, was *nicht* nett ist: immer recht haben zu wollen, viel zu streiten, mit harter Stimme zu reden, sich auf die Schwächen eines Mannes zu konzentrieren oder zu denken, Männer seien eine Art Dienstleister, die dazu da sind, Kinder zu zeugen, für den Lebensunterhalt zu sorgen oder Ihr Bild von einem angenehmen Leben zu vervollständigen.

»Nett« bedeutet weich, angenehm, freundlich und – zugänglich. Männer müssen einen Zugang zu Ihnen finden. Wenn Sie zu hart sind, gelingt ihnen das nicht. Eine Frau kann noch so attraktiv, sexy, stark, klug, dynamisch und interessant sein – wenn sie nicht nett ist, werden die meisten (nicht alle, aber die meisten) Männer nicht den Rest ihres Lebens mit ihr verbringen wollen. Vielleicht stehen sie auf den Sex, schätzen ihren scharfen Verstand, respektieren ihren Erfolg im Beruf und halten sie für eine taffe Frau, aber wenn bei der Mischung das Nettsein fehlt, ist es wie mit gewissen interessanten Reisezielen, sagen wir – Reykjavik. Man fährt gern im Urlaub dorthin, aber es ist zu rau, um immer dort leben zu wollen. Verlegen Sie Reykjavik in die Toskana, und die Sache ist perfekt.

Horchen Sie an dieser Stelle in sich hinein. Hat es Sie gerade gestört, dass Männer Nettsein für eine wichtige Eigenschaft halten? Ärgert es Sie, nett sein zu müssen? Genau darum geht es. Wenn es Sie ärgert, haben Sie ein Problem.

Denn nett zu sein ist nicht erniedrigend. Es hält die verdammte Welt zusammen! Und vor allem lässt es Beziehungen funktionieren. Nett zu sein wird auch als Goldene Regel bezeichnet, und meiner Meinung nach sticht es alles andere aus. Leider sind manche Singlefrauen, die ich kenne und von denen ich weiß, dass sie gern verheiratet wären, überhaupt nicht nett, besonders nicht zu Männern. Sie behandeln Männer nicht nach der Goldenen Regel, weil sie aus irgendeinem

Grund denken, dass sie es nicht nötig haben. Noch häufiger aber halten sie sich für nett, obwohl sie es nicht sind. Ob das auf Sie zutrifft, erkennen Sie ganz leicht daran, dass Sie sich jetzt gerade ganz sicher sind, dass es nicht auf Sie zutrifft. Eine andere Methode besteht darin, drei ihrer engsten Freundinnen zu fragen, ob sie es für möglich halten, dass Sie von anderen als Zicke wahrgenommen werden. Wenn sie Ihnen diesen Drei-Sekunden-Blick zuwerfen, in dem die Frage liegt »Kann ich ihr wirklich die Wahrheit sagen?«, dann haben Sie Ihre Antwort.

Freundlichkeit wird in unserer Kultur nicht sehr hoch geschätzt. Wir mögen Sarkasmus, Konkurrenz und theatralische Szenen – zumindest nach den Quoten mancher Castingshows zu urteilen. Interessanterweise sind wir uns alle darin einig, dass freundliche Männer etwas Gutes sind. Niemandem fällt es schwer, der Aussage zuzustimmen, dass ein Mann freundlich sein sollte. Keine Frau möchte, dass ihre beste Freundin einen unfreundlichen oder zu Wutausbrüchen neigenden Mann heiratet. Aber wenn man sagt, dass eine Frau freundlich sein sollte, besonders zu dem Mann in ihrem Leben, scheint es irgendwie eine andere Bedeutung zu haben. Die Vorstellung, dass Freundlichkeit bei Frauen eine sehr wichtige Eigenschaft ist, wirkt auf viele Menschen repressiv. Als ob eine Frau einen Teil von sich abspalten oder unterdrücken müsste, um – besonders zu ihrem Mann – freundlich sein zu können.

Ich halte das für *kompletten Unsinn.*

Wie verändert man also ein Verhalten, das man verändern würde, wenn man könnte, aber es nicht kann und deshalb auch nicht tut?

Kochen als Fürsorge

Früher hätte ich eigentlich den Anonymen Mikrowellenköchen beitreten müssen, wenn es sie gegeben hätte. In meinen Augen war Kochen etwas Spießiges. In allen meinen Wohnungen blieb der Herd ungenutzt, und der Kühlschrank enthielt nicht einmal einen halben Liter Milch. Meine Spezialität war Take-away. Und der Gedanke, für einen Mann zu kochen? Lächerlich und beleidigend. Ich erzählte allen Männern, mit denen ich zusammen war, dass ich mein Leben lang genug verdienen wollte, um drei Mahlzeiten pro Tag im Restaurant einnehmen zu können.

Dann sagte mir eines Tages eine sehr kluge Frau – eine seit 20 Jahren glücklich verheiratete fünffache Mutter – etwas sehr Einfaches: »**Fürsorge ist etwas Gutes, Tracy. Und Kochen ist ein wichtiger Teil davon.**« Es war mir nie in den Sinn gekommen, dass das Kochen für mich und andere eine Form der Fürsorge für geliebte Menschen – und für sich selbst – sein könnte. Letzteres fiel mir besonders schwer. Und was ich nicht für mich tun konnte, konnte ich sicher auch nicht für einen Mann tun. Also fing ich an zu kochen. Zuerst einfache Sachen wie gedünstete Möhren oder geschmortes Huhn. Dann erweiterte ich mein Repertoire auf Nudelspeisen und Suppen. Bald zauberte ich allerlei leckere Sachen auf den Tisch (Sie sollten mal meine Schweinelende probieren!). Wenn jetzt ein neuer Mann in mein Leben tritt, koche ich auf jeden Fall bei einer der ersten Verabredungen

für ihn. Es macht Spaß, und sie wissen es unglaublich zu schätzen.
Ich habe gelernt, dass die Bereitschaft, zu kochen **und** nett zu sein, für einen Mann quasi der absolute Hauptgewinn ist. Denn Essen ist mehr als Nahrungsaufnahme. Es ist Liebe. Schließlich würden Sie doch auch für Ihre Kinder kochen, oder nicht? Warum sollten Sie es also Ihrem Mann vorenthalten?

Spirituelle Übungen, die Ihnen helfen, sich zu verändern

Sie müssen sich mit spirituellem Kram auseinandersetzen. Wie gesagt beruht dieses ganze Buch auf der Annahme, dass eine langjährige Partnerschaft ein spiritueller Weg ist. Vielleicht nicht für jeden – Dieter Bohlen ist dieses ganze Zeug vielleicht völlig egal –, aber vielleicht für Sie, wenn Sie gern einen Mann hätten, aber es einfach nicht klappt.

Generell sind spirituelle Übungen etwas, vor dem man sich gern drückt, oder etwas, das man nur mit Mutter Teresa oder Angelina Jolie in Verbindung bringt. Ihr Verstand wird Ihnen sagen, dass es reine Zeitverschwendung ist oder dass Sie es ja schon versucht haben oder dass es zu schwierig ist. Aber in diesem Fall müssen Sie Ihrem Verstand klarmachen, dass er sich rauszuhalten hat. Denn *spirituelle Übungen helfen.* Sie helfen besser als Wodka oder Pilates oder Shoppen. Der

Haken an der Sache ist, dass es sich erst gut anfühlt, wenn man sie aktiv praktiziert.

Von spirituellen Übungen wird noch mehr die Rede sein, aber fangen wir doch zunächst einmal mit der wichtigsten Frage an: Welche spirituelle Lösung gibt es für das Zickenproblem?

Verzeihen. Wenn Sie wirklich verzeihen können, löst sich Ihre Wut in Luft auf – und damit die treibende Kraft hinter dem biestigen Verhalten. Verzeihen bedeutet, sich selbst und Ihre Mutter und Ihren Exfreund und alle Menschen, die Ihnen jemals wehgetan haben (auch wenn sie Ihnen wirklich sehr wehgetan haben), von ihrer Schuld freizusprechen. Nicht weil Sie so unglaublich großmütig sind, sondern weil Sie endlich verstanden haben, *dass es keine Schuld gibt.* Was wir Schuld nennen, ist einfach Teil des Menschseins. Und Mensch zu sein, bedeutet, Fehler zu machen, durch die früher oder später andere verletzt werden. Wer von uns hat noch nie einem anderen wehgetan? Niemand! Natürlich schneiden manche von uns besser ab, aber es ist arrogant, stolz darauf zu sein, denn schließlich haben wir, solange wir leben, immer wieder die Chance, Fehler zu machen. Menschlich zu sein.

Der Schlüssel zu einem Leben ohne Rückzug in die innere Zicke (das uns wütend, ängstlich und defensiv werden lässt) liegt im Verzeihen. Wie stellen Sie das an? Die beste Möglichkeit besteht darin, *Ihre Geschichte zu verändern.* Ändern Sie Ihre Denkweise, und sprechen Sie über das, was Sie in Ihrem Leben belastet hat, besonders über Dinge, die Sie enttäuscht und wütend gemacht haben. Geschichten sind eines der nützlichsten Werkzeuge, die Ihnen zur Verfügung stehen. Damit geben Sie – und alle anderen – Ihren Erfahrungen eine Form. Deshalb schufen die Steinzeitmenschen in Frankreich all diese kleinen Höhlenmalereien. Sie wollten auf Nummer sicher gehen, dass mindestens 32 000 Jahre lang jeder Höhlenbesucher von den Büffeln erfahren würde, die sie gejagt und erlegt hatten. Sie definierten sich auf diese Weise.

Wir erzählen uns und anderen Geschichten darüber, wer wir sind, was wir erlebt haben und wie die Welt aussieht. Wir bringen unsere Geschichte zu jedem Rendezvous und in jede Beziehung mit. Nur wenigen Menschen ist klar, dass die Geschichten, die sie über sich selbst erzählen, im Wesentlichen wahr werden – weil die Geschichten unser Denken beeinflussen, das Denken die Wahrnehmung beeinflusst, die Wahrnehmung unsere Entscheidungen beeinflusst, die Entscheidungen unser Handeln beeinflussen und unser Handeln letztlich unser Schicksal beeinflusst.

Haben Sie das verstanden? Die Sache mit der Geschichte ist *enorm wichtig.*

Zum Glück liegt Ihre Geschichte ganz und gar in Ihrer eigenen Hand. Natürlich werden andere versuchen (und oft *alles* daransetzen), Sie dazu zu bewegen, *ihre* Version Ihrer Geschichte zu akzeptieren, aber sie können Sie nicht dazu zwingen. Es ist unglaublich wichtig, dass Sie Ihre Geschichte so gestalten, dass sie Sie nicht wütend oder zum Opfer macht, sondern stärker.

Ich werde Ihnen das beste Beispiel dafür aus meinem eigenen Leben erzählen. Wie schon erwähnt, war ich ein Pflegekind. Bevor ich anfing, meine Geschichte neu zu erzählen,

Das Gummiband durchtrennen

In manchen Schuhläden werden die Schuhpaare durch ein Gummiband zusammengehalten, um zu verhindern, dass ein Exemplar abhandenkommt. Wenn Sie auf jemanden wütend sind, sind Sie mit ihm und mit dem, was er Ihnen »angetan« hat, auf ganz ähnliche Weise verbunden. Sie glauben, dass das, was Ihnen angetan wurde, Ihre Identität ausmacht.

Und was passiert, wenn Sie im Schuhladen vergessen, dass die Schuhe mit einem Gummiband zusammengehalten werden, und einen normal großen Schritt machen? Sie kommen beinahe zu Fall, weil das Gummiding nur fünf Zentimeter lang ist. Genau so verhindern Wut, Angst und Abwehr, dass Sie vorankommen. Sie bringen Sie zum Straucheln und lassen Sie dort, mitten in der Schuhabteilung, ziemlich dämlich aussehen.

Verzeihen bedeutet, das Gummiband, das Sie festhält, zu durchtrennen. Und Sie sind der einzige Mensch, der das tun kann. Sie müssen die Entscheidung treffen, dass Sie nicht mehr an die Vergangenheit gebunden sein wollen. Vielleicht machen Sie eine Zeitlang immer noch winzige Schritte, als ob Ihre Schuhe noch zusammengehalten würden. Aber wenn Sie sich im Verzeihen üben, werden Sie sich nach und nach offener, liebevoller und freier fühlen.

musste ich mit folgendem Ausgangsmaterial arbeiten: Meine Mutter Linda gab mich weg. Mein Vater Freddie saß im Gefängnis. Und ich musste erst eine ganze Reihe von Pflegefamilien durchlaufen, bis ich eine gute fand, bei der ich vier Jahre blieb. Dann wurde mein Vater aus dem Gefängnis entlassen, holte mich aus der Pflegefamilie heraus und nahm mich mit zu seiner Freundin. Kurz danach landete er wieder im Gefängnis, und ich lebte bei dieser Freundin, bis ich 18 wurde, was kein Zuckerschlecken war. Ich könnte noch mehr erzählen, aber ich denke, Sie haben schon einen Eindruck bekommen.

Kurzum – meine Vorstellung vom Leben war die hochdramatische Spezialausgabe der Geschichte: *Tracy M. – ungewollt, ungeliebt und allein.* Wenn ich mich als Opfer sehen will, gibt es genug Material, um das zu untermauern. Was Linda und Freddie betrifft, gibt es gute Gründe, wütend zu sein. Sie waren schreckliche Eltern. Und mir wurde ziemlich übel mitgespielt. Stimmt's?

Nein. Denn das ist nur eine mögliche Interpretation der Fakten.

Und so lautet die spirituelle Version der Geschichte: Nur zwölf Wochen nach meiner Geburt musterte ich den kriminellen Zuhälter, der mein Vater war, und die alkoholabhängige Prostituierte, die meine Mutter war, und sagte mir, dass ich sicher etwas Besseres finden könnte. Ich machte die Fliege, und es gelang mir (nach einigen unglücklichen Boxenstopps, die mich viel über das Leben und die Menschen lehrten), einen sehr schönen Platz bei einem evangelischen Pfarrer, seiner Frau und ihren fünf Kindern zu finden, wo ich das Leben in der Mittelschicht kennenlernen, eine gute Privatschule besuchen und das sichere, stabile Leben führen durfte, das ich mit Linda und Freddie nie gehabt hätte. Und bevor ich in einen ausufernden pubertären Konflikt mit diesen wunderbaren, aber erzkonservativen Menschen geraten konnte, landete ich in der Wohnung einer coolen, feministischen Frau, die mir viele radikale Ideen näherbrachte, dafür sorgte, dass ich gute Schulen besuchte, mich etwas über Kunst lehrte und (das ist vielleicht das Wichtigste) mich endlos fernsehen ließ – wodurch der Grundstein für meine derzeitige Karriere als Drehbuchautorin gelegt wurde.

Nun raten Sie mal, welche Version dieses Films das Happy End hat?

Ich möchte, dass Sie anfangen, darüber nachzudenken, wie Sie das Drehbuch Ihres Lebens umschreiben können. Besonders die Stellen, die am meisten wehtun: die schlimme Trennung nach dem Studium, die lange einsame Phase ab dem 30. Geburtstag, die schwierige Kindheit, die berufliche Enttäuschung. Versuchen Sie eine kleine Verschiebung in eine Richtung zu erreichen, die sich nicht ganz so schlecht anfühlt. Und wenn Sie sich selbst damit zum Lachen bringen, umso besser.

Ein neues Glaubenssystem zu erschaffen ist, als ob man eine Autobahnausfahrt dauerhaft sperrt. Wenn Sie die Autobahn entlanggedüst kommen und versuchen, die Ausfahrt zu Ihrer alten Geschichte zu nehmen (Sie wurden von Ihren Eltern zugrunde gerichtet, Männer sind Schweine oder mit Ihnen stimmt etwas nicht), dann müssen Sie plötzlich daran vorbeifahren und sich eine neue Ausfahrt suchen – Ihre *neue Geschichte*. Am Anfang ist es wirklich lästig, und Sie vergessen immer wieder, dass Ihre alte Ausfahrt gesperrt ist.

Sie müssen oft kehrtmachen, Dinge umfahren, kilometerlange Umleitungen nehmen. Sie haben das Gefühl, zu spät zu kommen. Aber am Ende finden Sie eine neue Ausfahrt. Sie nehmen nicht mehr unbewusst die alte, und dann entdecken Sie etwas Überraschendes: Sie sind keineswegs auf Schloss Dracula gelandet.

Was Ihre beste Freundin weiß, Ihnen aber nicht sagt

Lassen Sie uns zusammenfassen, was wir in diesem Kapitel erarbeitet haben, indem wir einen Blick auf die ungeschminkte Wahrheit werfen, die Ihnen noch nie jemand ins Gesicht gesagt hat:

- **Sie sind eine gehässige Zicke.** Sie sind nicht nett, und die meisten Männer wollen deshalb keine Beziehung mit Ihnen. Nicht weil sie etwas gegen Frauen hätten, sondern weil niemand sein Leben mit jemandem verbringen will, der die ganze Zeit wütend ist.

- **Hinter der Gehässigkeit stecken Wut und Abwehr.** Sie haben das Gefühl, dass die Wut berechtigt ist. Aber wen interessiert das? *Wollen Sie lieber recht haben oder eine glückliche Beziehung führen?*

- **Seien Sie nett.** Das ist etwas so Grundlegendes, dass Sie es eigentlich schon wissen sollten. Aber aus irgendeinem Grund glauben Sie, dass Sie Männer kritisieren und verurteilen und trotzdem den Wunsch bei ihnen wecken können, ihr Leben mit Ihnen zu teilen. Das ist unrealistisch.

- **Lernen Sie zu verzeihen.** Sie können nicht nett sein, solange Sie nicht lernen zu verzeihen. Sie müssen andere Menschen und besonders Männer von ihrer Schuld freisprechen. Denn es gibt keine Schuld. Menschen zu verzeihen, führt auch dazu, dass Sie mehr lächeln und noch hübscher aussehen.

- **Schreiben Sie Ihre Geschichte um.** Das ist die beste Art zu verzeihen. Seien Sie kreativ! Es ist Ihr Leben, und Sie leben nur einmal. Wenn Sie Ihre Geschichte so verändern, dass sie Sie stärkt, wird die unterschwellige Wut, die hinter Ihrem zickigen und gehässigen Verhalten steht, auf ganz natürliche Weise verschwinden.

2. Sie sind oberflächlich

Oder: Die Erfüllung aller Wünsche und andere Lügen

1. *Halten Sie nach einem Mann Ausschau, der eine bestimmte Größe oder ein bestimmtes Einkommen hat?*
2. *Halten Ihre Freunde Sie für zu wählerisch, während Sie selbst der Meinung sind, dass Sie einfach anspruchsvoll sind?*
3. *Haben Sie schon einmal einen guten Mann abgewiesen, weil sein Aussehen/sein Kleidungsstil/sein Einkommen nicht Ihren Vorstellungen entsprach?*

Stellen Sie sich einen Mann vor, der nur mit Blondinen ausgehen will, vorzugsweise denen mit Körbchengröße C oder mehr. Er geht auf Partys, plaudert mit netten Frauen (wie Ihnen), will aber keine näher kennenlernen, die zehn Pfund zu viel auf den Hüften oder keine schönen Beine hat. Wenn Freunde ihm raten, seine Ansprüche ein wenig zu senken und vielleicht einmal mit einer Brünetten auszugehen oder mit einer Frau, die auf seiner Qualitätsskala nur sieben Punkte erreicht – einfach nur um zu sehen, ob der Funke überspringt, dann erzählt er etwas von der Chemie, die stimmen muss, und dass so etwas bei ihm nur bei acht, neun oder zehn Punkten der Fall ist.

Was halten Sie von diesem Mann? Ein ziemlicher Dummkopf, nicht wahr?

Aber wenn Sie eine Frau sind, die bei einem Mann auf die Körpergröße, die dicke Brieftasche, auf Beruf, Ausbildung oder familiären Hintergrund achtet, dann sind Sie auch nicht viel besser als der Mann, der auf Blondinen mit großem Busen steht. Dieser Typ, auf den Sie herabsehen und den Sie für ziemlich bescheuert halten, nun, dieser Typ sind *Sie.*

Ich sage es nicht gern, aber ... *Sie sind oberflächlich.*

Sie sind oberflächlich, wenn auf Sie Folgendes zutrifft: Das Aussehen eines Mannes ist Ihnen wichtiger als seine Persönlichkeit. Die Meinung Ihrer Freunde über ihn ist Ihnen wichtiger als das, was Sie für ihn empfinden, wenn Sie allein mit ihm sind. Sie glauben, dass Sie ihn ernsthaft in Betracht ziehen würden, wenn er sich nur ein wenig modischer kleiden oder ein wenig besser aussehen würde, wenn er einen etwas interessanteren Job oder viel mehr Geld hätte.

Es ist nicht in Ordnung, oberflächlich zu sein. Nicht nur, weil es nicht besonders nett ist (siehe Kapitel 1 »Sie sind eine gehässige Zicke«), sondern auch, weil das Herz eines guten Mannes einfriert, wenn er einer oberflächlichen Frau begegnet. Das bedeutet, dass er eine Weile mit Ihnen herumspielen, aber niemals einen Bausparvertrag mit Ihnen unterschreiben wird.

Worum es wirklich geht

Oberflächlichkeit hat mit Perfektionismus zu tun. Sie geben sich mit nichts zufrieden, das einfach nur gut genug ist – es muss *ideal* sein. Sie wollen, dass jede einzelne Ihrer Anforderungen und Wunschvorstellungen – vorzugsweise sofort – durch die Beziehung mit dem einen Menschen erfüllt wird, der all das zu bieten hat. Was Sie dabei übersehen, ist die Tatsache, dass niemand perfekt ist, am allerwenigsten Sie selbst!

Das Problematische am Perfektionismus ist die Entmenschlichung, die er mit sich bringt. Er bewirkt, dass Sie Menschen wie Dinge betrachten, wie Objekte. Kennen Sie den Spruch: »Das Perfekte ist der Feind des Guten«? Genau darauf läuft es hinaus, wenn Sie zulassen, dass Ihre Neigung zum Perfektionismus die Oberhand gewinnt.

Perfektionismus führt dazu, dass Sie Männer zu Objekten machen. Vielleicht haben Sie von »Objektifizierung« schon im Zusammenhang mit feministischen Thesen gehört – dass es etwas sein könnte, was man auch Ihnen vorwerfen kann, ist Ihnen aber wahrscheinlich noch nicht in den Sinn gekommen.

Jemanden zum Objekt zu machen bedeutet, ihn zu benutzen, so wie Sie beispielsweise einen Dosenöffner oder die Fernbedienung für den Fernseher benutzen würden. Es bedeutet, ihn wie ein Werkzeug, ein Mittel zum Zweck zu behandeln. Sie entscheiden, welche Rolle er in Ihrem Leben spielen soll, und dann diktiert Ihnen Ihr Perfektionismus, welche (körperlichen, beruflichen, emotionalen, intellektuellen) Eigenschaften er haben muss, um diese Rolle ausfüllen zu können. Anschließend machen Sie sich mit Ihrer Checkliste auf die Suche nach dem Mann, der alle diese Kriterien erfüllt.

Die meisten Menschen suchen (natürlich unbewusst) einen Partner, der sie in ihren bevorzugten Eigenschaften bestätigt, der ihr Leben aufwertet und es ihnen erlaubt, in ihrer Komfortzone zu bleiben. Mit anderen Worten: jemanden, der mit einer aufblasbaren Puppe vergleichbar ist (aber in sexueller Hinsicht mehr zu bieten hat), denn echte Menschen tun nicht nur das, was sie sollen, und bestätigen Sie nicht immer nur in Ihrem Ego. Außer vielleicht am Tag der Hochzeit.

Irgendwann wird jedem klar, dass der eigene Partner trotz aller Gemeinsamkeiten eine eigenständige Person ist und immer sein wird. Hinzu kommt, dass wahrscheinlich auch der Partner die Hoffnung auf eine Bestätigung seines Egos und auf ein besseres Leben in die Beziehung eingebracht hat. Daraus ergibt sich sehr schnell, dass es niemandem vergönnt sein wird, in seiner Komfortzone zu bleiben. Es ist viel wahrscheinlicher, dass die Versuche, in der Komfortzone zu bleiben, großes Unbehagen verursachen werden. Das handeln Sie sich nun mal ein, wenn Sie andere Menschen zu Objekten degradieren. (Was kann man schon erwarten, wenn man sich an einem Liebesobjekt aus Latex reibt?)

Jeder weiß, dass Frauen zu Objekten gemacht werden – Sie kennen doch sicher den *Playboy,* nicht wahr? Aber auch Männer werden zu Objekten gemacht. Nicht unbedingt wegen ihres Sixpacks oder ihrer schönen Haare, aber manchmal auch deswegen. Meistens geht es allerdings um andere Dinge: um materielle Vorteile (Geld, ein schönes Haus, ein tolles Auto), um Sicherheit und vielleicht am allermeisten um ihr Sperma, aus dem unsere Babys werden.

Woran erkennen Sie, dass Sie jemanden zum Objekt machen? Eine Möglichkeit: Sie neigen dazu, nur den Männern Aufmerksamkeit zu schenken, die haben, was Sie »wollen«.

Nehmen wir an, Sie werden zu einer Party eingeladen. Sie fragen die Gastgeberin, wer sonst noch kommt. Sie zählt ein paar Leute auf, einige Paare und eine Handvoll Männer, die Sie nicht kennen. Sie erkundigen sich nach diesen Männern, nach ihren Berufen. Sie suchen direkt bei *Google* oder *Facebook* nach ihnen. Dabei finden Sie nichts Interessantes heraus. Ihre Vorfreude auf die Party beginnt zu schwinden. Sie ziehen sich mit der Begründung aus der Affäre, dass es vermutlich Terminüberschneidungen geben werde, und diese Überschneidungen kommen durch vier Folgen von *Grey's Anatomy* zustande, die wertvollen Speicherplatz auf Ihrem Festplattenrecorder belegen.

Wenn es Ihnen überhaupt nicht in den Sinn kommt, Ihre eigenen Pläne für einen Abend außer Acht zu lassen und stattdessen die Party Ihrer Freundin durch Ihre Anwesenheit zu bereichern, wenn Sie häufig von vornherein kein Interesse an einer Unterhaltung mit Männern haben, denen Sie noch nicht einmal persönlich begegnet sind, wenn Sie Männern bei Verabredungen wegen ein oder zwei Äußerungen, mit denen Sie nicht umgehen können, eine Abfuhr erteilen … dann kann ich Ihnen versichern, dass Sie oberflächlich sind.

Wenn Sie jemanden zum Objekt degradieren, konzentrieren Sie sich auf unwichtige Dinge und übersehen die wichtigen – wie beispielsweise seinen Charakter. Außerdem fühlen sich Menschen dabei schrecklich. Ein großer, gut aussehender, reicher Mann, der zudem noch klug ist, will das Gefühl haben, dass seine Frau ihn um seiner Persönlichkeit willen liebt, nicht wegen seines Bankkontos, seines Gesichts oder seines Körpers. Wahrscheinlich trifft man deshalb manchmal Männer, die sich – obwohl sie die große Auswahl hätten – für eine Frau entscheiden, die vielleicht keine ausgesprochene Schönheit ist. Ich stelle mir dann immer vor, dass diese Frau ein wunderbarer Mensch ist, die ihrem Mann das Geschenk gemacht hat, durch seine materielle Ausstattung hindurch seine Persönlichkeit zu sehen.

Aus meinem Leben als junge Ehefrau

Mit 19 zog ich mit meinem zukünftigen ersten Ehemann nach San Francisco. Da ich nicht allzu viele Kompetenzen vorweisen konnte (es sei denn, man rechnet Rauchen dazu), nahm ich im Kaufhaus Macy's einen dieser Jobs an, bei denen man Kundinnen mit Parfüm besprüht. Ich arbeitete meistens am Union Square, inmitten der Gegend San Franciscos, in der sich ein Geschäft ans nächste reiht und wo jeder Tourist früher oder später einmal vorbeikommt. Für ein Mädchen aus Minneapolis war das alles furchtbar aufregend. Ich hatte das Gefühl, ein Traum sei Wirklichkeit geworden.

Dennoch: Da ich ein ehrgeiziger Typ bin, gab ich mich nicht damit zufrieden, Leute in eine Wolke von *Armani Code* einzuhüllen. Innerhalb kürzester Zeit hatte ich mich in der Kosmetikwelt auf die nächste Stufe hochgearbeitet:

Ich war das Mädchen, das die Kundinnen schminken darf. Und wenn ich eins gelernt habe, während ich den am Union Square vorbeischlendernden Durchschnittsfrauen Make-up auflegte, dann das: *Jede Frau ist schön.*

Ganz im Ernst. Ich stand an der Verkaufstheke, vor mir eine nette zweifache Mutter und Hausfrau aus Walnut Creek, Kalifornien, oder Charlotte aus North Carolina (der es vielleicht ein bisschen komisch vorkam, dass sie ein Mädchen, das seine provinzielle Herkunft immer noch durch einen ausgeprägten Akzent verriet, an ihr Gesicht ranließ), und irgendwann zwischen Grundierung und Mascara bemerkte ich unweigerlich etwas Besonderes an ihr, beispielsweise ihre schön geschwungenen Augenbrauen. Ein andermal entdeckte ich bei einer Geschäftsfrau, die während ihrer Mittagspause angehetzt kam, dass sie wunderbare Haut oder geheimnisvolle grüne Augen mit braunen Flecken und dunkelblauem Rand hatte. Solche Sachen eben.

Oft waren es Dinge, die man nicht unbedingt beim ersten Rendezvous bemerken würde. Ich musste diesen Frauen ziemlich nahe kommen, und vor allem musste ich objektiv sein. Während ich einen Lidstrich auftrug, dachte ich nicht darüber nach, ob ich mit ihnen ins Bett gehen, sie heiraten und Kinder mit ihnen haben oder sie auch nur wiedersehen wollte. Ich musste unvoreingenommen sein, um zu sehen, was sie zu bieten hatten, und ich musste genau hinsehen.

Ich hatte einmal einen Freund, der, sagen wir mal, interessant aussah. Er war das, was die Franzosen bei Frauen *jolie laide* (wörtlich »hübsch hässlich«) nennen würden, also attraktiv, aber nicht im herkömmlichen Sinn gut aussehend.

Sein Kinn war ein bisschen schwach ausgeprägt, seine Nase dafür etwas zu groß, seine Augen ein wenig … asymmetrisch. Bei unseren ersten Verabredungen sah ich ihn manchmal an und dachte: »Das kann nicht dein Ernst sein!«

Ich dachte sogar daran, die Sache zu beenden. Er hatte nicht nur einen völlig anderen Stil als ich (viel konservativer), sondern seine ganze körperliche Erscheinung war anders als das, was ich gewohnt war. Trotzdem traf ich mich weiter mit ihm, nicht zuletzt, weil er wirklich eine sprühende Persönlichkeit hatte. Er war einer der witzigsten, gutmütigsten, angenehmsten Menschen, die mir je begegnet sind.

Wir blieben eine ganze Weile zusammen, und irgendwann stellte sich mein Blick auf ihn ein. Er hatte viel Schönes an sich. Ich musste nur einen anderen Blickwinkel einnehmen – als ob man bei einem alten Radio einen anderen Sender einstellt, indem man den Wählknopf ein ganz klein wenig nach rechts dreht (und so diesen tollen Lokalsender empfängt, der die schönsten Oldies aller Zeiten spielt). Ich konnte plötzlich anderes an ihm wahrnehmen – wie seine Augen leuchteten, die erstaunliche Farbe seiner Haut, wenn er draußen (zu lange, viel zu lange) Fußball gespielt hatte, seine körperliche Anmut und Koordination. Letztlich eröffnete mir die Liebe zu diesem nicht ganz perfekten Mann eine ganz andere Ebene der Schönheit, dir mir auch heute noch zugänglich ist, obwohl wir nicht mehr zusammen sind.

Jahre später lernte ich diese Lektion im umgekehrten Sinn – in der Beziehung mit einem wirklich attraktiven Mann namens Brandon. Mit seinen kräftigen, dunklen Locken, seinen großen blauen Augen und seinem symmetrischen Gesicht war er so schön, dass man sich mit ihm sofort auf die Suche nach dem nächsten Hotelzimmer machen wollte. Brandon sah aus wie Schneewittchen, wenn sie ein wirklich heißer Typ gewesen wäre. Wir blieben drei Jahre zusammen, und in dieser Zeit musste ich feststellen, dass die Wirkung von Schönheit wie jede andere Wirkung (leider) auch früher oder später verblasst. Meistens früher. Brandon hörte zwar nicht auf, schön zu sein (die zahlreichen Frauen, die ihn umschwärmten, waren Beweis genug dafür), aber seine Schönheit hatte irgendwann *keinen Einfluss mehr auf meine Gefühle für ihn.* Sie brachte mich nicht dazu, seinen ganzen Mist zu akzeptieren (und davon gab es ziemlich viel – er war schließlich erst Anfang 20), und sie ließ ihn bestimmt nicht schneller erwachsen werden.

Was ich damit sagen will, ist, dass Schönheit im Auge des Betrachters liegt. Und wir entscheiden, was wir betrachten wollen. Natürlich muss eine grundlegende körperliche Anziehungskraft vorhanden sein (worauf ich gleich noch näher eingehen werde), aber unabhängig davon müssen wir eine kluge Wahl treffen. Denn niemand (auch Sie nicht) bleibt für immer jung und schön.

Warum Natalie keinen Mann hat

Nicht immer geht es beim Perfektionismus um das Aussehen. Nehmen wir meine Freundin Natalie. Sie ist eine hübsche Frau mit großen braunen Augen und einer tollen Figur, der ihre Arbeit als Kostümbildnerin bei Film und Fernsehen viel Spaß macht. Aber in Bezug auf Verabredungen mit

Männern verhält sich Natalie wie eine Arbeiterin in einer Obstsortieranlage. Ich kann mir sehr gut vorstellen, wie sie am Fließband steht, sorgfältig das Angebot prüft, dann alle Apfelmänner mit kleinen Mängeln, Punkten und Flecken aussortiert und wegwirft. Natalie will nur die Äpfel, die wie die Ware in den großen Supermarktketten aussehen: makellos. Toller Job, toller Körper, tolle Persönlichkeit, tolle Familie.

Was ich Natalie immer wieder klarzumachen versuche, ist Folgendes: Selbst wenn es ihr gelingen sollte, einen dieser scheinbar perfekten Apfelmänner zu finden und eine Beziehung mit ihm einzugehen, wird sie schnell feststellen, dass es da einige unschöne Stellen gibt, die sie am Fließband übersehen hat. (Die gibt es immer.) Dann wird sie gegen die Neigung ankämpfen müssen, sich in der Beziehung auf diese Mängel zu konzentrieren – und wird diesen Kampf verlieren, weil sie eine Perfektionistin ist. Außerdem ist eines unbestreitbar: *Perfekt aussehende Früchte schmecken nach gar nichts!*

Natalie glaubt, dass sie einfach etwas hohe Ansprüche hat. Ich glaube, dass sie extrem wählerisch ist. Nach ihren Vorstellungen sollte ein Mann einen guten Job und eine gute Ausbildung haben, ein Haus besitzen, gut angezogen sein, angesagte Künstler kennen sowie Filme von Fellini und thailändisches Essen mögen; und am liebsten wäre es ihr, wenn er auch noch Vegetarier wäre, ein Hybridauto fahren und Yoga praktizieren würde sowie an spirituellen Dingen interessiert wäre. Sie wird nie einen Mann finden, auf den all das zutrifft. Irgendwo tief drinnen muss ihr das auch bewusst sein, denn sie ist 38 Jahre alt und hat in 25 Jahren der Partnersuche immer noch niemanden kennengelernt, der alle ihre Kriterien erfüllt. Es ist einfach völlig unrealistisch.

Natalie sollte zwei oder drei Hauptkriterien ihrer Liste auswählen (Punkte, die für sie absolut unverzichtbar sind) und den Rest vergessen. Denn es ist doch so: Wenn man es mit einem realen Menschen zu tun hat, stellt sich manchmal heraus, dass Dinge, von denen man glaubte, sie nicht ertragen zu können, gar keine große Sache sind. Außerdem reift man in einer Beziehung, sodass etwas, das Natalie heute für unverzichtbar hält, in fünf Jahren vielleicht nur noch eine Vorliebe von ihr ist. Aber so weit denkt Natalie nicht, weil sie in mancherlei Hinsicht noch sehr unreif ist.

Was Sie über Männer wissen sollten

Eine Freundin erzählte mir etwas über ihren halbwüchsigen Sohn, das wunderbar illustriert, worum es geht. An seinem ersten Tag in der High School fiel ihr auf, dass er nicht das blau-weiß gestreifte T-Shirt trug, das sie für ihn bereitgelegt hatte. Stattdessen hatte er sich für ein modischeres T-Shirt entschieden. Als sie ihn darauf ansprach, erklärte ihr Sohn, dass das gestreifte T-Shirt einfach nicht »das Richtige« sei. Offenbar war die Zeit, in der er sich noch nicht um die Meinung anderer Leute geschert hatte, offiziell vorbei. (Zumindest bis zum Ende der Pubertät, das – nach dem Äußeren der Leute auf dem Dating-Markt zu urteilen – bei etwa 42 Jahren liegen könnte.)

Ich habe diese Anekdote in einem Kapitel über Oberflächlichkeit erzählt, weil Sie – um einen festen Partner zu finden – alles von Ihrer Liste streichen müssen, was mit dem Teil in Ihnen zu tun hat, der wegen der Meinung anderer Leute am ersten Tag auf der neuen Schule das Richtige anhaben will. Wenn Sie auch heute noch einer langen (oder nur *ziemlich* langen) Liste oberflächlicher Kriterien hinterherjagen, denken Sie wahrscheinlich immer noch wie ein Teenager. Sofern Sie nicht vorhaben, jemandes Trophäe zu werden, wird pubertäres Denken Sie daran hindern, eine feste Partnerschaft einzugehen. Und selbst wenn es Ihnen gelingen sollte, einen Partner aufzutreiben, der Ihre Kriterien erfüllt, wird wahrscheinlich die ganze Ehe oberflächlich sein, da sie auf reinen Oberflächlichkeiten basiert.

Ein wichtiger Teil des Erwachsenwerdens besteht darin, sich von dem zu lösen, was andere Leute denken, und Entscheidungen zu treffen, die für einen selber richtig sind, auch wenn andere sie nicht gutheißen oder verstehen. Als Jugendlicher achtet man darauf, die »richtigen« Schuhe und das »richtige« Hemd zu tragen. Was völlig in Ordnung ist – mit 16. Aber wenn Sie sich als Erwachsene bei wichtigen Entscheidungen immer noch an der Meinung anderer orientieren, verpassen Sie die Chance, Sie selbst zu sein. Erwachsensein bedeutet, sich der eigenen Person (oder zumindest dem, was man dafür hält oder was man sein wird, wenn man sein Leben in den Griff bekommen hat) verpflichtet zu fühlen. Wenn man erwachsen ist, weiß man, dass Perfektion nicht existiert. Und das bedeutet, dass man bei der Partnerwahl andere Kriterien anwenden muss.

Damit komme ich zu einem sensiblen Thema – der Art Ihrer Selbstdarstellung.

Während meiner Jugend in Minnesota gingen wir oft Angeln. Wir fuhren mit dem Boot raus und warfen den Anker aus. Und wir hatten allerlei Köder dabei. Da unten gab es viele verschiedene Arten von Fischen. Einige bissen nur bei Würmern an. Andere bevorzugten Fliegen. Wieder andere kleine Köderfische. Man wählte den Köder entsprechend der Fischart aus, die man fangen wollte.

Das gilt auch für die Partnersuche. Man muss sich klarmachen, worauf man aus ist. Man muss darauf achten, wie man wahrgenommen wird. Damit will ich ausdrücken, dass man sich nicht wie ein Flittchen anziehen oder verhalten sollte!

Wenn Sie eine langfristige Partnerschaft anstreben, sollten Sie Ihre sexuellen Vorzüge nicht allzu sehr in den Vordergrund stellen. Ich sagte, nicht *allzu sehr!* Natürlich dürfen Sie gut aussehen und Ihre Figur zeigen oder Ihre Wimpern tuschen. Aber wenn Ihr gesamter Auftritt – und ich meine nicht Ihr Dekolleté, sondern das, was Sie ausstrahlen – eher wie der einer Bettgenossin als der einer langfristigen Partnerin wirkt, wird Ihnen das nicht dabei helfen, einen festen Partner zu finden. Die meisten Männer suchen zwar eine attraktive Frau, aber sie wollen nicht die nächsten 40 Jahre damit verbringen, lüsterne Männer abzuwimmeln, die sich zu Ihnen hingezogen fühlen, nur weil Sie hochhackige Lackstiefel mögen.

Gesicht oder Körper?

Evolutionspsychologen an der University of Texas haben kürzlich einige wirklich interessante Forschungsergebnisse veröffentlicht, die vielleicht die Frage aufwerfen könnten, ob sich all die Stunden im Fitnessstudio wirklich lohnen. Sie haben herausgefunden, dass Männer, denen es um ein kurzfristiges Abenteuer (beispielsweise einen One-Night-Stand) geht, mehr auf den Körper einer Frau achten, während bindungswillige Männer eher an ihrem Gesicht interessiert sind.

Die Wissenschaftler baten 375 Collegestudenten, sich das Bild einer potenziellen Partnerin anzusehen. Zu Beginn des Versuchs waren Gesicht und Körper verdeckt. Die Versuchspersonen hatten dann die Möglichkeit, nur das Gesicht oder nur den Körper zu sehen, aber nicht beides gleichzeitig. Die Ergebnisse waren interessant. Nur ein Viertel der Männer, die das Foto in Bezug auf eine langfristige Beziehung bewerteten, entschieden sich für einen Blick auf den Körper, während sich im Hinblick auf eine kurzfristige Partnerin 51 Prozent für den Körper entschieden.

Die Wissenschaftler stellten die These auf, dass der Körper Rückschlüsse auf die Fruchtbarkeit einer Frau zulasse, was wichtig sei, wenn ein Mann vorhabe, sein Erbgut zu verbreiten, ohne Verpflichtungen einzugehen. Das Gesicht dagegen gebe Hinweise auf den Charakter, der nur für bindungswillige Männer von Bedeutung sei.

Es überrascht vielleicht nicht, dass bei Frauen **kein** signifikanter Unterschied in Bezug auf das Interesse an Gesicht oder Körper bei der Auswahl eines kurzfristigen oder langfristigen Partners zu beobachten war. Wir haben beim Sex mit einem Schuft genauso viel Spaß wie beim Sex mit einem Mann, der uns liebt.

Was Sie ändern müssen

Verabschieden Sie sich als Erstes von der Vorstellung, dass Sie *bekommen müssen, was Sie wollen.* Keine Angst. Genau genommen brauchen Sie das, was Sie wollen, gar nicht. Was Sie wirklich wollen, ist das, was Sie *brauchen.* Meiner Meinung nach haben sich die Rolling Stones geirrt: Man *kann* (sehr oft) das bekommen, was man will. Ich habe es bei unzähligen Frauen erlebt. Es passiert ständig. Wäre doch nur dies das Problem! Aber das eigentliche Problem ist viel gravierender: Sie wissen wahrscheinlich gar nicht, was Sie wirklich wollen, und selbst wenn Sie es wüssten, würden Sie es nicht mehr wollen, sobald Sie es hätten, denn …

In der Geschichte der Menschheit ist noch niemand glücklich geworden, wenn er bekam, was er wollte.

Fragen Sie irgendjemanden, der im Lotto gewonnen, einen Oscar oder die letzte Rose bei *The Bachelor* bekommen hat. Diese Menschen sind etwa 20 Minuten lang glücklich, bevor wieder das alte Gefühl aufsteigt, dass ihnen zum Glücklichsein noch etwas fehlt – ein weiterer Lottogewinn, ein weiterer Oscar oder attraktiver Junggeselle (oder zumindest Sex mit einem Fremden und eine ausgiebige Shoppingtour in einem Luxuskaufhaus).

Es ist einfach ein Grundprinzip des menschlichen Daseins, dass wir nicht für alle Zeit glücklich sein können, wenn wir bekommen, was wir wollen. Das gilt für alles – selbst den perfekten Ehemann. Also vergessen Sie's einfach. Sie brauchen keine lange Liste der Dinge aufzustellen, die Sie wollen, und auch nicht im Internet Tausende Fotos auf der Suche nach Ihrem Wunschkandidaten durchzuforsten. Ihr neues Ziel sollte sein, einen Mann zu finden, der das ist, was Sie *brauchen.*

Somit wollen wir uns also der Frage zuwenden, was Sie brauchen und wie Sie es anstellen, das auch zu bekommen. Meist wird das so aufgefasst, dass eine Frau eine lange Liste von »Bedürfnissen« herunterbetet, die in Wirklichkeit doch nur Wünsche sind. Ich meine etwas anderes. Unter »was Sie brauchen« verstehe ich einen Mann mit den Eigenschaften, die Ihnen helfen, Ihr menschliches Potenzial voll zu entfalten, während Sie wiederum Eigenschaften besitzen, die *ihm* helfen, sein volles Potenzial zu entfalten.

Die Vorsatzkiste

Wenn ich davon spreche, sich etwas vorzunehmen, meine ich eine formale Absichtserklärung, auch wenn es nur eine Erklärung gegenüber sich selbst ist. Manchmal ist es hilfreich, die Absichtserklärung in ein kleines Ritual einzubetten – das lässt sie realer erscheinen.

Eine Möglichkeit wäre beispielsweise eine »Vorsatzkiste«. Sie brauchen dazu nur eine kleine Kiste wie beispielsweise eine Schmuckschatulle oder eine hübsche Geschenkbox. Schreiben Sie dann Ihren Vorsatz auf ein Stück Papier. Er kann sich auf eine Vorstellung von Ihrem zukünftigen Leben beziehen (zum Beispiel: »Ich bin in einem schönen, sonnigen Haus von Kindern umgeben.«) oder vielleicht auf ein Problem, für das Sie eine Lösung finden wollen. Sie können ruhig schönes Papier und farbige Stifte verwenden oder Zeichnungen hinzufügen, wenn Ihnen das Ritual dadurch mehr Spaß macht, aber eigentlich kommt es darauf nicht an. Es geht nur darum, die Vorsätze in einer Form festzuhalten, die Ihnen das Gefühl gibt, es ernst zu meinen. Legen Sie das Stück Papier dann in die Kiste. Wenn Sie die Kiste schließen, sollten Sie es in dem Bewusstsein tun, dass das, was Sie gerade hineingelegt haben, schon erledigt ist.

Erinnern Sie sich jedes Mal, wenn Sie in die Nähe der Vorsatzkiste kommen oder Ihr Blick darauffällt, daran, dass alles, was sie enthält, schon erledigt ist oder bereits in Angriff genommen wurde. Das ist eine sehr wirksame Art und Weise, sich Ihr zukünftiges Leben auszumalen und es so zu gestalten. Wann immer Ihnen ein neuer Vorsatz einfällt, schreiben Sie ihn auf und legen ihn in die Kiste. Nach einem Jahr öffnen Sie die Kiste und lesen Ihre Vorsätze. Ich wette, dass dann schon viele davon Wirklichkeit geworden sind.

Leider müssen Sie davon ausgehen, dass Sie eventuell (oder sogar wahrscheinlich) keine Ahnung haben, welche Eigenschaften das sind. Sie brauchen also erst gar nicht zu versuchen, eine Liste zu erstellen. Vielleicht könnten Ihre besten Freundinnen ein paar relevante Dinge zusammentragen, aber das ist eigentlich gar nicht nötig. Sie müssen auch keine Dreiviertelstunde dafür verschwenden, einen Fragebogen im Internet auszufüllen, oder als Hobbywerbetexterin das beeindruckendste Persönlichkeitsprofil zu erstellen, das je auf einer Dating-Website gepostet wurde. Es gibt einen viel einfacheren Weg herauszufinden, was Sie brauchen.

Nehmen Sie sich als Erstes vor, eine Beziehung mit einem Mann einzugehen, dem Sie helfen können, sein Potenzial voll auszuschöpfen (und der Ihnen helfen kann, Ihres auszuschöpfen). Dann warten Sie ab, wer Ihnen begegnet. Wenn Sie sich vorgenommen haben, mit einem solchen Mann zusammen zu sein, und an dieser Absicht aktiv festhalten, wird jeder, der in Ihr Leben tritt (auch wenn es nur für eine Woche oder einen Monat ist), Ihnen eine Gelegenheit bieten, sich in genau der Weise weiterzuentwickeln, die Sie brauchen (und umgekehrt).

Wie ich mir da so sicher sein kann? Nun, ich weiß, dass das, was Sie zu einem bestimmten Zeitpunkt brauchen, meist ganz oben auf dem Stapel liegt. So funktioniert das Leben. Während Sie (bildlich gesprochen) noch nach dem ganz speziellen T-Shirt Ausschau halten, das Sie heute Abend einfach anziehen *müssen*, hat das Leben ganz unauffällig das perfekt zu Ihrer Jeans passende Oberteil dorthin gelegt, wo Sie es sehen können – und es ist sogar sauber! Sie müssen es nur noch anziehen.

Aus irgendeinem Grund sind viele Frauen in dieser Frage (ob man versuchen soll zu bekommen, was man will, oder darauf vertrauen soll, dass das Leben einem gibt, was man braucht) sehr unwillig, sich zu verändern. So ist es auch bei meiner Freundin Kim. Sie ist eine attraktive Frau mit einem dichten Lockenschopf und glaubt sicher zu wissen, was sie braucht: die Art von Mann, die in Jachtclubs herumhängt. Vielleicht weil sie die schönsten, *Let's Dance*-würdigsten Beine hat, die man sich vorstellen kann, wird Kim (27) sich mit nichts weniger als einem dicken Fang zufriedengeben. Sie will einen gut verdienenden, großen, breitschultrigen Kerl mit vollem Haar. Sie spricht nicht darüber, aber sie tut sehr viel für ihr Aussehen, hat einen hochrangigen PR-Job und ist wahrscheinlich davon überzeugt, dass sie einen Mann verdient hat, der genauso umwerfend ist wie sie selbst.

Da sie so gut aussieht, hat Kim fast jedes Wochenende Verabredungen, und wenn wir uns hinterher darüber unterhalten, gibt sie oft zu, dass sie wahrscheinlich hätte interessiert sein sollen. Letztlich kann sich Kim jedoch einfach nicht für einen Mann begeistern, den sie für einen »Langweiler« hält. Was Kim einen Langweiler nennt, würde ich Heiratsmaterial nennen. Was haben ihr all diese Verabredungen mit den »großen Fängen« eingebracht, außer einem Singledasein, das sie nicht mehr will?

Wünsche aus vergangenen Zeiten

Denken Sie an all die Dinge, die Sie sich in Ihrem Leben schon gewünscht, aber nicht bekommen haben: die Hauptrolle bei der Schulaufführung in der achten Klasse, das traumhaft schöne Designerkleid zum Abschlussball, den Jungen namens Kai mit den schönen Locken, den Job mit dem sechsstelligen Gehalt direkt nach dem Examen. Und jetzt fragen Sie sich, wie viele von diesen Dingen Sie immer noch wollen. Ist es für Sie in Ordnung, sie nicht bekommen zu haben?
Diese Übung ist gewissermaßen das Gegenstück zur Vorsatzkiste. Sie lehrt Sie, keine allzu detaillierten Vorstellungen davon zu entwickeln, wie Ihr Leben aussehen sollte, denn wenn Sie sich Ihre Wünsche aus früheren Zeiten genauer ansehen, wird Ihnen klar, dass es sich dabei nicht um Dinge gehandelt hat, die Sie gebraucht hätten. Viele der Menschen und Dinge, die Sie sich im Augenblick wünschen, werden in derselben Zeitkapsel enden, als kuriose Fußnote Ihrer Geschichte. Es wäre gut, wenn Sie dies ab sofort in die Analyse Ihrer Situation einbeziehen könnten, statt viel Zeit mit der Fantasie von einem Leben zu verschwenden, das Sie mit einem bestimmten Mann haben werden.

Sehen wir uns doch einmal kurz an, was oberflächliche Frauen wollen. Meiner Meinung nach wünschen sich 98 Prozent von ihnen einen von zwei Männertypen: attraktive Männer oder reiche Männer. Sie wollen jemanden, der ihrer Fantasie von perfektem Sex und gegenseitiger Anziehung (und natürlich schönen Babys) entspricht und/oder genug Geld verdient, damit sie in einem schönen Haus in einer tollen Wohngegend leben können, ohne irgendeinem mehr oder weniger sinnlosen Job nachgehen zu müssen. In gewisser Weise sind oberflächliche Frauen weniger oberflächlich als vielmehr hoffnungsvoll. Sie träumen von einem bestimmten Leben mit einer bestimmten Art von Mann und wollen diesen Traum nicht aufgeben. Das Problem ist, dass sie ihre Dreißiger verpassen, wenn sie zu lange daran festhalten. Worauf warten sie denn wirklich? Fangen wir einmal mit den attraktiven Männern an.

Oberflächliche Frauen warten oft darauf, dass die *Chemie* stimmt. Sie haben die Vorstellung, dass das, was ein Mensch anziehend findet, unerschütterlich feststeht. Aber so einfach ist es nicht. Nach meiner Einschätzung gibt es drei Arten von Anziehung (beziehungsweise Nicht-Anziehung):

1. **Oh Gott, nein!** Sie sind in seiner Gegenwart wie eingefroren oder fühlen sich sogar abgestoßen. Sie sind davon überzeugt, dass Ihre Gene nicht zu seinen passen und dass die Natur Sie auf diese Weise von ihm fernhält. Es läuft. Einfach. Nichts. Na schön, Sie müssen nicht mit diesem Mann ausgehen, aber gehässig müssen Sie auch nicht zu ihm sein.

2. **Oh Gott, ja!** Das ist der Mann, dessen sexuelle Anziehungskraft so stark ist, dass Sie ihn schon wegen seines Bildes im Internet heiraten würden. Bei der Partnersu-

che auf dieser Grundlage ist es wichtig zu wissen, welche Art von Mann Sie derart anziehend finden. Wenn Sie früher schon einmal nach zwei oder drei Männern ähnlich verrückt waren (nur einer wäre nicht Beweis genug), bei denen sich im Nachhinein herausstellte, dass sie bei BMW arbeiteten und auf Heirat und Kinder aus waren, dann sollten Sie die Sache auf jeden Fall weiterverfolgen! Aber wenn die Männer, zu denen Sie sich auf diese Weise hingezogen fühlen, eher eine Bindungsphobie haben, wenn es böse Jungs, Lügner, Fremdgeher, Soziopathen sind – dann halten Sie sich von ihnen fern. Warum sollten Sie sich für schmerzliche Erfahrungen entscheiden? Sie tun sich selbst einen großen Gefallen, wenn Sie sich davon überzeugen, dass es dieses Mal auch nicht anders sein wird.

3. **Hmmm, vielleicht …** Das ist der Mann, mit dem Sie sich bei einer Party eine Stunde lang unterhalten, obwohl er Ihnen nicht aufgefallen ist, als er hereinkam. Sie sind ein wenig überrascht, dass Ihnen die Unterhaltung Spaß macht, und irgendwann schauen Sie ihn sogar an und fragen sich, ob Sie ihn küssen könnten und wie das wohl wäre. Sie sind sich nicht sicher. Sie können sich auch nicht so recht vorstellen, wie es dazu kommen könnte. Und trotzdem sitzen Sie da und denken darüber nach. *Hmmm, vielleicht …*

Ich möchte, dass Sie sich mit vielen Männern vom Typ drei verabreden. Dabei sollten Sie sich klarmachen, dass Sie nicht wissen, was Sie erwartet, solange Sie ihn nicht wenigstens

Er ist sexy und genau Ihr Typ

Eine Freundin erzählte mir kürzlich von einem Mann, auf den sie ein Auge geworfen hat. Sie ist 32 und würde wirklich gern heiraten und ein Kind bekommen. Und dann schwärmt sie mir am Telefon von einem Mann vor, den sie super sexy findet – als ob das etwas Gutes sei. Sexy bedeutet nicht einfach nur gut aussehend. Es ist eine Geisteshaltung. Sexy Typen sind wie die Füchse im Tierreich: Sie jagen Hühner und stehlen ihre Eier. Nach meiner Erfahrung ist Sexappeal umgekehrt proportional zu Bindungsfähigkeit. Ich würde mich heute (eigentlich schon seit meinem 24. Lebensjahr) einem sexuell sehr attraktiven Mann nicht mehr aussetzen. Ich würde auch keine große Tüte M&Ms mehr auf einmal essen. Währenddessen fühlt es sich toll an, aber hinterher fühlt man sich immer irgendwann so schlecht, dass man sich fragt, ob es das wirklich wert war. Und da ich nur zwei Frauen kenne, die ihren sexy Lover geheiratet haben (und eine von ihnen hat auch noch einen Pilates Reformer bei sich zu Hause installiert), ist die Wahrscheinlichkeit sehr hoch, dass die Beziehung mit Mr Sexy nicht so lange hält, dass es sich lohnen würde, die Nachteile dafür in Kauf zu nehmen.

geküsst haben, und wahrscheinlich nicht einmal, solange Sie nicht etwa drei Monate mit ihm zusammen gewesen sind. Die Sorte von Beziehung, die auf dieser Art von Anziehung basiert, *entfaltet sich allmählich;* sie ist komplexer und hat deshalb eine Tendenz zur Beständigkeit. Das Fazit: Lassen Sie sich auf einen Mann ein, den Sie interessant, aber nicht unbedingt extrem attraktiv finden.

Wie die meisten von uns sicher schon herausgefunden haben, hat die Sache mit der Chemie einen Haken: Sie entfaltet ihre größte Wirkung oft bei den *ungeeignetsten* Männern. Bei mir liegt es vielleicht daran, dass meine Eltern eine ziemliche Katastrophe waren, aber Ihre Eltern müssen ja nicht so schlimm gewesen sein. Vielleicht war Ihr Vater nur der Typ, der gerne flirtete oder trank oder spielte, und Ihre Mutter war jähzornig oder ein Kontrollfreak oder Hypochonder – das würde schon reichen, damit die Chemie gerade bei ziemlich miesen Typen »stimmt«.

An den Problemen, mit denen Sie sich in Beziehungen immer wieder herumschlagen, können Sie erkennen, wie Ihre Eltern Sie beeinflusst haben (und vor allem, wie sie Sie verletzt haben).

Ich fühlte mich früher oft zu Frauenhelden hingezogen. Da war zum Beispiel dieser Kerl, den ich so attraktiv fand – Justin. Er sah extrem gut aus und hatte in Hollywood Karriere gemacht. Er hatte das, was Frauen sich wünschen, und das wusste er. Als ich einmal zwischen vielen Leuten in einer kleinen Kunstgalerie stand, schob sich Justin an mir vorbei. Und während er mich streifte (mit seiner Vorderseite an meiner Rückseite – seufz!), berührte er mit seinen Fingern meine Handfläche. Ganz leicht nur. Meine Handfläche! Von wegen Chemie – ich wusste, dass einiges zu Bruch gehen würde, wenn ich mich darauf einließ.

Aber so groß die Versuchung auch gewesen sein mag – ich hatte aus meiner dritten Ehe gelernt, wohin die Beziehung zu einem solchen Mann führt, und diese Erfahrung musste ich nicht noch einmal machen. Ich wusste, dass ich dem sofort einen Riegel vorschieben musste. Innehalten. Den Verstand einschalten. Wer war eigentlich dieser Justin, mit dem die Chemie dermaßen stimmte? Schauen wir ihn uns genauer an:

- Er hatte noch nie eine langfristige Beziehung.

- Er wird bald 40, geht aber meistens mit Frauen (oder eher Mädchen) in den Zwanzigern aus – weil er es kann. Die Frauen an seiner Seite sehen alle wie Kandidatinnen aus *Germany's Next Topmodel* aus.

- Eines seiner *Facebook*-Fotos zeigte ihn im Bademantel, mit einem Glas Martini in der Hand.

- Er fährt einen PS-starken Sportwagen.

Das sind nur vier Dinge, die aber schon deutlich machen, dass Justin ein heißer Typ ist, aber nicht *in unmittelbarer Zukunft mit irgendjemandem eine feste Beziehung eingehen wird.* Zumindest keine gute Beziehung. Wahrscheinlich wird er mit 47 eine 28-jährige Sexbombe aufgabeln und sie ein- oder zweimal schwängern. Aber wenn diese Kinder fünf und sieben Jahre alt sein werden, wird er beim Basar in der Schule die Handfläche einer attraktiven Mami streifen. Oh Mann – wie gut, dass ich nicht seine Frau sein werde, die so tun muss, als ob sie davon nichts merkt.

Ihnen ist jetzt sicher klar geworden, dass attraktive Männer nicht das Gelbe vom Ei sind. Sehen wir uns jetzt einmal die reichen Männer an. Die Männer mit dem tollen Job, Haus, Auto und/oder Bankkonto. Natürlich ist es wünschenswert, einen Partner zu haben, der einer festen Arbeit nachgeht und jeden Monat die Miete zahlen kann (wie hoch sie auch sein mag).

Sie wissen aber, dass Sie in seichten Gewässern herumwaten, wenn Sie einem anständigen Mann mit einem festen Arbeitsplatz (aus der Kategorie »Hmmm, vielleicht …«) einen Korb geben, um auf einen Gutverdiener zu warten, den sie wahnsinnig attraktiv finden.

Was die wenigsten oberflächlichen Frauen bedenken, ist die Tatsache, dass es zwar ohne Zweifel Vorteile bringt, einen Mann mit hohem Einkommen zu heiraten, aber auch Nachteile, von denen nie jemand spricht. In meinen 14 Jahren als Mutter im Umfeld der Unterhaltungsbranche konnte ich in Bezug auf die Unterschiede zwischen Vätern aus der Mittelschicht und reichen Vätern einige Beobachtungen machen.

1. **Reiche Männer sind nie zu Hause.** Na gut, »nie« ist vielleicht übertrieben. Aber sicher viel seltener als Männer mit mittlerem Einkommen. Jemand, der von neun bis fünf arbeitet, erhält kein Gehalt im sechsstelligen Bereich.

2. **Die Rollenverteilung in Ehen von Gutverdienern ist im Allgemeinen sehr traditionell.** Jemand muss zu Hause sein, um sich um die Kinder und alles andere zu kümmern, und wenn viel Geld da ist und die Frau nicht arbeitet, ist sie normalerweise dieser Jemand. Nach mei-

ner Erfahrung funktioniert dieses Arrangement am besten, wenn die Kinder noch klein sind. Werden die Kinder größer, rückt der Beruf der Frau immer weiter in den Hintergrund, und sind erst einmal zehn Jahre vergangen, hat sich ein ziemlich gravierendes Ungleichgewicht verfestigt. Niemand spricht davon, weil diese Damen meistens schöne Häuser, hübsche Kinder und ein angenehmes Leben haben. Wenn Sie es traditionell mögen, könnte dieses Modell für Sie funktionieren. Sie müssen einfach wissen, was für eine Art Frau Sie sind, und darauf achten, dass Sie sich nicht für einen Traum verkaufen, der nicht einmal Ihr eigener ist.

3. **Die Frauen reicher Männer haben einen Job – sie sind Hausmanagerinnen.** Einen Haushalt zu führen, bringt eine Menge Arbeit mit sich, besonders, wenn es sich um ein schönes, großes Haus handelt. Und wenn Sie einen Mann haben, der viel Geld verdient, wird er garantiert nicht die Hälfte der Hausarbeit übernehmen. Ebenso wenig wird er Pausenbrote schmieren, die Kinder durch die Gegend chauffieren oder auf die Handwerker warten. Wenn Ihr Mann ein Jahresgehalt von 500 000 Euro hat, wird all das *Ihre* Aufgabe sein. Vielleicht denken Sie, dass Sie dann ja genug Geld haben werden, um jemanden für all diese Arbeiten zu bezahlen. Aber selbst wenn rund um die Uhr Hauspersonal im Einsatz ist, müssen immer noch Sie diese Leute einstellen, überwachen und feuern und natürlich ihre Arbeit übernehmen, wenn sie krank sind. Sie haben also keinen Partner, der Ihnen hilft, und Ihre Kinder werden keine Gelegenheit haben zu se-

hen, wie ein Mann all diese Arbeiten verrichtet. Haben wir in den Siebzigern und Achtzigern für Gleichberechtigung gekämpft, um wieder in die Fünfziger zurückzufallen? Vielleicht.

4. **Reiche Männer können eine Wiederheirat erschweren.** Eine Scheidung ist nie toll, aber wenn Sie mit einem reichen Mann verheiratet waren, kann es noch schlimmer kommen. Sie haben dann zwar kein finanzielles Problem, waren allerdings wegen des oben erwähnten Problems Nr. 1 auch viel öfter allein als die Exfrau eines Durchschnittsverdieners. Außerdem kann es schwieriger sein, einen neuen Partner zu finden. Wenige Männer fühlen sich wohl dabei, mit einer Frau, die im Wesentlichen von einem anderen versorgt wird, auszugehen oder eine feste Beziehung einzugehen. Der Ex hat einfach zu viel Macht über sie.

Einen reichen Mann zu finden, kann fast ebenso viele Probleme erzeugen, wie es löst. Aber wie schaffen Sie den Sprung vom ständigen Abgleich Ihrer Wunschkriterien zum Date mit einem sehr netten Mann?

Spirituelle Übungen, die Ihnen helfen, sich zu verändern

An dieser Stelle werden viele Frauen – in einem sehr ungehaltenen Tonfall – zu mir sagen: »Soll das etwa heißen, das ich nicht mit einem attraktiven Mann ausgehen darf?«

Immer mit der Ruhe, meine Damen. Ich verlange nicht,

dass Sie aufhören, jemanden zu suchen, der Ihnen gefällt. Ich möchte Sie nur dazu anregen, sich intensiver mit Ihrer Vorstellung von einem attraktiven Mann auseinanderzusetzen und Ihre Grundannahmen zu hinterfragen. Sich zu jemandem hingezogen zu fühlen, ist nicht unbedingt etwas, das Ihnen einfach so passiert, sondern ein dynamischer Prozess, der viel Raum für alle möglichen Entscheidungen lässt, von denen einige besser funktionieren als andere.

Und noch etwas zur Chemie: Ich weiß, dass dabei Pheromone oder was auch immer eine Rolle spielen, aber ich glaube, dass es auf der spirituellen Ebene um etwas anderes geht: Was zwei Menschen zueinander hinzieht, ist – direkt nach sexueller Attraktivität, Körpergröße, Geld, blauen Augen oder was man sonst noch für den Grund hält – die Tatsache, dass sie etwas voneinander lernen müssen, was Sie von niemand anderem lernen können. Und damit meine ich, einander so viel Schmerz zu bereiten, dass der andere keine Chance hat, der Lektion zu entgehen.

Letzteres kann man natürlich versuchen. Das nennt sich dann Scheidung und kommt jeden Tag vor. Aber ich kann Ihnen aus eigener Erfahrung versichern, dass Sie damit keiner Lebenslektion aus dem Weg gehen können. Sie schieben sie einfach auf bis zum nächsten Partner, der dann mit Blick auf Ihre schlechte Bilanz die Schlussfolgerung zieht, dass alles, was in Ihrer Beziehung zu ihm schiefgeht, wahrscheinlich Ihr Fehler ist. Und dem werden Sie nicht allzu viel entgegenhalten können, da Sie das Ganze ja schließlich schon einmal erlebt haben. Das heißt, wenn der Mann, mit dem Sie im Moment zusammen sind, in Ordnung ist, können Sie auch ebenso gut bei ihm bleiben.

Und an diesem Punkt kommt ein weiteres wichtiges spirituelles Konzept ins Spiel: Sie bekommen das, was Sie sind. Manchmal wird es auch als das Gesetz der gegenseitigen Anziehung bezeichnet. Es kann vieles bedeuten, aber in diesem Fall bedeutet es, dass Ihr Partner, nun ja, zu Ihnen passt. Wenn Sie oberflächlich sind, werden Sie auch oberflächliche Männer anlocken. Keine Ausnahmen. Gleich und gleich gesellt sich gern. Im Zen-Buddhismus wird es so ausgedrückt: *Wie oben, so unten.* Oder: *Wie innen, so außen.*

Kehren wir, um es zu verdeutlichen, an den Anfang dieses Kapitels zurück zu dem Mann, der nur mit Frauen ausgehen will, die auf seiner Qualitätsskala eine Acht, Neun oder Zehn erreichen. Derek ist Arzt, 1,80 m groß und attraktiv, hat eine tolle Altersvorsorge und eine sehr vielversprechende Zukunft. Derek ist der Meinung, dass die meisten Frauen hinter seinem Geld her sind. (Eigentlich nicht alle Frauen, nur die wirklich attraktiven.) Er merkt nicht einmal, wie sehr sich diese Vorstellung bei ihm festgesetzt hat, was ihn zum perfekten Gegenstück für Frauen macht, die nicht wissen, dass sie Männer zu Objekten machen.

Hört man ihm genau zu, fällt es einem allerdings auf. Wenn er ein paar Drinks (etwa vier) intus hat und man das Gespräch auf Frauen bringt, sagt er zum Beispiel, dass Frauen ihn nur mögen, weil er Arzt ist, und dass in ihren Augen Dollarzeichen aufleuchten, wenn er mit seinem Range Rover (!!) vorfährt. Natürlich sind nicht alle Frauen so, aber interessanterweise sind ungefähr 95 Prozent *der* Frauen so, *die Dereks Zustimmung finden.*

Noch interessanter finde ich, dass nur wenige von Dereks Freundinnen von Anfang an »eine Acht« waren. So wie

Derek höhere Werte anstrebte, hatten es auch die Frauen getan, mit denen er eine Beziehung einging. Sie hatten die üblichen Methoden angewandt, um ihre Bewertung um ein paar Zehntel zu erhöhen: Sie hatten ihre Haarfarbe um ein paar Töne geändert und waren vom Walking zum Hardcore-Spinning (vier- bis fünfmal die Woche) übergegangen, und mindestens zwei von ihnen hatten sich den Busen vergrößern oder die Nase verkleinern lassen.

Dagegen ist nichts einzuwenden, aber es ist auch kein Zufall, dass es diese »Verbesserungen« waren, die sie für einen Mann wie Derek attraktiv machten. Wenn Menschen – ob Männer oder Frauen – sich selbst zum Objekt machen, um andere Objekte »einzufangen«, landen sie am Ende bei ihrem gegengeschlechtlichen Spiegelbild. Manchmal funktioniert es – er schafft das Geld ran, sie verbringt ihre Tage damit, hübsch auszusehen –, aber eine gute Beziehung hat deutlich mehr zu bieten als das. Und obwohl Derek eindeutig solche Frauen auswählt (und sie ihn auswählen), hat er das, was von ihm selbst kommt, mit dem verwechselt, was er bei anderen vorfindet.

Sprechen wir von der Veränderung. Es ist ganz einfach. Sie streben nach *Tiefe.* Sie verändern ganz bewusst Ihre Haltung gegenüber den Männern, die Ihnen begegnen, und zwar gegenüber allen, nicht nur gegenüber denen, die Sie auf Anhieb interessant finden. Fangen Sie damit an, dass Sie mit Männern reden, mit denen Sie bisher kein Gespräch angefangen hätten. Das bietet zwei Vorteile: Zum einen ist es einfacher, sich auf seine Person zu konzentrieren, wenn Sie von einem Mann nichts wollen. Zum anderen werden Sie mehr von den individuellen Eigenschaften der Männer wahrnehmen, wenn Sie es sich zur Gewohnheit machen, ohne Hintergedanken mit ihnen zu reden.

Hören Sie genau hin, was ein Mann Ihnen sagt. Unabhängig von dem Thema, über das er spricht, erfahren Sie viel über seinen Charakter. Wie sieht er die Welt? Welche Überzeugungen hat er? Welches Bild hat er von sich selbst, und was will er im Leben erreichen? Man kann es nicht deutlich genug sagen: Der Charakter ist das Wichtigste, auf das Sie bei einem Mann achten sollten. Wenn erst einmal der Bauch da ist, die ersten Falten kommen und der Sex nicht mehr so heiß ist, ist der Charakter eines Mannes alles, was Ihnen bleibt. Darum sollten Sie in dieser Hinsicht wählerisch sein.

Wenn Sie sich das zur Gewohnheit machen, wird es auch Ihre Interaktion mit Männern beeinflussen, an denen Sie tatsächlich interessiert sind. Statt sich zu fragen, ob Sie sie begehrenswert finden, werden Sie anfangen, sich mehr Gedanken darüber zu machen, wer sie tief im Innern sind. Stellen Sie sich Fragen: Wie war dieser Mann in der siebten Klasse? Was hat er sich erhofft? Was ist sein größter Wunsch im Leben, und bin ich der Mensch, der ihn auf dieser Reise begleiten könnte?

Wenn Sie bei Ihrem Umgang mit Männern allmählich achtsamer werden, mehr in die Tiefe gehen, werden nicht nur Sie etwas anderes in ihnen sehen, sondern auch die Männer in Ihnen. Es hängt mit der Energie zusammen, die Sie verströmen und die Ihnen immer (wirklich immer!) das zurückbringt, was Sie aussenden. Es ist wie ein Bumerang. Wenn Sie Tiefgründiges aussenden, bekommen Sie Tiefgründiges zurück.

Welche Eigenschaften Sie auch immer bei einem Partner zu suchen glauben – ich kann Ihnen garantieren, dass Sie in Wirklichkeit etwas ganz Einfaches wollen: Sie wollen Liebe, Frieden und eine harmonische Partnerschaft mit einem Menschen, der sich dasselbe wünscht und in der Lage ist, das mit Ihnen zu erreichen.

Was Ihr letztes Date wusste, Ihnen aber nicht sagen konnte

Nach der Lektüre von Kapitel 2 wissen Sie, warum dieser attraktive Mann nur einmal mit Ihnen ausgegangen ist. Gehen wir es noch einmal durch:

- **Sie sind oberflächlich.** Sie konzentrieren sich auf oberflächliche Dinge und achten nicht genug auf das Wesentliche – wie beispielsweise den Charakter eines Mannes.

- **Dahinter steht Perfektionismus.** Das ist die wahre Bedeutung von Oberflächlichkeit. Sie behandeln Männer wie Objekte, die Sie oder Ihr Leben irgendwie vervollständigen sollen. Gute Männer sehen das schon von Weitem und meiden Sie.

- **Werden Sie erwachsen.** Oberflächlichkeit entsteht aus pubertärem Denken, das der Meinung anderer Leute viel zu viel Bedeutung beimisst.

- **Entsorgen Sie Ihre Kriterienliste.** Sie werden nicht mehr nach dem suchen, was Sie sich wünschen, sondern nach dem, was Sie brauchen.

- **Schürfen Sie tiefer.** Achten Sie auf die Persönlichkeit eines Mannes. Finden Sie heraus, was ihn motiviert, wo die Reise seines Lebens hingehen soll, und fragen Sie sich, ob Sie daran teilhaben wollen.

3. Sie sind ein »Flittchen«

Oder: Warum unverbindlicher Sex nicht zu einer Beziehung führt

1. *Haben Sie regelmäßig Sex mit Männern, die nicht an einer Beziehung mit Ihnen interessiert sind?*
2. *Verlieben Sie sich öfter in Männer, mit denen Sie eigentlich nur unverbindlichen Sex haben wollten?*
3. *Finden Sie, dass Sex mit einem Partner die einzige Art von Sex ist, die wirklich zählt?*

Eins möchte ich vorab klarstellen: Sie können Sex haben, mit wem Sie wollen. Mir ist es wirklich völlig egal, was Menschen hinter verschlossenen Türen mit ihren Körpern anstellen. Ich habe nicht die Absicht, den moralischen Zeigefinger zu erheben. Aber Ihr Sexualverhalten ist natürlich Teil Ihres gesamten Partnersuch- und Beziehungsmusters. Wenn ich mich mit Frauen über ihre Beziehungserfahrungen unterhalte, spreche ich meistens relativ schnell das Thema Sex an. Wann gehen Sie mit einem neuen Partner zum ersten Mal ins Bett? Was tun Sie in der Zeit dazwischen? Versuchen Sie unverbindliche »Bettfreundschaften« aufrechtzuerhalten?

Funktioniert es? Wie sieht Ihr Sexualleben ohne einen Partner aus? Wie, wann und mit wem Sie Sex haben, beeinflusst Ihre Beziehungschancen in mehrerlei Hinsicht.

Als Flittchen betrachtet zu werden, ist dabei nur ein Aspekt. Ich weiß, Flittchen ist ein provokatives Wort. Und ich bin nicht der Meinung, dass es prinzipiell schlecht ist, wechselnde Sexualpartner zu haben. Solange Sie gut zu sich selbst sind, steht es niemandem zu, ein Urteil über Sie zu fällen. Aber Sex mit Männern, an die Sie sich nicht binden wollen oder die sich nicht an Sie binden wollen, kann Probleme mit sich bringen, die sich nicht durch rationale Argumente aus der Welt schaffen lassen. Besonders im Hinblick auf eine feste Partnerschaft.

Sex, Partnersuche und das Eingehen von Beziehungen sind durch biologische Mechanismen gesteuert, die meistens stärker als die coole Vorstellung sind, dass Sie Ihren Spaß mit Männern haben und die Sache unverbindlich halten können. Theoretisch ist das möglich. In der Praxis funktioniert es selten. (Ich kenne ganze zwei Frauen, die das durchhalten.) Ich vergleiche unverbindlichen Sex gern mit Heroin als Partydroge – es bleibt nicht lange eine Partydroge. Sex und insbesondere guter Sex ist gewohnheitsbildend und kann deshalb der Art von Beziehung im Weg stehen, die zu einer festen Partnerschaft führt.

Worum es wirklich geht

Wenn ich von *unverbindlichem Sex* spreche, meine ich jede Art von Sex außerhalb einer festen Beziehung. Sie können sich nicht vorstellen, wie unangenehm es mir ist, so konservativ zu wirken (weil das absolut nicht meiner Einstellung entspricht), aber meine 30 Jahre Beziehungserfahrung und viele Gespräche mit Frauen über ihre Beziehungen haben mich – wenn auch aus anderen Gründen – zu ähnlichen Schlussfolgerungen wie konservative Moralapostel kommen lassen. Ich verlange nicht völlige Enthaltsamkeit, aber wenn Sie in sexuellen Beziehungen stecken, die nicht in eine feste Partnerschaft münden, *Sie aber gerne eine feste Partnerschaft hätten,* dann sollten Sie wahrscheinlich Ihre Haltung zum Sex überdenken.

Unverbindlicher Sex ist wohl die größte Lüge aller Zeiten. Sex ist niemals unverbindlich. Er wird immer das Potenzial haben, Leben zu schaffen, Königreiche zu errichten und zu zerstören und Menschen dazu zu bringen, ihre Ehepartner zu ermorden. Dass es im letzten Jahrhundert ein ganzes Jahrzehnt gab, das der freien Liebe gewidmet war, hat viel zur heutigen Verwirrung in Bezug auf Sex beigetragen. All die coolen Filme und Songs zu diesem Thema haben uns dazu verleitet, uns einzureden, dass es in unserem Leben auch so laufen könnte.

Dabei ist zu beachten, dass es unverbindlichen Sex in verschiedenen Varianten gibt: die Art, die wir uns wünschen, die Art, mit der wir uns abfinden, und die Art, derer wir uns gar nicht bewusst sind, weil unser Liebhaber uns nicht gesagt hat, dass er eigentlich keine feste Beziehung mit uns hat. Genau genommen gibt es so viele Arten von unverbindlichem Sex, wie es Männer gibt, die ohne Verpflichtungen mit uns ins Bett gehen wollen. Hier einige der häufigsten Typen, die Ihnen über den Weg laufen werden:

- **Der Mistkerl.** Das ist der Schurke, dem es Spaß macht, die Zuneigung schöner, interessanter Frauen zu gewinnen, und der dafür heucheln, schwindeln und Tatsachen verdrehen wird. Er wird wahrscheinlich im Hinblick auf eine feste Beziehung nicht direkt lügen, aber er wird sicher zulassen, dass Sie sich selbst belügen. Diesen Typ findet man oft in bestimmten Berufsgruppen, die Zugang zu schönen Frauen haben, wie beispielsweise Modefotografen, Barkeeper und Führungskräfte in der Werbebranche.

- **Der Peter Pan.** Dieser Typ kann es nicht ernst mit Ihnen meinen, weil er sich selbst nicht ernst nimmt. Er fährt auf einem Skateboard durch die Gegend und sieht dabei in seinen Secondhandklamotten supersüß aus. Sie verteidigen gegenüber Ihren Freundinnen seine drei Mitbewohner, seine Rauch- und Trinkgewohnheiten und seinen Job im Café. Der einzige Termin, zu dem er pünktlich erscheint, ist die Probe mit seiner Band. Sie hoffen, dass er eines Tages erwachsen werden wird, aber seien wir doch mal ehrlich: Das wird nicht passieren, jedenfalls nicht, solange Sie noch etwas davon haben.

- **Der Karrieretyp.** Manche Männer sind so auf ihre Karriere fixiert, dass sie für eine Beziehung einfach keine Energie mehr übrig haben. Frauen mögen Karrieretypen, weil sie Heiratsmaterial sind: Sie arbeiten hart, sind oft gebildet und arbeiten in gut bezahlten Berufen. Aber lassen Sie sich nicht blenden: Ein Mann, der alles in seine Karriere investiert, kann Sie Jahre Ihres Lebens kosten, wenn Sie es zulassen. Der Vorzug dieses Typs besteht darin, dass er meist keinen Hehl aus seiner Einstellung macht und einfach eine Frau sucht, die sich darauf einlässt. Er wird eines Tages eine feste Partnerschaft eingehen wollen, aber nicht mit Ihnen, es sei denn, Sie wären noch 31, wenn er den Vorstandsposten bekommt. Das wird nicht der Fall sein, denn Sie sind *jetzt* 31.

- **Der Fremdgeher.** Dieser Typ kann keine feste Beziehung mit Ihnen eingehen, weil er schon Verpflichtungen (im schlimmsten Sinne) gegenüber einer anderen Frau hat. Was lässt sich sonst noch über ihn sagen? Dass Sie in der Therapie an der Beziehung zu Ihrem Vater arbeiten müssen, wenn Sie auf diesen Typ stehen? Eine andere Variante ist der Mann, der Ihnen emotional sehr nahe kommt (eine Art bester Freund), aber keinen Sex will, weil er ja schließlich in einer Beziehung mit seiner echten Freundin ist. Und dann gibt es da noch den Mann, der sich mit Ihnen trifft, weil er ganz kurz davor ist, die Beziehung zu seiner Noch-Ehefrau oder -Lebensgefährtin zu beenden. Eigentlich sollte es sich von selbst verstehen: Wenn ein Mann emotional an eine andere Frau gebunden ist, sollten Sie die Finger von ihm lassen.

- **Der Betörer.** Das ist der Typ, der es so sehr genießt, sich in Ihrer Aufmerksamkeit zu sonnen, dass er mit der Aussicht auf eine Beziehung vor Ihrer Nase herumwedelt, aber nie ernst damit macht. Er hält den Kontakt zu Ihnen gerade auf dem Niveau, das nötig ist, um Sie bei der Stange zu halten, ohne je tatsächlich irgendetwas zu versprechen. Man kann ihn mit der Werbung für eine sündhaft teure Hautcreme vergleichen: Er wählt seine Worte so sorgfältig, dass Sie nicht mit Sicherheit sagen könnten, worin eigentlich die Zusage besteht, aber Sie wissen einfach, dass er definitiv den Eindruck erweckt hat, es sei etwas Wunderbares. Ach ja, und die Verpackung der Hautcreme? Umwerfend. Dieser Typ ist extrem frustrierend, denn oft gibt es durchaus eine Frau, mit der er eine Beziehung eingehen will – es sind nur nicht Sie, sondern eine wilde Schönheit, die in einer Rockband Schlagzeug spielt. Oder so ähnlich.

- **Der Jack Nicholson.** Zu guter Letzt gibt es noch den Typ, der sich nie binden wird. Nicht in 100 Jahren. Aber sein herber Charme lässt Sie darüber hinwegsehen. Möglicherweise hat er Geld, Sexappeal oder Humor, aber auf jeden Fall macht es mehr Spaß, mit ihm zusammen zu sein als mit anderen Männern, was vielleicht teilweise auch daran liegt, dass er frei von den Gedanken ist, die andere Männer belasten – Gedanken an jemand anderen als ihn selbst! Wenn Sie mit einem der hier beschriebenen Typen herummachen wollen, ist dieser wohl die sicherste Nummer, denn eine Frau muss schon einen ausgeprägten Hang zur Selbsttäuschung haben, um auch nur einen Augenblick daran zu glauben, dass sie Jack Nicholson dazu bewegen könnte, sich zu binden. Außerdem ist er *alt.*

Beachten Sie, dass keiner dieser Männer *schlecht* ist. Sie handeln einfach nur in ihrem eigenen Interesse und befinden sich an einem Punkt in ihrem Leben, an dem es in ihrem Interesse ist, sich in Bezug auf Frauen mehrere Optionen offenzuhalten. Dagegen ist nichts einzuwenden. Es sei denn, Sie versuchen, (1) diese Männer zu ändern oder (2) abzuwarten, bis sie es sich von allein anders überlegen.

Wenn eines von beiden der Fall ist, warten Sie möglicherweise sehr lang. Ich kenne kaum eine Frau, die für den Versuch, eine unverbindliche Beziehung zu einem Mann zu haben, in den sie verliebt war, nicht Monate (oder Jahre) ihres Lebens geopfert hat. Es scheint mit zunehmendem Alter ausgeprägtere Formen anzunehmen, kann aber auch schon in jungen Jahren auftreten.

Es lebt sich nicht unbedingt besser, wenn die Chemie stimmt

Der Prozess des Sichnäherkommens und Sichverliebens ist Teil eines ganzen Systems, das darauf abzielt, uns lange genug an einen Mann zu binden, um ein Kind mit ihm zu bekommen. Unterstützend wirken dabei folgende Chemikalien: Oxytocin, Dopamin und Serotonin. Sie bewirken, dass wir uns gut fühlen. Sie verursachen das Gefühl, verliebt zu sein – in gewissem Sinn machen sie dieses Gefühl aus. Wenn sie nicht vorhanden wären, würden wir die Liebe nicht empfinden.
Bevor ich etwas über die Biologie der Paarbindung wuss-

te, dachte ich, mit mir stimme etwas nicht. Wieso gelang es mir nicht, einfach mit einem Mann zu vögeln und dann weiter zum nächsten zu gehen? Zumindest in Film und Fernsehen sah es doch so aus, als ob jeder so etwas mache, ohne auch nur einen zweiten Gedanken daran zu verschwenden. Jeder – außer mir. Bei mir kam immer der Wunsch auf, mit dem Mann zusammen zu sein. Ich fühlte mich wie eine Versagerin.

Ich verschwendete Jahre mit dem erfolglosen Versuch, unverbindlichen Sex zu haben. Ich wuchs in den Siebzigerjahren auf und rechnete damit, dass ich ab meinem 18. Geburtstag jede Menge Sex haben würde. Unverbindlichen Sex. Ich sah »Saturday Night Fever« in den Sommerferien vor der achten Klasse und konnte es kaum erwarten: New York! Tanzen! Coole Klamotten! Ich malte mir intensiv aus, mit einem traumhaft aussehenden Mann auf dem Rücksitz eines Sportflitzers Sex zu haben. Aber dazu kam es nicht.

Im wirklichen Leben knutschte ich Ende der zehnten Klasse mit einem Jungen und war danach zweieinhalb Jahre mit ihm zusammen. Als das vorbei war, knutschte ich mit einem anderen Mann und heiratete ihn nach einer Weile. Wir trennten uns nach fünf Jahren. Beim nächsten Mann, mit dem ich herumknutschte, blieb ich ein Jahr. Und so weiter. Wenn ich mich sexuell mit einem Mann einließ – und ich rede hier von ein oder zwei heftigen Knutschereien – fühlte ich mich an ihn gebunden. Ich habe sie nicht alle geheiratet, hatte nicht mal

mit allen feste Beziehungen. Aber eine Art von Bindung bestand immer.
Wenn die Wirkung der Chemikalien nach eineinhalb bis zwei Jahren nachlässt, haben daher manche Menschen (und damit meine ich mein früheres Selbst) das Gefühl, nicht mehr »verliebt« zu sein, und meinen, sich eine neue Beziehung suchen zu müssen, in der sie dann wieder »verliebt« sind. Sie wissen nicht, dass Verliebtheit im Wesentlichen ein chemischer Zustand ist. Sie denken, es habe etwas mit einer bestimmten Person zu tun.
Das hat es nicht. Nicht unbedingt.

Warum Melissa keinen Mann hat

Meine Freundin Melissa ist eines der extremeren Beispiele für dieses Phänomen. Sie fing mit Anfang 30 an, mit einem sehr attraktiven Franzosen namens Pascal auszugehen.

In den ersten vier Monaten schienen sich die Dinge nach dem üblichen Schema zu entwickeln. Pascal versprach ihr nicht direkt eine langfristige Beziehung, aber er sagte ihr nach dem Sex sehr nette Dinge, nannte sie *Chérie* und sprach sich auch nicht ausdrücklich gegen eine feste Beziehung aus. Die Probleme fingen an dem Punkt an, an dem sich die Dinge normalerweise zu vertiefen beginnen – man hat in der Wohnung des anderen eine Zahnbürste liegen, fährt zusammen in den Urlaub oder lernt seine Eltern kennen. Lassen Sie es mich so ausdrücken: Für Melissa vertiefte sich nichts.

Als neun Monate vergangen waren, ohne dass es in der Beziehung irgendeinen Fortschritt gegeben hätte, kam Melissa zu dem Schluss, dass Pascal keine Absicht hatte, sich zu binden. Also beendete sie die Beziehung. Oder versuchte es zumindest. Nach etwa einem Monat begannen sie sich zu »vermissen«. Nach einigen Telefonaten unter Alkoholeinfluss beschloss Melissa, es mit einem anderen Ansatz zu versuchen. Weshalb sollte die Sache nicht unverbindlich bleiben? Schließlich mochte sie ihn, es gab zu diesem Zeitpunkt keine anderen Kandidaten, an denen sie mehr interessiert war, und der Sex war unglaublich. Also, warum nicht?

Das war vor neun Jahren. (Deshalb nicht.)

Melissa ist während dieser Zeit mit vielen Männern ausgegangen, von denen sie einige wirklich sehr mochte, aber sie kehrte immer wieder zu Pascal zurück. Warum? Mit niemandem hat sie so viel Spaß, erlebt so viel Intimität. Mit Pascal hat sie eine Geschichte. Natürlich gibt es psychologische Erklärungen – sie liebt einen nicht verfügbaren Mann … blabla. Aber auf einer tieferen, biologischen Ebene bleibt Melissa aus einem einfacheren Grund bei Pascal: weil sie eine Bindung zu ihm hat.

Jahre mit einem Mann wie Pascal zuzubringen, ist ein bisschen so, als ob man ein Auto kauft, ohne zu wissen, wie viel es kostet, denn der Preis wird in den Jahren gezahlt, die Melissa für den tollen Sex mit Pascal geopfert hat.

Und das möchte ich Melissa sagen: Sie mag wie 30 aussehen, aber ihre Eizellen sind 40. Ich sage es auch Ihnen: Die Zahl Ihrer Eizellen ist begrenzt, meine Damen. Es ist beschissen, aber wahr, und wenn Sie heiraten und Kinder haben wollen (auf die Reihenfolge will ich mich nicht festlegen), müssen Sie schnellstmöglich Verantwortung dafür übernehmen.

Die Sache mit dem Alter schleicht sich ganz allmählich ein. Ich habe es bei mindestens einem halben Dutzend Freundinnen erlebt. Eben ist man noch Anfang 30 und macht seine Erfahrungen mit verschiedenen interessanten und attraktiven Männern, und kaum hat man sich einmal umgedreht, rast man plötzlich auf die 40 zu. Kein Lebensabschnitt verfliegt so schnell wie die Dreißiger – die Spanne zwischen »alle Zeit der Welt« und »Oh mein Gott«. Ich will keine Panik verbreiten, nur habe ich bei so vielen tollen Frauen gesehen, dass sie sich die Bedeutung der Dreißiger nicht klar gemacht haben. Sie müssen wahrscheinlich recht früh ernst machen, wenn Sie eine Familie gründen wollen, ohne eine Kinderwunschpraxis aufsuchen zu müssen.

Aus meinem Leben als schwangere Braut

Ich habe diese spezielle Lektion gelernt, weil ich selbst beinahe den richtigen Zeitpunkt verpasst hätte. Ich hatte das unverschämte Glück, mit 31 von einem wirklich netten, bindungswilligen Mann geschwängert zu werden. Das war Mitte der Neunzigerjahre, bevor alle Schauspielerinnen in Hollywood auf den Babyzug aufsprangen. In meinem Freundeskreis war ich die Erste, die schwanger wurde (jedenfalls von den Freundinnen, die außerhalb von Minnesota lebten). Glauben Sie mir, als ich meinen Freundinnen in New York und Los Angeles verkündete, dass ich im nächsten Frühjahr ein Kind bekommen würde, sahen sie mich an, als ob ich verrückt geworden sei. Aber irgendeine innere Stimme sagte mir, dass ich mir dieses Baby mehr als alles andere auf der Welt wünschte. Und obwohl ich mit dem Vater noch nicht einmal sechs Monate zusammen war (und wir zu dem Zeitpunkt, als ich feststellte, dass ich schwanger war, eigentlich Schluss gemacht hatten), hatte ich nie auch nur den geringsten Zweifel. Ich wollte Mutter werden – ob mit oder ohne Mann.

Doch natürlich wollte der dazugehörige Vater beteiligt sein: Nach drei Jahren in New York, einer Stadt, in der an sich keinerlei Gefahr bestand, in einer festen Beziehung zu landen (eher noch in einer geschlossenen Anstalt), hatte ich beschlossen, nur noch mit Männern auszugehen, die ernsthaft mit mir zusammen sein wollten. Das bedeutete, mit »guten« Männern auszugehen, auch wenn diese guten Männer bei einem Bummel durch die Avenue A im East Village nicht gerade meine Aufmerksamkeit erregt hätten.

Rückblickend kann ich sagen, dass das die klügste Entscheidung meines Lebens war. Nicht dass ich mir das als eigenes Verdienst anrechne. Ich habe das Gefühl, dass dies die Lektion war, die man lernt, wenn der Fahrer hinter einem in den Unfall verwickelt wird, dem man selber mit knapper Not entgangen ist. Ich weiß, dass ich mich tief drinnen nicht von meinen Freundinnen unterscheide, die mit 41 noch Singles und kinderlos sind. Ich habe dieselben Gefühle und Gedanken wie sie. Es ist nur einfach so, dass ich mich aufgrund meiner schrecklichen Kindheit nie sicher genug für unverbindliche Beziehungen und unverbindlichen Sex gefühlt habe.

Ich sollte vielleicht noch erwähnen, dass ich mir anfangs nicht sicher war, ob ich mit dem oben erwähnten guten Mann ausgehen sollte. Ich war zu dem Zeitpunkt wirklich hin und her gerissen: Sollte ich nicht lieber nach einem cooleren Typen Ausschau halten, der nicht in einer Latzhose auf einer großen Hollywood-Party bei Adam Sandler auftauchen würde? (Das ist wirklich passiert.) Letztlich folgte ich einem höheren Instinkt, entschied mich für den guten Mann und lernte eine wertvolle Lektion: Es gibt Wichtigeres als die Frage, was ein Mann bei einer großen Hollywood-Party trägt. (Im Grunde gibt es auch wichtigere Dinge im Leben als große Hollywood-Partys.) Ich weiß, wovon ich rede, denn seither sind 15 Jahre vergangen und Mr Latzhose ist immer noch derselbe integre Mensch wie damals.

Das Fazit der Geschichte lautet nicht, dass Sie umso schneller unbeabsichtigt schwanger werden und heiraten, je früher Sie anfangen, mit guten Männern auszugehen. Aber passieren kann es schon.

Was Sie über Männer wissen sollten

Man sollte meinen, dass es inzwischen allgemein bekannt ist: Männer verlieben sich nicht mit ihrem Penis. Wirklich nicht. Die meisten Männer können ohne Probleme sowohl mit Fremden als auch mit Freundinnen vögeln und diese Beziehungen genau dort halten, wo sie sie haben wollen: da drüben, auf Sparflamme. Vielleicht liegt es daran, dass sie besser im Abgrenzen sind – oder nicht so viel Oxytocin ausschütten wie wir. Aber eigentlich kommt es auf die Gründe ja auch gar nicht an. Wichtig ist nur, dass kein noch so guter Sex einen Mann an Sie binden wird, wenn er das nicht will.

Für viele Männer, wenn nicht sogar für die meisten, ist

das Eingehen einer festen Partnerschaft eine *rationale Entscheidung.* Vielleicht haben sie genau dieselben intensiven Gefühle wie wir, aber ein gesunder Mann verliebt sich nicht Hals über Kopf. Es ist eher so, dass er das Potenzial der Beziehung rational einschätzt und, wenn dies zu einem positiven Ergebnis führt, Gefühle zulässt, indem er ein wenig loslässt. Während sich die Dinge weiterentwickeln, lässt er noch etwas mehr los und noch ein bisschen – bis er schließlich mitten in der Beziehung steckt. Das Loslassen schreitet voran, während er herausfindet, wer Sie sind – ob Sie vertrauenswürdig sind, ob Sie psychisch gesund sind, ob der Sex gut ist, ob ihm das Leben, das er sich mit Ihnen ausmalt, zusagt, und vor allem: ob er *bereit* ist.

Manchmal ist es schwer zu sagen, ob die Beziehung, in der man gerade steckt, einfach etwas langsam in die Gänge kommt oder ob der Mann nur unverbindlichen Sex mit einem hat. Das Verhalten ähnelt sich – zumindest in der Anfangsphase – sehr. Aber es gibt einen Unterschied: Wenn ein Mann im Begriff ist, sich in Sie zu verlieben, erfahren Sie es, weil er es Ihnen sagt.

Wenn ein Mann, mit dem Sie sich regelmäßig treffen und mit dem Sie regelmäßig Sex haben, Ihnen nicht innerhalb von ein oder zwei Monaten sagt, dass er im Begriff ist, sich in Sie zu verlieben, können Sie mehr oder weniger davon ausgehen, dass es auch nicht der Fall ist. Und falls Sie immer noch im Zweifel sind (denn wir Frauen neigen dazu, uns an Hoffnungen zu klammern), gibt es eine narrensichere Methode, es herauszufinden: Wenn Sie sich die Frage stellen müssen, ob Sie eine feste Beziehung zu einem Mann haben, dann haben Sie keine.

Dann gibt es da noch die etwas unklarere Situation, in der Sie eine Beziehung zu einem Mann haben, diese aber nicht sehr tief ist. So ergeht es meiner Freundin Erica. Sie geht seit sieben Monaten mit einem Mann in den Vierzigern aus. Erica und Tony verbringen jedes Wochenende und ein oder zwei Nächte unter der Woche miteinander. Tony hat drei Kinder und eine Exfrau, die anscheinend so viel Raum auf seiner Festplatte einnehmen, dass er einfach eine zwanglose Beziehung mit Erica haben will. Er mag es »zwanglos« nennen, doch was er wirklich meint, ist »unverbindlich«. Denn Tony ist zwar monogam, fest angestellt und Hausbesitzer und wenn er frei hat, verbringt er seine Zeit sehr gern mit Erica, aber er ist trotzdem nicht wirklich verfügbar, weil die Beziehung sich nicht vertieft. Erica zögert, eine gemeinsame Zukunft anzusprechen (ein Warnsignal, denn nur in einer unverbindlichen Beziehung ist die Zukunft ein Tabuthema), wahrscheinlich weil sie tief drinnen weiß, dass es über den gegenwärtigen Stand hinaus keine Zukunft geben wird.

Erica will mit Zukunftsplänen warten, bis Tonys Kinder älter sind und seine Exfrau nicht mehr so viel Raum in seinem täglichen Leben einnimmt. Aber das wird keinen Unterschied machen. Denn einen Mann, der eine Beziehung vertiefen will, halten auch Kinder und eine Exfrau nicht wirklich davon ab. Tony will es nicht. Das ist eine Tatsache, der Erica noch nicht ins Auge sehen will. Wer könnte es ihr verdenken? Keine Frau will einen Mann aufgeben, den sie liebt.

Was Sie ändern müssen

Nummer eins: *Halten Sie sich von nicht verfügbaren Männern fern.* Nichts wird Ihren Singlestatus so verfestigen wie eine Beziehung zu einem nicht verfügbaren Mann.

Wenn Sie in naher Zukunft eine feste Partnerschaft eingehen wollen, kann ich Ihnen gar nicht dringend genug raten, sich sehr genau zu überlegen, an wen Sie sich emotional binden. Wie gesagt, wir könnten auch mit dem Glöckner von Notre Dame Sex haben und würden uns im Handumdrehen wünschen, dass er uns einen Heiratsantrag macht. Ich war schon immer der Meinung, dass man die Geschichte von der Schönen und dem Biest auch so interpretieren kann: Es kommt nicht wirklich darauf an, ob der Mann, mit dem ich zusammen bin, hässlich oder sonst irgendwie schrecklich ist – ist der Sex mit ihm gut, binde ich mich emotional an ihn. Das ist bedauerlich, aber leider wahr.

Wenn Sie an einer festen Partnerschaft interessiert sind, sollten Sie den Mann, mit dem Sie in die Kiste steigen, ebenso sorgfältig auswählen wie ein Boot, mit dem Sie über den Pazifik segeln wollen. Sie würden doch sicher darauf achten, dass das Boot seetüchtig ist, nicht wahr? Es sollte keine Lecks, Löcher im Segel oder defekte Navigationsinstrumente haben. Genauso sollten Sie es auch mit Männern halten. Sie müssen nicht auf Perfektion aus sein, denn jeder Mensch auf dem Planeten hat Fehler. Worauf Sie achten sollten, sind die Grundeigenschaften eines guten Menschen – Freundlichkeit, Humor, Ehrlichkeit – und vor allem Bindungswilligkeit. Sie müssen nicht einmal sofort sicher sein, dass sich der Mann an Sie binden will, aber er muss bereit sein, sich an irgendjemanden zu binden. Und wenn er schon Bindungserfahrung hat – umso besser.

Eines weiß ich nämlich ganz sicher: Sie werden aus keinem bindungsunwilligen Mann einen bindungswilligen machen. Das ist so wichtig, dass ich es noch einmal wiederholen möchte:

Sie werden aus keinem bindungsunwilligen Mann einen bindungswilligen machen.

Wenn nicht verfügbare Männer ein wunder Punkt in Ihrem Leben sind, ist das vielleicht die wichtigste Botschaft, die Sie aus diesem Buch mitnehmen. Selbst wenn es Ihnen gelingt, ihn zu irgendeiner Art von Liaison zu bewegen, machen Sie bestenfalls einen Lügner aus ihm (siehe Kapitel 5 »Sie sind egoistisch«). Schlimmstenfalls machen Sie ihn zur Zielscheibe Ihrer Aggressionen, denn am Ende *werden* Sie ihm vorhalten, sich nicht binden zu wollen.

Sind alle guten Männer vergeben?

Mit Sicherheit nicht. Aber neuere Forschungen geben einen Hinweis darauf, weshalb es den Anschein haben könnte, dass es so ist. Offenbar finden viele Frauen bereits gebundene Männer deutlich attraktiver als Singles. Sozialpsychologen an der Oklahoma State University zeigten Versuchspersonen ein Foto einer attraktiven Person des anderen Geschlechts. Der Hälfte von ihnen wur-

de gesagt, dass diese Person bereits vergeben, der anderen Hälfte, dass die Person Single sei.
Das Ergebnis war aufschlussreich. Für Versuchspersonen, die selbst eine Beziehung hatten, spielte es keine große Rolle, ob die Person auf dem Foto Single oder gebunden war. Aber die Singlefrauen unter den Versuchspersonen zeigten eine sehr deutliche Präferenz für gebundene Männer. Wenn ihnen gesagt wurde, dass der Mann verfügbar sei, zeigten sich 59 Prozent an ihm interessiert. Sagte man ihnen, er sei bereits in einer Beziehung, stieg der Prozentsatz auf sagenhafte 90 Prozent.
Es gibt einen Begriff für dieses Phänomen: **Mate Poaching** (Wildern in fremden Beziehungen). Die Wissenschaftler, die diese Studie durchgeführt haben, stellen zwar die These auf, dass gebundene Männer für Singlefrauen attraktiver seien, weil sie ihre Bindungswilligkeit bereits unter Beweis gestellt hätten, aber Evolutionsbiologen lassen keinen Zweifel daran, dass das Ausspannen von Partnern einfach nur eine der vielen Paarungsstrategien des Menschen ist – und manchmal eine sehr effektive. Man sehe sich nur legendäre »Ausspanner« in Hollywood wie Elizabeth Taylor und Angelina Jolie an.

Nummer zwei: *Gehen Sie sorgsam mit sich um.* Manchmal können Männer großartige Ratschläge in Liebesdingen geben. Das habe ich vor einiger Zeit erlebt. Ich hielt mich in Rom auf, wo ein alter Freund aus College-Tagen heute lebt.

Ich hatte ihn mindestens 20 Jahre nicht gesehen. Beim Mittagessen erzählten wir einander, wie es uns in der Zwischenzeit ergangen war. Natürlich auch in Bezug auf unser Liebesleben.

Das Ende meiner letzten Beziehung lag schon eine ganze Weile zurück, und ich fühlte mich sehr wohl dabei. Geradezu pudelwohl. So wohl, dass es mich schon wieder zu beunruhigen begann – schließlich war ich dreimal verheiratet gewesen! Beziehungen sind mir extrem wichtig, und ich hätte nie gedacht, dass der Tag kommen würde, an dem es mir völlig schnuppe sein würde, ob ich eine habe oder nicht. Wie auch immer – nach einem wirklich guten Mittagessen, einem Spaziergang durch das wunderbare Rom und einem Zwischenstopp in einem Eiscafé (*seufz*) sagte mein Freund zu mir: »Tracy, du bist eine bezaubernde Frau. Gib dich nicht mit zu wenig zufrieden.«

Das kam aus dem Munde eines ehemaligen Englischprofessors, der inzwischen in einer der schönsten und romantischsten Städte der Welt in einem der spannendsten Berufe der Welt tätig ist (er ist Filmproduzent). Nicht dass ich im Begriff gewesen wäre, mich in ihn zu verlieben, denn erstens lebt er auf der anderen Seite des Atlantiks und zweitens war er einmal mit einer sehr guten Freundin von mir verheiratet. Aber trotzdem ist er ein Mann, auf den bestimmt auch Sie hören würden, wenn er Ihnen sagte, dass Sie eine bezaubernde Frau seien und sich nicht mit zu wenig zufriedengeben sollten.

Sich nicht mit zu wenig zufriedengeben. Das ist ein guter Rat. Das Problem ist, dass er oft so verstanden wird, als ob man versuchen sollte, alles zu bekommen, was man seit der sechsten Klasse auf seinen Wunschzettel geschrieben hat. Aber darum ging es meinem Freund nicht. Was er meinte, war, dass ich einen bindungswilligen Mann verdiene (was ich weiß), und zwar einen, der auch mich verdient (was mir nicht immer bewusst ist). Er meinte, dass ich sorgsam mit mir umgehen sollte – so, wie ich mit etwas sehr Wertvollem umgehen würde. Das ist eine Botschaft, die ich mir zu Herzen nehmen sollte. Denn wenn ein Mann mir etwas anbietet, bin ich oft versucht, es einfach anzunehmen. Bei anderen Gelegenheiten bin ich versucht, es einfach auszuschlagen. In beiden Fällen lasse ich die wichtigste Frage außer Acht: Ist es das Richtige für mich?

Spirituelle Übungen, die Ihnen helfen, sich zu verändern

Es gibt eine spirituelle Regel im Leben, wonach Sie manchmal etwas Mittelmäßiges loslassen müssen, um Platz für etwas Großartiges zu schaffen. Ja, wir haben alle schon Geschichten von Frauen gehört, die in einer schlechten Beziehung darben, bis ihnen das Glück auf die Schulter tippt. Aber häufiger ist es so, dass wir etwas, das wir nicht wollen, bewusst loslassen müssen, um dem Universum zu signalisieren, dass wir für das, was wir uns wirklich wünschen, bereit sind.

Das bringt mich zur nächsten Veränderung, die ich Ihnen empfehlen werde und die Ihnen wahrscheinlich nicht gefallen wird. Ich möchte, dass Sie damit aufhören, *Leere in Ihrem Leben mit Männern aufzufüllen,* die nicht die Richtigen für Sie sind. Lassen Sie die Leere zu. Ja, es wird unangenehm sein. Vielleicht langweilen Sie sich oder fühlen sich allein. Aber indem Sie sich eine feste Beziehung zum Ziel setzen, bereiten Sie den Boden für einen ganz neuen Typ Mann.

Den wichtigsten Grund dafür, dass wir Frauen uns mit Männern einlassen, die wir nie heiraten würden, sehe ich darin, dass wir einsam sind und jetzt sofort etwas (oder zumindest etwas Besseres) fühlen wollen. Aber man kann kein neues Auto in die Garage stellen, wenn das alte noch da ist. Vielleicht sind Sie derart mit dem falschen Mann beschäftigt, dass Sie den richtigen gar nicht wahrnehmen. (Oder er Sie nicht wahrnimmt.) Oder Sie haben einen Punkt erreicht, an dem es Ihnen weniger unangenehm ist, in einer nicht funktionierenden Beziehung zu bleiben, als sie loszulassen. In beiden Fällen müssen Sie davon ausgehen, dass Sie dem Richtigen schon begegnet wären, wenn das, solange Sie noch mit dem Falschen zusammen sind, tatsächlich möglich wäre. Es sei denn, Sie wollen noch einige Kalenderblätter abreißen, während Sie sich an die Hoffnung klammern, dass es vielleicht … *vielleicht* … passieren wird.

Ich habe vor Kurzem an einer Podiumsdiskussion über Liebe und Beziehungen teilgenommen. Mit mir auf dem Podium saß eine 39-jährige Frau, die gern verheiratet wäre. Wie es bei diesen Veranstaltungen so ist, stand eine 27-jährige Frau im Publikum auf und sagte: »Ich will der unverheirateten Dame auf dem Podium ja nicht zu nahetreten, aber *ich* habe nicht die Absicht, mit 39 noch Single zu sein.«

Ich wies sie darauf hin, dass nur wenige Frauen die Absicht haben, mit 39 Single zu sein. Es ergibt sich einfach so. Genauer gesagt ergibt es sich, wenn Sie viel Zeit mit Männern verbringen, die keine ernsten Absichten haben. Befinden Sie sich in einer Beziehung, in der Sie sich einen der folgenden Sätze sagen hören, sollten Sie sich besser aus dieser Beziehung lösen:

- Ich tue das nur so lange, bis er merkt, wie toll ich bin, und eine feste Beziehung eingeht.
- Ich tue das nur so lange, bis sich etwas Besseres findet.
- Ich tue das nur so lange, bis (bitte ergänzen).

Das hier ist keine Generalprobe, es ist Ihr Leben! Sie bekommen nur eine Chance – nutzen Sie sie! Wenn Ihr Verstand Ihnen sagt, dass es nicht fair ist, dass Sie allein sein müssen, während alle anderen da draußen Spaß beim Sex haben und die guten Gefühle genießen, die damit verbunden sind, sollten Sie sich daran erinnern, dass Sie eine Entscheidung für sich selbst (für Ihren Lebensplan) getroffen haben, damit sich irgendwann jemand für Sie entscheidet. Denn wenn Sie selbst nicht das Gefühl haben, es wert zu sein, dass man sich für Sie entscheidet, warum sollte es jemand anders haben?

Und wenn Sie sich fragen, wie Sie die Wartezeit überbrücken sollen, habe ich einen radikalen Vorschlag: Bauen Sie eine sexuelle Beziehung zu sich selbst auf, die es mit jeder sexuellen Beziehung zu einem Mann aufnehmen kann. Denn das ist der andere wichtige Grund dafür, dass Sie diese unverbindlichen Geschichten aufrechterhalten, nicht wahr? Sie wollen Sex. Ja, ich weiß, Sex fühlt sich gut an. Aber dazu habe ich Folgendes zu sagen: *Sie sind auch dann toll im Bett, wenn Sie ganz allein mit sich sind.*

Sprechen wir vom Alleinsein. Zunächst einmal kann ich Ihnen versichern, dass Sie sich auch allein glücklich und zufrieden fühlen können. Und wenn Sie an diesem Punkt angelangt sind, ziehen Sie einen ganz anderen Typ Mann an. Der große Nachteil des Alleinseins: kein Penis. Ich sage nicht, dass es keinen Sex gibt, denn den kann es trotzdem geben. Sex ist überall! Sex ist eine Energie, die überall vorhanden ist, vor allem aber in Ihnen selbst. Also gehen Sie in sich und finden Sie sie.

Ich weiß von vielen Frauen, dass sie den Sex, den sie mit sich allein haben, als Notlösung empfinden. Aber das muss nicht so sein. Na gut, es gibt keine Penetration – obwohl Sie auch das haben können, wenn Sie darauf stehen. Ich weiß, es klingt kitschig, aber Sie können mit sich selbst Liebe machen. Im Ernst. Es geht darum, sich selbst liebevolle Aufmerksamkeit zu schenken, ganz bei der Sache zu sein und all das für sich selbst zu sein, was ein Mann für Sie sein sollte. Und bei sich selbst all die Gefühle auszulösen, die ein Mann in Ihnen wecken sollte.

Das kann schwieriger sein, als es sich anhört. Letztlich stellen Sie damit Ihr Selbstwertgefühl auf die Probe. Wie abhängig sind Sie von einem Mann? Können Sie sich sexuell versorgen? Ist Sex etwas, das Sie in eine Beziehung einbringen oder das Sie daraus mitnehmen? Vielleicht glauben Sie, dass Sie Sex haben, weil Sie »scharf« darauf sind, aber wenn Sie der Meinung sind, dass der einzig wahre Sex der mit einer anderen Person ist, gibt es dafür wahrscheinlich verborgene psychische Gründe. Vielleicht suchen Sie eine Bestätigung von außen. Und eine Frau, die von der Bestätigung eines Mannes abhängig ist, ist keine gute Partnerin.

Ich möchte Ihnen vorschlagen, eine sexuelle Beziehung zu sich selbst zu entwickeln, die Ihnen so viel bedeutet wie eine Beziehung, die Sie mit einem Mann haben würden. Dann findet der Mann, der irgendwann auftaucht, eine Party vor, die schon im Gang ist – er ist nicht der erste Gast.

So etwas widerspricht der Denkweise vieler Frauen. Sie erklären mir, dass es »einfach nicht dasselbe« wie mit einem Mann sei. Natürlich nicht. Aber wenn Sex mit einem Partner Ihre einzige Definition von Sex ist, bleibt Ihnen nichts anderes übrig, als sich etwas (beziehungsweise in diesem Fall jemanden) zu beschaffen, um Ihre Sexualität zu erleben. Das ist nicht nur falsch, sondern auch nicht praktikabel.

Wenn Sie sich selbst die meiste Zeit über wie ein vollständiges sexuelles Wesen fühlen, tritt eine tief greifende Veränderung ein – eine Verschiebung vom Sexobjekt zum Sexsubjekt. Wie Sie sich selbst erleben, wird dann wichtiger für Sie als Ihre Wirkung auf andere. Und wenn das eintritt, werden Sie nicht mehr bereit sein, sich mit jedem x-beliebigen warmen Körper abzufinden, ob in einer festen Beziehung oder nicht.

Aus spiritueller Sicht müssen Sie Folgendes bedenken: Sie wirken auf das anziehend, was Sie selbst sind. Und wenn Sie sich selbst auf jeder Ebene lieben, bilden Sie schon das Gegenstück zu Ihrem perfekten Partner.

Was Ihre Schwester weiß, Ihnen aber nicht sagt

Lassen Sie uns zusammenfassen, was wir in Kapitel 3 erarbeitet haben:

- **Sie sind ein »Flittchen«.** Sie haben unverbindlichen Sex mit Männern, die sich nicht an Sie binden (oder Sie versuchen es zumindest), und auch wenn es sich möglicherweise bislang noch gut anfühlt, steht es Ihren höheren Lebenszielen (feste Partnerschaft und Kinder) im Weg.

- **Unverbindlicher Sex ist eine große Lüge.** Und das nicht nur, weil Ihre Sexualhormone Sie an jemanden binden, mit dem Sie Sex haben, sondern auch, weil Sex die Menschen verrückte Dinge tun lässt, beispielsweise einen Teenager zu heiraten oder auf den Thron zu verzichten.

- **Männer verlieben sich nicht mit ihrem Penis.** Die meisten Männer könnten 100 Jahre lang Sex mit Ihnen haben, ohne sich in Sie zu verlieben, außer natürlich dieses Gefühl war schon von Anfang an da. Für die meisten Männer ist das Eingehen einer festen Beziehung eine rationale Entscheidung. Punkt.

- **Lassen Sie die Finger von nicht verfügbaren Männern.** Sie werden in diesem Bereich erst Fortschritte machen, wenn Sie diesen Rat beherzigen. Denn Sie können aus einem bindungsunwilligen Mann niemals einen bindungswilligen machen. So einfach ist das.

- **Lassen Sie Leere zu.** Statt Ihren Geist, Ihr Leben und Ihr Bett mit einem Mann auszufüllen, der sich nicht an Sie bindet, sollten Sie sich für Sex öffnen, wo auch immer er »mitschwingt«. Gehen Sie tanzen. Nehmen Sie an einem Kundalini-Yoga-Kurs teil. Berühren Sie den Arm eines Mannes. Alle diese Dinge bringen Sie viel mehr mit Ihrer Sexualität in Kontakt als der Sex mit einem Mann, der keine Beziehung zu Ihnen will.

- **Lieben Sie sich selbst.** Ihre sexuelle Beziehung mit sich selbst ist der Baustein für jede andere sexuelle Beziehung, die Sie eingehen. Sorgen Sie dafür, dass er von guter Qualität ist.

4. Sie sind zu impulsiv

Oder: Lernen Sie, im richtigen Moment Ihren Verstand einzuschalten

1. *Sind Sie ein Mensch, in dessen Leben sich immer irgendwelche Dramen abspielen?*
2. *Haben Sie schon einmal im Streit jemand anderen oder sich selbst verletzt oder etwas zerschlagen?*
3. *Leiden Sie manchmal unter den Folgen impulsiver Äußerungen oder Handlungen?*

Und so kann es aussehen, wenn Sie impulsiv reagieren: Sie sind zum ersten Mal mit Ihrem neuen Freund in den Urlaub gefahren. Beim Betreten eines Restaurants streiten Sie sich wegen irgendeiner Kleinigkeit (beziehungsweise wegen etwas, das eine Kleinigkeit sein *sollte*). Während Sie sich an den Tisch setzen, summt sein Telefon. Sie erkennen an der Art des Signals, dass es sich um eine SMS, nicht um eine E-Mail, handelt. (Sie achten auf so etwas.) Er schaut sich die Nachricht an. Sie beobachten ihn, während er sein Handy antippt, und da wallt etwas in Ihnen auf. Sie sollten es eigentlich besser wissen, aber Sie sind immer noch wegen des kleinen Streits von vorhin verärgert und beschließen daher, alle Vorsicht außer Acht zu lassen. Einen Augenblick später stellen Sie die Frage, die keine Frau im Zeitalter des Smartphones je stellen sollte: »Von wem ist die SMS?«

Er ist ebenfalls noch wegen des Streits verärgert und kann es außerdem in einem so frühen Stadium der Beziehung nicht zulassen, dass Sie denken, Sie könnten ihn kontrollieren. Darum schaut er Sie an und gibt die Antwort, die keine Frau im Zeitalter des Smartphones je hören will: »Von niemandem.«

Plötzlich verschwimmt der Text auf der Speisekarte, und in Ihrem Kopf läuft ein Monolog ab: *Dieser Typ versteht mich wirklich nicht. Wahrscheinlich betrügt er mich. Bei ihm werden meine Bedürfnisse nie erfüllt werden. Er betrügt mich bestimmt. Ich sollte gar nicht in dieser Beziehung sein.* Immer wieder. Sie wissen, dass Sie gelassen wirken sollten, aber das sind Sie nicht.

Als Ihr Freund fragt, ob irgendetwas nicht stimme, schütteln Sie nur den Kopf, denn wenn Sie etwas erwidern würden, würde er merken, dass Sie wegen einer SMS ausrasten – und Sie wissen, dass das nicht in Ordnung ist. Ihr Herz klopft noch schneller, und in Ihrer Brust zieht sich alles zusammen. Als er Sie in einem etwas genervtem Ton fragt, was denn los sei, fühlen Sie sich so kritisiert, dass Sie es keine Sekunde länger mehr aushalten und plötzlich das Gefühl haben: Das war's! Sie stehen auf und verlassen das Restaurant.

Das hat er jetzt davon.

Für einen winzigen Moment genießen Sie die Vorstellung, dass er da ganz allein im Restaurant sitzt und sich vor all den anderen Gästen ziemlich dumm vorkommt. Sie konzentrieren sich darauf, dass er kein Recht hatte, verärgert zu klingen. Sie sagen sich, dass Sie wirklich keine Beziehung zu jemandem haben wollen, der Sie so behandelt. Auch wenn Sie zugeben müssen, dass Sie sich in allen Ihren Beziehungen falsch behandelt fühlen.

Als Sie draußen vor dem Restaurant stehen und er auf Sie zukommt, sehen Sie, dass Ihr Plan aufgegangen sein könnte – aber nur für 30 Sekunden. Seinem Gesichtsausdruck nach zu urteilen, haben Sie einen ernsten, vielleicht irreparablen Schaden angerichtet: Ihr neuer Mann, der Mann, den Sie lieben und mit dem Sie zusammen sein wollen, schaut Sie auf die schlimmste Art und Weise an, auf die ein Mann Sie ansehen kann …

So, als ob Sie verrückt seien.

Worum es wirklich geht

Impulsivität bedeutet Intensität, Gefühle, die außer Kontrolle geraten, ein Verhalten, das in Beziehungen gegen die eigenen Interessen verstößt, dramatische Auftritte, Bedürftigkeit, Kränkungen, Eifersucht, Unsicherheit und/oder andere Seelenzustände, die Männer bei der zukünftigen Mutter ihrer Kinder nicht suchen. Dazu gehören auch Essstörungen, Tränen nach dem Sex und Dinge, die nicht mal Nina Hagen in der Öffentlichkeit tun würde.

Intensität bedeutet, dass Ihnen eine normale Beziehung langweilig erscheint. Sie suchen eher etwas im Stil von Sid und Nancy (ohne den Mord). In Filmen und Liebesliedern wird der Eindruck erweckt, dass Intensität mit Liebe gleichzusetzen ist. Das ist ein Irrtum. Sie ist mit Chaos gleichzusetzen. Denken Sie an Elizabeth Taylor und Richard Burton in *Wer hat Angst vor Virginia Woolf?* Muss man diese Frage wirklich stellen? Es sind natürlich Virginias Mann, ihre Kollegen, ihre Mutter und alle anderen Menschen, mit denen sie zu tun hat.

»Impulsiv« gibt es in zwei Varianten: sehr impulsiv und ziemlich impulsiv. Wenn Sie sehr impulsiv sind, wissen Sie es schon, weil es Ihnen bereits von mindestens drei Menschen gesagt wurde, die nicht einmal zu Ihren Exliebhabern zählen. »Sehr impulsive« Frauen sind zu solch verrückten Aktionen fähig wie eine Frau aus meinem Bekanntenkreis, die das neue Auto ihres Exfreundes angezündet hat. Gewalttätiges, selbstverletzendes Verhalten, schwere Sachbeschädigung und Rufmord (selbst wenn es den eigenen Ruf betrifft) gehören in diese Kategorie. Sehr impulsives Verhalten ist ganz und gar nicht lustig, wenn Sie dabei sich oder andere gefährden.

»Ziemlich impulsiv« ist subtiler. Denken Sie an Dinge, die Sie Männern gegenüber getan oder gesagt haben und Ihnen hinterher selbst unangenehm waren. Wie meine Freundin Suzanne: Bei ihrer täglichen Joggingrunde um einen See war sie hin und wieder einem attraktiven Mann begegnet. Die Interaktion hatte sich im Lauf von zwei Monaten von Blickkontakt zu einem freundlichen »Hallo« gesteigert. Als das Flirten intensiver wurde, begann Suzanne natürlich zu hoffen, dass die Sache sich vertiefen würde. Dann ließ sie eines Tages ihre Strähnen nachfärben – und die wurden leider so hell, dass Suzanne befürchtete, sie sähe aus, als ob sie eine Perücke trage.

Natürlich sind etwas zu hell geratene Strähnen kein ernstes Problem. Aber Suzanne sieht das anders. Als sie das nächste Mal beim Joggen den attraktiven Mann von Weitem kommen sah, machte sie kehrt, weil sie dachte, sie werde ihm nicht mehr gefallen. (Sie wird wohl erst wieder am See joggen gehen, wenn die Strähnen nachgebessert wurden.)

Das ist ziemlich impulsiv.

Ob Sie zu impulsiv sind, erkennen Sie am einfachsten daran, dass Sie ständig lange, komplizierte Geschichten erzählen, die sich am letzten Wochenende zugetragen haben. Vielleicht haben Sie sogar einige ganz spezielle (das heißt co-abhängige) Freundinnen, die begierig an Ihren Dramen Anteil nehmen. So ist das mit der Impulsivität: Sie macht süchtig und braucht ein Publikum.

Deshalb müssen Sie als Erstes aufhören, darüber zu sprechen. Die Intensität nachzuempfinden, indem sie die Geschichte vor Ihrem Lieblingspublikum erzählen, beschert Ihnen fast dasselbe Hochgefühl wie die ursprünglichen Dramen. Außerdem müssen Ihre Co-Abhängigen wieder zurück an die Arbeit.

Dass Co-Abhängige als blinde Passagiere auf Ihren Impulsivitätszug aufspringen, zeigt, was wirklich hinter (ziemlich oder sehr) impulsivem Verhalten in Beziehungen steckt: Abhängigkeit. Wenn man die Sache genau betrachtet, liegt all dieser Intensität die Überzeugung zugrunde, davon abhängig zu sein, dass sich die Dinge mit einem bestimmten Mann auf eine bestimmte Art entwickeln (normalerweise so, dass Sie bekommen, was Sie wollen: den Mann).

Dabei ist zu beachten, dass kaum eine Frau einen Mann *bewusst* für so wichtig hält. Die meisten reden sich ein, dass es ihnen gut gehe – ob sie ihn bekommen oder nicht. Aber das entspricht möglicherweise nicht der Wahrheit. Oft lauert die Überzeugung, dass wir ohne ihn nicht mehr zurechtkommen, im Unterbewusstsein – so wie das impulsive Verhalten selbst.

Impulsivität hat für Männer ein anderes Kaliber

Impulsivität hat für Männer nicht denselben Stellenwert wie für Frauen. Der Psychologe John Gottman hat die Interaktion zwischen Männern und Frauen – vom einfachen Gespräch bis hin zum handfesten Streit – intensiv erforscht. Er hat für das, was passiert, wenn Adrenalin ausgeschüttet wird und die Kampf-oder-Flucht-Reaktion einsetzt, den Begriff »Überflutung« geprägt. Der Puls rast, der Blutdruck steigt, die Muskeln spannen sich an, und das Herz klopft fast schmerzhaft. Interessanterweise stellte Gottman fest, dass Männer leichter überflutet werden als Frauen. Sobald die Überflutung eingetreten ist, können Menschen nicht mehr logisch denken, rational handeln oder sich auf das konzentrieren, was der Partner sagt.

Dies erklärt den Unterschied zwischen dem, was Männer und was Frauen als »Negativität« einstufen. Was wir Frauen für ziemlich harmlos halten – gewissermaßen für den André Rieu in der Sparte Meckern, Kritisieren, Streiten – kann von einem Mann schon wie Metallica live erlebt werden.

Deshalb müssen Sie Ihre Impulsivität in den Griff bekommen. Männer meinen es ernst, wenn sie sagen, dass sie nicht damit umgehen können. Es ist wissenschaftlich erwiesen, dass sie es nicht können.
Wenn Sie Ihr Verhalten genauer unter die Lupe nehmen, können Sie es deutlich erkennen. Warum senden Sie einem Mann 19 SMS, wenn er die ersten drei nicht beantwortet hat? Weil Sie sich erst wieder gut fühlen, wenn Sie von ihm gehört haben. Warum beschädigen Sie sein Eigentum, weil er sich von Ihnen getrennt hat? Weil er Ihnen etwas genommen hat, ohne das Sie nicht leben wollen: sich selbst. Warum haben Sie immer noch Fantasien von einem Mann, mit dem Sie seit Monaten oder Jahren nicht mehr zusammen sind? Weil Sie tief drinnen nicht sicher sind, dass Sie jemals einen besseren finden werden.
Eines ergibt sich aus dem anderen: Sie können die Impulsivität reduzieren, indem Sie die Abhängigkeit reduzieren, und Sie können die Abhängigkeit verringern, indem Sie die Impulsivität verringern. Und ohne die Impulsivität finden Sie vielleicht etwas, womit Sie nie gerechnet haben: Ruhe. Was zunächst vielleicht schwer zu ertragen ist. Denn wenn in einer sehr intensiven Beziehung Ruhe einkehrt, fühlt man sich unbehaglich. Keiner der beiden Partner weiß, was er mit all dem Frieden anfangen soll! Plötzlich hat man so viel Zeit für die Beziehung. Sie und Ihr Partner fühlen sich einander so nahe! Vielleicht gefällt Ihnen das nicht einmal. Und dann wird Ihnen klar, welchen Zweck die Intensität erfüllte: Sie verhinderte Intimität.

Aus meinem Leben als eifersüchtige und ängstliche Freundin

Ich erkannte diesen Zusammenhang (mithilfe eines Partners, der es mir dankenswerterweise im Streit zubrüllte) etwa fünf Monate nachdem ich eine neue Beziehung eingegangen war. Ich führte mein übliches Eifersuchts-/Angstdrama auf (denn so verhielt ich mich damals, zu Beginn des 21. Jahrhunderts – na ja, vielleicht war es auch um 2010 oder 2011 herum), in dem ich alle möglichen »intuitiven Erkenntnisse« zum Ausdruck brachte, wonach mein Freund mich verlassen wird – falls nicht sofort, dann irgendwann innerhalb der nächsten 20 Jahre.

Mein Mittel gegen diese Angst besteht darin, den Mann wie Sherlock Holmes zu bespitzeln. Nicht dass ich auf seinem Handy oder in seinen E-Mails herumschnüffeln würde. (Jedenfalls nicht ohne triftigen Grund.) Ich wende subtilere Methoden an. Ich wühle in seiner Psyche herum, suche nach Hinweisen in seinem Verhalten in früheren Beziehungen, in seiner Kindheit, in seiner Beziehung zu seiner Mutter. Ich interpretiere diese Hinweise. Dann präsentiere ich meine »Beweise« dafür, dass er mich unweigerlich verlassen wird, was sich immer irgendwie nach Kritik anhört. Natürlich mögen meine Partner das nicht. Sie sagen mir, dass ich verrückt sei, und ziehen sich zurück. Worin ich den Beweis dafür sehe, dass ich recht hatte.

Im Lauf der Jahre spielte ich diesen netten kleinen Zyklus immer wieder durch – von dem Zeitpunkt an, an dem ich mich in einen Mann zu verlieben begann, bis zu dem Punkt, an dem ich mich in einer Beziehung etwas sicherer fühlte (zum Beispiel beim Anschneiden der Hochzeitstorte). Der oben erwähnte Freund durchschaute mich jedoch besonders gut und sagte eines Tages inmitten eines heftigen Streits: »Siehst du denn nicht, was du tust, Tracy? Du stößt mich weg.« Und dann sagte er in einem Tonfall, in dem »Ich bin verdammt wütend und lasse mir das nicht mehr gefallen« mitschwang: »Hör auf damit.«

Aus irgendeinem Grund, wahrscheinlich wegen meines fortgeschrittenen Alters, verstand ich es plötzlich. Ich hatte eine Erleuchtung und sah, wie ich mein ganzes Erwachsenenleben damit zugebracht hatte, mit Männern zu streiten, um sie zum Rückzug zu bewegen. Denn es gefällt mir, wenn ein Mann mir nahe ist, und wenn es mir gefällt, befürchte ich, es könnte mir weggenommen werden. Also stoße ich ihn weg, bevor er mich verlassen kann, wodurch genau das eintritt, was ich befürchtet habe, aber zumindest ist die Initiative von mir ausgegangen.

Ganz schön verrückt, oder?

Was Sie über Männer wissen sollten

Nur wenige Partner wären mit einer solchen Situation so umgegangen wie dieser eine. Denn nichts ist Männern unangenehmer als zu impulsives Verhalten. Sie fühlen sich davon abgestoßen und schockiert – und das auch schon, wenn die Partnerin nur hin und wieder impulsives Verhalten an den Tag legt. Wenn es regelmäßig auftritt, fühlen sie sich schikaniert, verschreckt und wütend. Die einzigen Männer, die eine langfristige Beziehung mit einer Frau eingehen wollen, die diese Gefühle bei ihnen auslöst, sind Männer mit psychisch gestörten Müttern. Und diese Männer haben weiß Gott schon genug mit sich herumzuschleppen. Außerdem brauchen wir nicht noch mehr schockierte, schikanierte, verschreckte oder wütende Männer. Es ist schlecht für sie und schlecht für uns. Es ist schlecht für die Welt.

Männern ist unsere Impulsivität nicht geheuer, weil sie intuitiv wissen, dass sie ein Zeichen von Abhängigkeit ist. Sie zeigt, dass wir diesem Mann, dieser Situation und dem, was sich daraus entwickelt, viel zu viel Bedeutung beimessen. Und das macht ihnen Angst. Ich stelle mir Abhängigkeit in Gestalt eines Menschen vor, der sich gegen etwas lehnt, zum Beispiel einen Tisch. Was passiert, wenn sich der Tisch plötzlich bewegt? Der Mensch fällt um. Kein normaler Mann will, dass eine Frau so abhängig von ihm ist. Es fühlt sich zu sehr danach an, dass sie etwas Schlimmes tun könnte, sobald er sie verlässt oder einfach etwas tun möchte, das Frauen nicht mögen, beispielsweise an einem Junggesellenabschied teilnehmen oder mit seiner Ex einen Kaffee trinken gehen.

Um die 30 haben die meisten Männer mindestens eine schlechte Erfahrung mit einer zu impulsiven Freundin gemacht und können ein solches Verhalten bei Frauen daher besser erkennen als die Frauen bei sich selbst. Wenn Männer Sie als verrückt oder zu impulsiv bezeichnen, wissen Sie jetzt jedenfalls, was sie meinen.

Mein Freund Tommy hat sich kürzlich aus einer solchen Situation befreit. Ende der Neunzigerjahre hatte Tommy eine intensive, aber kurze Affäre mit einer attraktiven australischen Schauspielerin namens Jane. Die Beziehung endete abrupt, weil Tommy Anfang 30 und noch mindestens zehn

Jahre davon entfernt war, auch nur an eine feste Partnerschaft zu denken. (In Los Angeles und New York hinken die Männer ihrem biologischen Alter mindestens sieben Jahre hinterher.) Jane war todunglücklich, fand sich aber irgendwann damit ab.

Zeitsprung ins Jahr 2011: Tommy und Jane sehen sich wieder. Jetzt sind beide in den Vierzigern, und die Beziehung ist nicht weniger intensiv, vielleicht sogar noch intensiver. Sie schlafen in der ersten Nacht miteinander, und während der nächsten zwei Monate steht die Hütte in Flammen. Aber je tiefer die Beziehung wird, desto verrückter verhält sich Jane. Sie wird nach dem Sex sehr emotional und bombardiert Tommy mit ihren Ängsten. Sie erinnert sich noch gut daran, wie Tommy sie beim ersten Mal verlassen hat, und hat schreckliche Angst, dass es wieder passieren könnte.

Im Lauf der Zeit beginnt sich Tommy (verständlicherweise) zu distanzieren, was Janes Ängste natürlich noch mehr befeuert. Jane sollte ihre Beziehung zu Tommy auf eine Ebene zurückführen, die sie ohne Probleme aufrechterhalten kann. Aber sie reagiert nur noch aus ihren Impulsen heraus, und statt etwas mehr loszulassen, klammert sie sich noch fester an ihn. Oje. Bald ist sie emotional so aufgeladen, dass sie – als Tommy am Tag nach einer weiteren heißen Nacht nicht unmittelbar anruft – sonntags zu seiner Wohnung fährt und ausrastet (während Tommy damit beschäftigt ist, seinen Vergaser zu reparieren).

Kurzum: Jane hat genau das Szenario heraufbeschworen, vor dem sie sich gefürchtet hatte. Warum? Weil sie die Beziehung intensiver lebte, als sie es emotional verkraften konnte. Man könnte es auch so ausdrücken: Durch eine sexuelle Beziehung mit einem Mann wird das emotionale Konto einer

Frau mit einem bestimmten Betrag belastet. Jane gab in der Beziehung zu Tommy viel mehr aus, als sie sich emotional leisten konnte. Wenn das passiert, muss man die Sache etwas herunterfahren. Aber Jane suchte bei Tommy Rückhalt, das heißt, sie versuchte, mit seiner Hilfe die Differenz zwischen ihrer Investition in die Beziehung und dem Restbetrag auf ihrem emotionalen Konto auszugleichen. Und was passierte? Sie haben es wahrscheinlich schon erraten: Tommy fühlte sich durch Janes Bedürftigkeit und das daraus resultierende impulsive Verhalten völlig erdrückt und beendete die Beziehung ebenso abrupt wie beim ersten Mal. Eine sehr vorhersehbare Reaktion.

Warum Lauren keinen Mann hat

Meine Freundin Lauren hat eine Eigenschaft, die Männer (*nicht*) lieben: Sie ist wahrscheinlich die impulsivste Frau der Welt. Sie hat diese spezielle Kombination aus geringem Selbstwertgefühl und Impulsivität, durch die sie jede Beziehung zerstört, wobei sie ihr Handy als eine Art halbautomatische Waffe einsetzt.

Beispielsweise endete Laurens letzte Verabredung damit, dass sie im Lauf einer Nacht *19* SMS schickte und das Ganze um 6.40 Uhr mit der Nachricht auf dem Anrufbeantworter abschloss, dass es vorbei sei. Gegen 15 Uhr am nächsten Nachmittag hätte sie am liebsten alles wieder zurückgenommen, aber der Mann ging (klugerweise) nicht mehr ans Telefon. Unglücklicherweise arbeiten sie in derselben Firma, sodass sie ihm hin und wieder im Aufzug begegnen wird. In diesem Zusammenhang von Peinlichkeit zu sprechen, hieße, das Ganze etwa um den Faktor 1000 herunterzuspielen.

Gehässige, emotionale oder impulsive SMS zu schreiben, ist mit russischem Roulette vergleichbar, nur dass in diesem Fall in allen Kammern bis auf eine eine Kugel steckt. Es besteht eine winzig kleine Chance, dass das, was Sie aus einem Impuls heraus genau in diesem Augenblick meinen sagen zu müssen, eine positive Auswirkung auf Ihre Beziehung hat, aber die Chance ist zu klein, um das Risiko einzugehen. Ich erkläre Lauren, dass sie im Zusammenhang mit wütenden E-Mails und SMS (1) eine strikte 24-Stunden-Frist vor dem Absenden einhalten und (2) eine Freundin ihres Vertrauens alles vorher lesen lassen und vor allem (3) den Empfänger nicht vor der Endkontrolle durch die unbeteiligte Außenstehende einsetzen sollte (damit die Nachricht nicht »versehentlich« an die betreffende Person gesendet werden kann).

Woher weiß man, ob es in Ordnung ist, etwas Bestimmtes zu kommunizieren? Nun, ich kann Ihnen da eine ziemlich narrensichere Methode nennen, um herauszufinden, was in einem bestimmten Augenblick gesagt oder getan werden sollte: *Wenn Sie einen starken Impuls verspüren, etwas zu tun, dann lassen Sie es sein.* Generell ist ein starker Impuls ein Signal dafür, dass Sie vorübergehend Ihren Verstand ausgeschaltet haben. Und je stärker der Impuls, desto länger wird es dauern, bis Sie sich wieder im Griff haben. Impulse weisen darauf hin, dass Ihre Motivation emotionaler Art ist. Und wenn Sie eine Situation durch die emotionale Brille betrachten, sehen Sie ein Zerrbild. Sie müssen die Intensität abklingen lassen und zu einem Punkt zurückkehren, an dem Sie etwas weniger Neonlicht und dafür etwas mehr Sepia sehen.

Wenn Sie darüber sprechen müssen, rufen Sie eine Freundin an. In neun von zehn Fällen ist der Impuls innerhalb von 20 Minuten verschwunden.

Für die Sache mit Laurens Kollegen kommt dieser Rat zu spät, aber mit diesen Vorsichtsmaßnahmen ließen sich vielleicht ihre zukünftigen Beziehungen retten – *wenn* sie solche Techniken mit der Aufarbeitung der Probleme kombiniert, die ihrem extremen Verhalten zugrunde liegen.

Was Sie ändern müssen

Sie werden Hilfe in Anspruch nehmen müssen. Ich bin natürlich keine Therapeutin, habe aber Tausende von Dollar für Therapeuten ausgegeben. Außerdem habe ich etwa 70 Bücher in der Hoffnung gelesen, die Rätsel meiner eigenen gestörten Psyche zu lösen, und erfreulicherweise hat es funktioniert! Ich weiß jetzt, dass der Mist, den ich in Beziehungen verzapft habe, größtenteils auf meine Kindheit zurückzuführen ist. Eine wertvolle Einsicht.

Sie können ziemlich sicher davon ausgehen, dass Ihr gestörtes Verhalten auch auf Ihre Kindheit zurückgeht. Wenn Sie mit Ihrer Impulsivität Männer vertreiben, stellt sich nur noch die Frage, wie schlimm es ist: ziemlich schlimm oder sehr schlimm?

Wenn Sie in letzter Zeit (sagen wir, in den letzten drei Jahren) sehr verrückte Dinge getan haben, haben Sie nur eine Wahl: Sie brauchen professionelle Hilfe. Sie müssen sofort einen Therapeuten aufsuchen und Ihre Kindheitstraumata aufarbeiten, die hinter solchen Handlungen stehen. Der Teil von

Ihnen, der Ihnen einzureden versucht, dass es so schlimm nun auch wieder nicht um Sie stehe, belügt Sie. Das bedeutet nicht, dass Sie ein schlechter Mensch sind, aber wenn Sie eine Beziehung eingehen, die bestimmte Dinge in Ihnen auslöst, stürzen all diese Gefühle (und damit das impulsgesteuerte Verhalten) wieder auf Sie ein – wie eine Pilzinfektion, wenn Sie die Medikamente schon nach zwei Tagen absetzen.

Falls Sie fürchten, dass es am Geld scheitern könnte, sollten Sie sich bei Ihrer Krankenkasse erkundigen. Die Kosten der Behandlung bestimmter psychischer Störungen werden in vollem Umfang übernommen. Wenn Sie es wirklich wollen, werden Sie es auch durchsetzen. Tun Sie einfach so, als ob Sie die neue Freundin Ihres Ex auf *Facebook* stalken würden.

Auch wenn Sie nur ziemlich impulsiv sind, müssen Sie bestimmte Dinge aus Ihrer Kindheit bewältigen, bevor Sie eine gesunde Beziehung führen können – aber vielleicht ist das Problem dann eher mit einem Lagerfeuer als mit einem Großbrand zu vergleichen. Nehmen Sie sich als Erstes die Abhängigkeit vor, ohne die die verrückten Impulse nicht auskommen. Es gibt mehr im Leben als Männer – das gilt sowohl für Männer im Allgemeinen als auch für den speziellen Mann, auf den Sie total stehen. Sie wissen es bestimmt selbst: Wenn Sie sich vor Augen führen, worüber Sie im Lauf eines Tages sprechen und nachdenken, sieht es verdächtig nach der Überzeugung aus, dass Ihr Leben erst anfängt, wenn Sie den Mann Ihres Lebens kennengelernt haben. Und das ist einfach nicht wahr.

Sie haben wahrscheinlich schon oft gehört, dass man eine sprühende, interessante, faszinierende Persönlichkeit haben muss, um den perfekten Partner fürs Leben anzulocken. Ich vertrete eher den Standpunkt, dass man eine sprühende, interessante, faszinierende Persönlichkeit haben sollte, um sich nicht selbst zu Tode zu langweilen, indem man Männern zu viel Bedeutung beimisst. Denn sobald Sie den Mann bekommen und eine Weile mit ihm zusammen sind, stellen Sie fest, dass auch *er* diese Eigenschaften nicht alle hat (das hat keiner!) und Sie andere Beschäftigungen brauchen.

Wie einer meiner besten Therapeuten es ausdrückte, besteht die Lösung darin, »zu Tracy heimzukommen«. (Ersetzen Sie meinen Namen durch Ihren.) Anfangs klang das einfach nur kitschig und lahm. Was, bitteschön, soll denn zu sich selbst heimkommen bedeuten? Ich stellte mir eine Weile vor, durch die Tür meiner eigenen Wohnung zu gehen (nicht meiner realen Wohnung, sondern der Wohnung von Jennifer Aniston, die ich in einer Zeitschrift gesehen hatte). Ich stellte mir also vor, ein luxuriöses Heim mit perfekter Beleuchtung und einem glitzernden Pool zu betreten. Ich malte mir aus, wie glücklich ich dort sein würde. Was würde ich tun?

Und da wurde mir klar, dass man nach der Therapie (und allem, was sie mit sich bringt) vor allem Hobbys braucht. Viele Hobbys. Das mag zu einfach erscheinen, um eine Erwähnung in einem Beziehungsratgeber zu verdienen, aber das ist es nicht. Denn Hobbys haben etwas mit *Ihnen* zu tun. Mit Ihrer Leidenschaft. Wer sind Sie? Was macht Sie zu dem Menschen, der Sie sind? Wie verbringen Sie Zeit mit sich selbst und bauen eine Beziehung zu sich auf? Hobbys bedeuten, Qualitätszeit mit sich selbst zu verbringen. Wie bei einem dieser Patenschaftsprogramme – nur dass Sie in diesem Fall sowohl die Patin als auch das benachteiligte Kind mit den großen Augen und den Rattenschwänzen sind.

Denken Sie also darüber nach, was Sie gern tun (abgesehen von dem, was Sie mit *ihm* tun). Fangen Sie an, es zu tun. Dann können Sie – wenn er nicht anruft, beschließt, keine feste Beziehung einzugehen, oder lieber einer nicht verfügbaren Frau nachrennt, als mit jemandem zusammen zu sein, der direkt vor seiner Nase steht – zu sich selbst zurückkehren. Zu den Aktivitäten, die Ihnen Spaß machen. Denn sich selbst zu lieben, hat auch eine aktive Seite.

Für mich sind diese Aktivitäten Schreiben, Gärtnern, Stricken, Musik, Lesen und ins Kino gehen. Außerdem Gespräche mit Freundinnen, Spaziergänge, etwas Leckeres kochen, Dinge im Haus in Ordnung bringen, ein Museumsbesuch, ein schöner Film im Fernsehen und eine gute Tasse Kaffee. Versuchen Sie sich zu erinnern, was Sie als Kind oder Jugendliche taten, wenn Sie sich zu Tode langweilten. Welchen Aktivitäten wandten Sie sich dann zu? Für mich waren es neue Bücher oder Zeitschriften, die mich (im positiven Sinn) in eine andere Welt entführten. Und dabei konnte ich sogar etwas lernen.

Ich werde nie den Augenblick vergessen, in dem mir klar wurde, wie psychisch gesund ich inzwischen war. Ich hatte mich mit meinem Freund gestritten, und er war beleidigt abgezogen. Statt in Panik zu geraten und hinter ihm her zu telefonieren oder ihm nachzulaufen, schaute ich mich einfach um und dachte: »Oh, gut. Jetzt kann ich eine Weile an meinem Essay arbeiten.« Ich schlief in dieser Nacht sehr gut. Und als ich am nächsten Tag aufwachte, stand er mit einer Karte, Kaffee und Gebäck vor meiner Tür.

Das bedeutet es, zu Tracy heimzukommen.

Spirituelle Übungen, die Ihnen helfen, sich zu verändern

Aus spiritueller Sicht resultieren Ihre verrückten Impulse aus Ihren Wunden – ob es sich nun um Wunden aus der Kindheit oder aus früheren Beziehungen handelt. Das sind Bereiche, in denen Sie keine Unterstützung zu erhalten glauben. In denen Sie fürchten, dass niemand etwas tun wird, wenn Sie es nicht tun. In denen Sie Ihren Schmerz über die Verletzungen und Enttäuschungen des Lebens aufbewahren oder verarbeiten. Die gute Nachricht ist, dass die Auseinandersetzung mit Ihren verrückten Impulsen eine befreiende Wirkung in allen Bereichen Ihres Lebens haben wird.

Das Gegenmittel zur Impulsivität ist das Wissen, eine Wahl zu haben. Wie schon erwähnt, ist der Zustand, in dem Sie impulsiv, abhängig und außer Kontrolle sind, mit dem Trotzanfall eines Kindes zu vergleichen. Es heißt, dass Kinder, die in einer gestörten Familie aufwachsen, keine Macht haben und es wissen, während Erwachsene in gestörten Familien Macht haben und es nicht wissen. Um die Impulsivität hinter sich lassen zu können, müssen Sie verstehen, dass Sie Macht besitzen – Sie müssen sie nur so einsetzen, dass diese Macht *für* Sie statt gegen Sie arbeitet.

Wahlmöglichkeiten helfen Ihnen, Ihre Geschichte umzuschreiben. Wie wir schon im ersten Kapitel gesehen haben, haben die Geschichten, die Sie sich selbst erzählen, eine starke Wirkung auf Ihre Beziehungen im Allgemeinen und auf die zu Männern im Speziellen. Jeder Ihrer impulsgesteuerten Handlungen liegt eine Geschichte zugrunde, in der Sie eine Opferrolle spielen. Und wer will schon mit einem Opfer zusammenleben?

Es gibt einen Begriff für das, was Sie tun müssen, um die Augenblicke zu überstehen, in denen die verrückten Impulse hochkommen: »Selbstregulierung«. Wahrscheinlich ist keine psychische oder verhaltensbezogene Kompetenz für eine gute Beziehung wichtiger als diese. Selbstregulierung bedeutet, sich selbst sanft bei der Hand zu nehmen und aus dem Kaufhaus des Lebens zu führen, in dem man gerade noch schreiend und wild strampelnd am Boden lag. Es bedeutet zu wissen, wann man zehn tiefe Atemzüge nehmen muss, bevor man eine bestimmte Person anruft oder etwas Impulsives tut. Es bedeutet, sich selbst zu sagen, dass alles gut wird, und glaubwürdige Gründe dafür zu finden. (»Weil meine beste Freundin es gesagt hat?« – Warum nicht, wenn es funktioniert.) Für mich bedeutet Selbstregulierung manchmal einfach, an einem schlechten Tag den Countdown anzuhalten, um 23 Uhr ins Bett zu gehen und zu wissen, dass ich am nächsten Tag neu anfangen kann.

Genau genommen geht es bei den Wahlmöglichkeiten und der Selbstregulierung darum, seine Gedanken unter Kontrolle zu bekommen. Eine neue Art zu denken lässt sich nicht mit der Kreditkarte kaufen, man muss sie sich erarbeiten. Folgende drei Dinge müssen sich viele Frauen klarmachen:

1. **Der »Richtige« wird sich nie einfach davonstehlen.** Sie müssen lernen, davon auszugehen, dass in Ihrem Liebesleben nichts zufällig passiert. Wenn ein Mann Sie – unter welchen Umständen auch immer – verlässt, dann aus einem einzigen Grund: *weil er nicht der Richtige für*

Sie ist. Das gilt auch dann, wenn er im Hinausgehen noch ein paar Gemeinheiten von sich gibt, wie beispielsweise, dass Ihre Augenbrauen zu buschig seien oder er Ihre Art zu singen nicht möge. Sie haben eine Wahl. Also entscheiden Sie sich dafür zu verstehen, dass sein Problem mit Ihren buschigen Augenbrauen nur dazu da ist, ihn aus Ihrem Bett zu vertreiben, damit der Platz darin für den Richtigen frei wird. Dieses Wissen wird Ihnen helfen, sehr viel schneller darüber hinwegzukommen, ohne in Selbstmitleid zu versinken. Statt sich jedes Mal, wenn Sie an ihn denken, die Frage zu stellen, warum es nicht funktioniert hat, können Sie einfach zu dem Satz übergehen: »Er war auf keinen Fall der Richtige.« Wenn er es gewesen wäre, wäre er noch hier.

2. **Sie werden auf jeden Fall ein gutes Leben haben.** Es ist sehr wichtig, sich für die Überzeugung zu *entscheiden,* dass Sie in einer Welt leben, in der Sie ohne Zweifel ein gutes Leben haben werden. Das liegt in Ihrer Verantwortung! Sie können nicht erwarten, dass eine gute Beziehung an Ihre Tür klopfen und Sie einladen wird, wenn Sie zu Hause herumsitzen und sich für ein Opfer halten. Wenn Sie sich von Herzen eine feste Partnerschaft wünschen, müssen Sie daran glauben, dass Sie eine führen werden. Nicht weil Sie eine feste Partnerschaft »bekommen«, sondern weil Sie sich dafür entscheiden werden, in einer Position zu sein, in der eine feste Partnerschaft zustande kommen kann. Das bedeutet, dass Sie sich darauf vorbereiten müssen. Sie müssen eine Partnerin sein, bevor Sie einen Partner bekommen können. Und wenn

Sie verrückte, impulsive Dinge tun, sind Sie noch nicht reif für eine Partnerschaft.

3. **Verharren Sie in der Haltung.** Wenn Sie Yoga praktizieren, wissen Sie, wie es ist, wenn der Lehrer Sie auffordert, eine bestimmte Haltung einzunehmen. Zuerst denken Sie: »Ha! Ich hab's!« Nach 45 Sekunden aber halten Sie es kaum noch aus und fragen sich, wann zum Teufel es endlich vorbei ist. So ist es auch, wenn man sich einmal für etwas entschieden hat.

Jedes Mal, wenn Sie sich dafür entscheiden zu wissen (und es muss »Wissen« sein, »Hoffnung« ist nicht genug), dass der Richtige Sie finden kann, auch wenn die Chancen in diesem Augenblick eher schlecht zu stehen scheinen, bewegen Sie sich auf Ihre (un)vollkommene Partnerschaft zu. Vielleicht passiert es nicht gleich im ersten Monat oder nicht einmal im siebten. Aber es wird passieren, wenn Sie sich immer wieder für das, was Sie wollen, statt für das, was Sie nicht wollen, entscheiden. Keine einfache Aufgabe.

Aber während Sie immer wieder (zuerst einen Tag lang, dann einen weiteren Tag lang, dann eine Woche lang, dann einen Monat lang und irgendwann automatisch) diese Art von Wahl treffen, werden Sie feststellen, dass Sie viel von der Macht darüber zurückgewonnen haben, wie Ihre Gedanken durch ihre Gefühlslandschaft wandern, insbesondere im Hinblick auf Beziehungen. Bald werden Sie merken, dass Sie sich anders fühlen, und kurz darauf wird Ihr Leben sich in ganz neue und spannende Richtungen entwickeln.

Was Ihre Kollegin weiß, Ihnen aber nicht sagt

Fassen wir zusammen, was wir in Kapitel 4 erarbeitet haben:

- **Sie sind zu impulsiv.** Sie genießen es, impulsiv und emotional außer Kontrolle zu sein, aber das suchen die meisten Männer bei einer Partnerin fürs Leben nicht.

- **Zu impulsives Verhalten schockiert Männer.** Sie fühlen sich zu Opfern degradiert, und es macht ihnen Angst – es sei denn, ihre Mutter war psychisch gestört, aber dann haben sie auch so schon genug Probleme, ohne dass Sie Ihren Teil dazu beitragen.

- **Nehmen Sie Hilfe in Anspruch.** Probleme, die aus der Kindheit herrühren, sind wie Verkrustungen an einem Honigglasdeckel. Wenn zu viel davon vorhanden ist, lässt sich das Glas nicht mehr öffnen. Eine Therapie hilft, die Verkrustungen zu entfernen.

- **Legen Sie sich ein paar Hobbys zu.** Spielen Sie in einer Band mit. Lernen Sie Schlittschuhlaufen. Durch Hobbys bauen Sie eine Beziehung zu sich selbst auf, sodass Ihre Abhängigkeit von einer Beziehung zu einem Mann etwas kleiner wird. Es ist diese Abhängigkeit, die hinter Ihrem impulsiven Verhalten steckt.

5. Sie sind egoistisch

Oder: In einer Partnerschaft geht es ums Geben, nicht ums Nehmen

1. *Kreist Ihre Vorstellung von der Ehe hauptsächlich um Haus, Kinder und finanzielle Sicherheit?*
2. *Sind Sie eine Frau, die häufig ihren Job, ihren Mann, ihre Freunde und die Wohnung wechselt?*
3. *Sehen Sie eine Beziehung als eine Gelegenheit, einem anderen zu dienen?*

Wenn Sie Single sind, ist die Wahrscheinlichkeit hoch, dass Sie viel an sich selbst denken. Sie denken über Ihre Oberschenkel, Ihre Klamotten und die Falten in Ihrem Gesicht nach. Sie denken über Ihre Karriere oder, wenn Sie keine haben, über die Möglichkeit einer Ausbildung zur Yogalehrerin nach. Manchmal malen Sie sich aus, wie die Hochzeit mit einem reichen Mann oder zumindest mit einem Mann, der einen sehr guten Job hat, all Ihre Probleme lösen würde. Von manchen Leuten sagt man, dass sie sich so verhalten, als ob die Welt ihnen gehöre und die anderen nur darin lebten. Genauso fühlen Sie sich!

Manchmal fragen Sie sich insgeheim, ob Sie überhaupt einen Mann brauchen. Vielleicht fühlen Sie sich allein sehr wohl. Wer will denn schon ständig mit einem anderen Menschen klarkommen müssen? Andere Leute nerven doch wirklich. Sie stören, wenn Sie abends Müsli essen oder samstagnachmittags Ihre Enthaarungscreme auftragen wollen. Sie liegen ständig auf der Couch herum und sehen sich etwas im Fernsehen an, das Ihnen nicht gefällt, oder essen etwas, das ekelhaft riecht, solange Sie es nicht selbst essen. Sie müssen hinter ihnen her putzen. Es wäre perfekt, wenn Sie einen Partner haben könnten, der nebenan oder, noch besser, eine oder zwei Straßen weiter wohnt. Dann wäre er da und doch nicht da.

Das klingt ziemlich gut, nicht wahr? Seien Sie ehrlich. In Deutschland gab es 2010 16 Millionen Singlehaushalte. Das bedeutet, dass 20 Prozent der Bevölkerung das Leben nicht als Fahrgemeinschaft erleben, sondern allein unterwegs sind. Und Sie gehören auch dazu.

In letzter Zeit aber haben Sie das Gefühl, dass Sie bereit sein könnten, all das hinter sich zu lassen. Und das können Sie auch. Sobald Sie aufhören, so ichbezogen zu sein.

Worum es wirklich geht

Egoismus bedeutet, Männer (genau genommen die ganze Welt, aber da es in diesem Buch um Beziehungen geht, wollen wir uns auf diesen Bereich konzentrieren) unter dem Gesichtspunkt zu betrachten, welche Gefühle sie in einem auslösen, wie sie einen wirken lassen und ob sie das eigene

Leben bereichern oder nicht. Vielleicht sagen Sie jetzt: »Na klar, wie soll man Männer denn sonst betrachten?« Ob Sie es glauben oder nicht, es gibt andere Sichtweisen. Aber dazu kommen wir noch.

Egoismus bewirkt, dass Menschen sich wie Kinder benehmen, die immer alles sofort wollen. Kinder sind egozentrisch. Sie glauben, dass die Welt sich nur um sie dreht, und nehmen nicht wahr, wie ihr Verhalten sich auf andere auswirkt. Oder sie nehmen es wahr, können sich aber nicht in andere hineinversetzen oder mit anderen mitfühlen. Deswegen macht Egoismus eine Partnerschaft unmöglich. Man kann keine Partnerschaft mit einem Kind eingehen. Man kann es nur betreuen.

Wenn Sie egoistisch sind, genießen Sie es, betreut zu werden. Wahrscheinlich sind Sie davon überzeugt, dass Ihnen genau in dieser Minute jemand einen Cappuccino bringen sollte. Sie haben ihn schließlich verdient. Wenn Sie sich fragen, wie Egoismus in der Praxis aussieht, denken Sie einfach an divenhafte Promis (oder irgendwelche Promis). Wenn es zu Ihrem Verhaltensrepertoire gehört, andere Leute um Gefälligkeiten zu bitten, ohne sie dabei auch nur anzuschauen, sind Sie wahrscheinlich egoistisch. Wenn Sie meinen, dass Sie im Reality-TV eine gute Figur abgeben würden, dann sind Sie auf jeden Fall egoistisch.

Ein weiterer Grund dafür, dass egoistische Menschen schlechte Partner abgeben, ist die Tatsache, dass sie keine guten Teamplayer sind. Die meisten ihrer Handlungen sind darauf ausgerichtet, das zu bekommen, was sie wollen, das zu behalten, was sie haben, oder etwas, das sie nicht wollen, loszuwerden (wie zum Beispiel Jobs, Wohnungen und leider auch Menschen). Wie man sich vorstellen kann, ist das für ihre Partner kein Vergnügen, denn wenn ein egoistischer Mensch keine Verwendung mehr für jemanden hat, dann lässt er ihn fallen.

Männer mit einer gewissen Beziehungserfahrung wissen das. Die meisten von ihnen hatten im Lauf ihrer Partnersuche schon mindestens einmal mit einer egoistischen Frau zu tun und haben sich die Finger an ihr verbrannt. Von diesem Zeitpunkt an lassen sich Männer mit egoistischen Frauen dann nur noch ein, um mit ihnen zu vögeln, sie also nicht davon ausgehen müssen, den Rest ihres Lebens mit ihnen zu verbringen. Sie schrecken vor einer festen Beziehung zu einer solchen Frau zurück, und zwar nicht nur, weil Egoisten sehr schwer zufriedenzustellen sind, sondern auch, weil sie schlechte Eltern sind.

Deshalb steht der Egoismus weniger den unverbindlichen Begegnungen mit dem anderen Geschlecht als vielmehr der Suche nach einem festen Partner im Wege. Eine egoistische Frau kann meistens einen Mann finden, der eine Weile mit ihr zusammen bleibt, aber Interesse an einer langfristigen Partnerschaft wird er nicht zeigen.

Hier eine Liste möglicher Ausdrucksformen des Egoismus, derer Sie sich bisher vielleicht nicht bewusst waren:

1. **Sie sind unflexibel.** Früher nannte man das »eingefahrene Gewohnheiten haben« und hielt es für eine Eigenschaft, die alte Jungfern (von 36) daran hinderte, einen Partner zu finden. Wenn immer alles genau Ihren Vorstellungen entsprechen muss, müssen Sie sich klarmachen, dass es nicht viele Männer gibt, die das attraktiv finden.

Es ist in Ordnung, wenn die Sofakissen verrutscht sind oder die Klobrille hochgeklappt ist. Finden Sie sich damit ab.

2. **Sie sind ichbezogen und/oder materialistisch.** Wenn Sie sich von einem Mann hauptsächlich erhoffen, dass er Sie gut aussehen lässt, Ihnen Sachen kauft oder Ihren Studienkredit zurückzahlt, denken Sie viel zu viel an sich selbst. Sie können unmöglich erwarten, dass ein anderer etwas für Sie erledigt, wozu Sie zumindest theoretisch selbst in der Lage wären. Anders ausgedrückt: Suchen Sie sich einen Job.

3. **Sie sind fordernd.** Niemand schätzt sich selbst als fordernd ein. Die meisten glauben stattdessen, dass sie von einem bestimmten Menschen einfach noch ein bisschen mehr wollen. Wenn Sie fordernd sind, bedeutet das, dass Sie sich selbst als eine Person sehen, die bei den meisten Interaktionen auf der Empfängerseite stehen sollte. Das ist im Kontext einer festen Partnerschaft, gelinde gesagt, eine unrealistische Erwartung. Wenn Sie sich fragen, ob Sie fordernd sind, achten Sie bei Ihren nächsten fünf Telefongesprächen darauf, wer sie beendet. Wenn es in mehr als der Hälfte der Fälle die andere Seite ist, fürchte ich, dass die Antwort Ja lautet.

4. **Sie sind nicht besonders gut in Sachen Selbstregulierung.** Sie können sich nicht selbst beruhigen, wenn Sie nicht bekommen, was Sie wollen. Darum gehen Sie shoppen oder trinken oder essen, und wenn das alles

nichts hilft, lassen Sie Ihren Frust an den Menschen in Ihrer Umgebung aus. Wenn es einen Mann in Ihrem Leben gibt, erwarten Sie, dass er die Sache mit Ihnen durchspricht, bis Sie sich besser fühlen, auch wenn es drei oder vier Stunden dauert. Und mit Durchsprechen meine ich, dass er nur dasitzt und Ihnen zuhört. Ein kleiner Hinweis: Dass Sie sich nicht selbst beruhigen können, erkennen Sie daran, dass Sie den Eindruck haben, dass alle anderen Sie für etwas ganz Besonderes halten, Ihnen aber niemand sagt, warum. In Wirklichkeit haben Ihre Mitmenschen einfach Angst vor Ihnen.

5. **Sie wollen im Flugzeug jedes Mal am Fenster (am Gang oder bei der Tür) sitzen.** Dieses Beispiel ist so offenkundig, dass man es eigentlich gar nicht erwähnen müsste. Außer gegenüber einem Egoisten. Niemand bekommt immer seinen Willen. Das wissen Sie doch sicher, nicht wahr? Aber Sie wären überrascht, wenn Sie wüssten, wie viele Frauen es gibt, die der Meinung sind, es sei die Aufgabe eines Mannes, unangenehme Dinge von ihnen fernzuhalten. Ja, es gibt so etwas wie Ritterlichkeit, aber sie im Alltag als selbstverständlich vorauszusetzen, ist einfach nicht fair. Oder nicht erwachsen. Ab einem bestimmten Punkt erinnert ein solches Verhältnis eher an eine Vater-Tochter-Beziehung, und das ist bei näherer Betrachtung schon ziemlich seltsam. Wenn es auf Sie zutrifft, hören Sie einfach damit auf.

Wenn Ihnen einiges von dem, was Sie in diesem Kapitel lesen, auf die Nerven geht, gibt es wahrscheinlich etwas, womit Sie sich auseinandersetzen müssen, bevor Sie dazu bereit sind, über eine Schwelle getragen zu werden. Wenn Sie schon einmal eine langfristige Beziehung hatten, stehen die Chancen allerdings gut, dass Sie schon darauf aufmerksam gemacht wurden. Sie sollten einfach wissen, dass Egoismus wie ein blinder Passagier ist, der sich hinter so vielen Haltungen und Verhaltensweisen verstecken kann, dass man manchmal wirklich sehr genau hinsehen muss, um ihn zu erkennen.

Warum Jenny keinen Mann hat

Der Egoismus meiner Freundin Jenny äußert sich darin, dass sie andere verurteilt. Jenny ist 35, sehr hübsch und nett und hätte sehr gern ein Kind, aber ihr Egoismusfaktor schießt über die Messlatte hinaus. Ich weiß nicht mehr, wie oft ich sie in etwas ungeduldigem Ton habe sagen hören: »Ich weiß nicht, ob ich mit jemandem zusammen sein will, der [beliebig zu ergänzen]«. Manchmal möchte ich ihr antworten: »Aber auf *jeden* Menschen trifft etwas beliebig zu Ergänzendes zu. Sogar auf dich!« Glaubt sie denn, dass *sie* wegen so etwas verlassen oder als Partnerin zurückgewiesen werden sollte? Ich hoffe nicht.

Jennys Egoismus zeigt sich auch darin, dass sie unrealistisch ist. Sie ist oft wütend auf Menschen, die nicht das tun, was sie will. Sie begreift nicht, dass andere Menschen nicht das tun, was sie will, weil es einfach nur Menschen sind, die mit ihrem eigenen Mist klarkommen müssen. Ihrer Meinung nach sollten sie mit Jennys Mist klarkommen. Nach ihrer

Vorstellung sind andere Menschen keine autonomen Wesen, sondern Statisten in einem Film, in dem sie die Hauptrolle spielt. Dieses Ausmaß an Egoismus erschwert ihr das Aufrechterhalten einer Beziehung.

Nehmen wir zum Beispiel Doug, mit dem Jenny letztes Jahr ausging. Sie waren drei oder vier Monate zusammen, und er mochte sie wirklich. Doug war geschieden und hatte ein Kind, war aber offen für weitere. Er war nicht perfekt, aber er hatte einen guten Job und ein eigenes Haus und sah nicht schlecht aus. Ihre Verabredungen waren nicht sehr ereignisreich, das heißt, es ging nicht wirklich etwas schief, was ein sehr guter Anfang sein kann. Sie hatten angenehme Gespräche und mehr als mittelmäßigen Sex, und er wollte die Sache vertiefen. Aber Jenny konnte einfach nicht aufhören, an ihm herumzumeckern – es passte ihr nicht *ganz,* wie er sich kleidete, redete, sein Haus einrichtete oder sein Geld verdiente.

Normalerweise würde ich einer Frau raten, auf ihr Bauchgefühl zu hören, da der Körper ein guter Gradmesser für das sein kann, was in einer Beziehung vor sich geht. (Wenn Ihnen Ihr Bauchgefühl beispielsweise sagt, dass ein Mann Sie betrügt, kann das durchaus der Wahrheit entsprechen.) Aber in diesem Fall erwähnte Jenny nichts, was wirklich inakzeptabel gewesen wäre. Nach mehreren Monaten des Herumeierns machte sie schließlich Schluss.

Seither ist ein Jahr vergangen. Als wir uns kürzlich über Männer unterhielten, erinnerte sich Jenny an ihre Beziehung zu Doug und die Gründe für ihr Scheitern und meinte schließlich: »Na ja, er hat an den Nägeln gekaut.« Es war, als ob in meinem Kopf eine Alarmglocke schrillen würde: *Darum hat sie keinen Mann.*

Es ist doch so: Man kann einen Mann aus vielen Gründen verlassen, aber Nägelkauen gehört nicht dazu. Und obwohl es neben dieser etwas groben Maniküre sicher noch andere Gründe dafür gab, dass Jenny das Handtuch warf, ist allein die Tatsache, dass sie es erwähnte, ein Hinweis auf eine gnadenlos kritische Haltung gegenüber Männern, die schockierend egozentrisch ist. Es ist kleinlich, und wenn man Männer wegen kleinlicher Dinge verlässt, bleibt man am Ende allein. Denn es ist egal, mit welchem Mann man zusammen ist – irgendetwas findet man immer. Darauf können Sie sich verlassen.

Aus meinem Leben als Mutter eines kleinen Mannes

Ich hatte eine schöne, lange Affäre mit dem Egoismus. Sie dauerte etwa zehn Jahre – ungefähr ab dem Ende meiner kaputten Kindheit bis zu der Zeit, als ich um die 30 war, in New York lebte und keinen Mann fand. Was mich dazu zwang, mich ausführlich mit mir selbst zu beschäftigen.

Bis zu dieser Durststrecke (na ja, es war schon eher ein Durstmarathon) hatte ich eine Reihe von Männern leiden lassen, die es heldenhaft mit mir ausgehalten hatten. Ich dachte damals, dass es irgendwie süß sei, sich schlecht zu benehmen (das dachte ich wirklich), aber rückblickend wird mir klar, dass diese Männer die Geduld einer Mutter Teresa hatten. Oder vielleicht war es die Co-Abhängigkeit einer Mutter Teresa. Auf jeden Fall waren sie in einer Beziehung (oder Ehe) mit mir auf der Geben-Seite des Gebens und

Nehmens, denn nirgends zeigte sich mein Egoismus mehr als in meinem Verhalten gegenüber Männern. Ich verhielt mich so, als ob Männer dazu da seien, meine Bedürfnisse zu befriedigen. Ich wollte von Männern Zeit, Aufmerksamkeit, Sex, Unterhaltung, Zeit, Aufmerksamkeit, Sex, Unterhaltung und noch mehr Zeit. In dieser Reihenfolge. Ich wollte nicht wirklich einen Mann, sondern eine Geisel, die gleichzeitig als Schirmhalter fungierte. Und das wusste ich nicht einmal. Hätte man mich gefragt, hätte ich mich selbst als »tolle Freundin« bezeichnet. Natürlich schätzte ich mich selbst so ein – ich war von mir selbst überzeugt.

Dann spielte mir das Universum einen Streich – es schenkte mir ein *Baby.* Und nicht einfach nur ein Baby, sondern einen kleinen Jungen. *Einen kleinen Mann!* Wie bitte? Ich konnte nicht ahnen, dass ich nun die Kerle-Uni besuchen und als Hauptfächer Männerstudien und Überwindung des Egoismus belegen würde.

Innerhalb kürzester Zeit bestand mein Leben darin, Dinge, die ich nicht unbedingt tun wollte (zum Beispiel jemanden füttern), zu einem ungelegenen Zeitpunkt (mitten in der Nacht) zu tun. Außerdem musste ich schwere Dinge tragen, während ich gleichzeitig herumzappelnde Dinge tragen musste, und generell musste ich jemandem rund um die Uhr zur Verfügung stehen. *Und* Erbrochenes wegwischen.

Das Schockierende ist, dass ich mich der Herausforderung stellte. Es war, als ob ich in meinem eigenen kleinen Film lebte, der mit einer ganz entspannten Musik unterlegt wäre. In diesem Film war zu sehen, wie ich Babynahrung zubereite und es schaffe, mit einer Hand einen Buggy aufzuklappen, der so kompliziert gefaltet ist, dass es sich nur um ein Nebenprodukt des Raumfahrtprogramms handeln kann. Und was ist schon dabei, wenn ich einen mit Flusen bedeckten Schnuller zwischen den Sofakissen hervorziehe und meinem Baby in den Mund stecke? Der Film endete damit, dass ich irritiert sage: »Was für Erbrochenes?« Jetzt bin ich eine wirklich nette Frau, die weiß, wie man für jemand anderen als sich selbst sorgt.

Ich bin davon überzeugt, dass deshalb viele prominente Frauen einen Ehemann finden, sobald sie Kinder adoptiert haben. Die Kinder geben der Frau zu verstehen: *»He, du Zicke! Es dreht sich nicht mehr alles nur um dich!«* Nachdem sie ein oder zwei Jahre lang auch mal an andere gedacht haben, kreuzt Brad Pitt oder Harrison Ford auf und beschließt, ihr Lebensgefährte zu werden.

In jedem Lebenspartner steckt ein kleiner Mann. Und wenn Sie lernen, diesen Kleinen zu lieben, können Sie auf der Kerle-Uni promovieren.

Was Sie über Männer wissen sollten

Während mein Sohn größer wurde, gelangte ich zu der Überzeugung, dass er die Einzellerversion all der Männer darstellte, die mir in meinen Jahren im Männerland begegnet waren. Was für eine Offenbarung! Plötzlich wurde mir klar, dass die meisten Verhaltensweisen, die ich bisher durch meine egozentrische Brille betrachtet hatte (»Warum redet er nicht mit mir?« »Warum ruft er nicht an?« »Warum tut er nicht, was ich will?«), gar nichts mit mir zu tun hatten! Es ist kaum zu glauben, aber das war mir davor nie in den Sinn gekommen!

Wie ein Werkzeug

Irgendwann in meinem Leben wurde mir klar, dass ich Männer sehr zweckgebunden beurteilte. Wie die egoistischsten Männer auch, teilte ich das andere Geschlecht in zwei Lager ein: (a) in diejenigen, mit denen ich ausgehen wollte, und (b) in diejenigen, an denen ich kein Interesse hatte. Die Männer in der zweiten Gruppe waren unsichtbar für mich. Und wenn ich einen Partner hatte, (a) tat er, was ich wollte, oder (b) tat er es nicht. Im Grunde bewertete ich Männer nach egozentrischen Kriterien und fühlte mich ihnen immer überlegen – was den Kern des Chauvinismus ausmacht. Ich beurteilte sie und schätzte sie auf der Grundlage dessen, was sie für mich taten. Als ob sie aus keinem anderen Grund existierten.

Ich behaupte nicht, dass Sie dieselbe Haltung gegenüber Männern einnehmen. Aber für mich war diese Einstellung (wonach sich der Wert eines Mannes nach meinen persönlichen Bedürfnissen bemisst) ein so fester Bestandteil meines Lebens, dass ich mir dessen nicht einmal bewusst war. Ich hatte es schon immer ziemlich mies gefunden, wenn ein Chef Wert darauf legte, eine hübsche Sekretärin zu haben. Aber mir war nicht klar, in welchem Maße ich eine ähnliche Haltung einnahm: Männer, die meine Bedürfnisse erfüllten, existierten, und Männer, die das nicht taten, existierten für mich nicht.

Als Mutter eines Jungen verstehe ich jetzt, dass das Heranwachsen als männliches Wesen große Herausforderungen mit sich bringt. Sexismus funktioniert in beide

Richtungen: Männer haben es nicht wirklich besser als wir, es sei denn, man hält es für besser, in einer Welt aufzuwachsen, in der man keine Gefühle haben darf, in den Krieg ziehen muss und eine um fünf Jahre kürzere Lebenserwartung hat. Ich als Frau wüsste gern, was passieren würde, wenn wir liebevoller mit Männern umgehen und sie weniger als Gegner sehen würden. Was wäre, wenn es bei mir anfinge? Ich bin der festen Überzeugung, dass das die nächste Phase des Feminismus sein wird. Das Schwert beiseitezulegen und ... den Rückenkratzer in die Hand zu nehmen?

Außerdem erkannte ich, dass ich diese Verhaltensweisen niemals ändern würde. Und sie mussten auch nicht geändert werden. Männer (selbst die, die über ihre Gefühle sprechen können) bewegen sich auf eine ganz andere Weise durch die Welt. Das ist teilweise physiologisch bedingt – ihr Gehirn (und ihr Nervensystem) funktioniert anders als unseres – und teilweise psychologisch, oder anders ausgedrückt: Es sind eben Männer.

Letztlich halte ich es mit den Franzosen. Geschlechterforschung in allen Ehren, aber ich glaube nicht, dass alles nur Erziehungssache ist. Männer und Frauen sind nicht gleich. Wenn Sie mal an einer Spielgruppe für Mütter und Kleinkinder teilgenommen haben, wissen Sie, was ich meine: Jungs bevorzugen irritierend oft Spielzeugautos und Mädchen die

Puppen – auch wenn die Eltern auf Bioprodukte stehen. Ich habe es inzwischen akzeptiert. *Vive la différence!*

Und damit komme ich zu einer wichtigen Botschaft: Die Männer in meinem Leben wollten mich nicht hinhalten. Sie waren einfach, wie sie waren. Sie gaben mir das, was sie hatten, wenn sie es hatten. Sie gaben es mir nicht, wenn sie es nicht hatten. Es kam selten (fast nie) vor, dass sie das hatten, was ich wollte, und sich einfach weigerten, es mir zu geben. So war es einfach nicht. Nichts hat meinen Egoismus gegenüber Männern stärker gedämpft als die Vorstellung, dass die meisten Menschen (Männer, Frauen, einfach jeder) zu jedem beliebigen Zeitpunkt tun, was sie können. Wenn sie es nicht tun, dann weil sie nicht können, nicht weil sie nicht wollen. Somit kann ich auch aufhören, alle dafür zu bestrafen, dass sie meine Liste von (größtenteils egoistischen) Forderungen nicht erfüllen.

Jahrelang verfolgte ich die Theorie, dass das meiste von dem, was Männer taten, erlerntes Verhalten sei, und dass ich sie einfach »umerziehen« musste. Ich muss gestehen (und das ist mir wirklich peinlich), dass ich die männliche Art, durchs Leben zu gehen, nie für akzeptabel gehalten habe. Ich dachte, die Art der Frauen (Dinge durchzusprechen, Gefühle zu verarbeiten, emotionale Beziehungen herzustellen) sei der männlichen überlegen. In dieser Hinsicht war ich überheblich. Es kam mir nie in den Sinn, dass die Aufforderung an einen Mann, mit mir zu sprechen, in etwa der Aufforderung an eine Frau gleichkommen könnte, nicht so emotional zu sein.

Für das, was mir fehlte, gibt es ein Wort: Respekt. Eine respektvolle Haltung einzunehmen, veränderte meine Beziehungen zu Männern auf eine sehr grundlegende Weise: Ich hörte auf, sie zu kritisieren, und fing an, sie so zu sehen, wie sie waren. Eigentlich hätte es offenkundig sein müssen, dass ich keine gesunde Beziehung zu jemandem haben konnte, wenn ich ihn nicht einmal respektierte, aber das ist nun einmal das Wesen des Egoismus – ein Mangel an Respekt für andere. Es ist, als ob man sagen würde: »Ich, meine Gedanken und meine Gefühle sind wichtiger als deine und sollten deswegen an erster Stelle stehen.« Niemand will mit jemandem sein Leben verbringen, der bei der Liebe diesen Ansatz verfolgt, denn das ist keine echte Liebe.

Was Sie ändern müssen

Sie werden *ein besserer Mensch werden* müssen. Es gibt ja Menschen, die einfach auf eine natürliche Weise »gut« sind – hilfsbereit, höflich, rücksichtsvoll, zuvorkommend und freundlich. Mit anderen Worten, für einen Egoisten extrem nervig? Nun, Sie werden lernen müssen, genau so zu sein, was Ihnen sicher nicht leichtfallen wird. Aber es gibt eine geheime Abkürzung, die Sie in einem Zug von hier nach da bringt (als ob man beim »Mensch ärgere dich nicht« keine Sechs würfeln müsste). Und diese Abkürzung besteht darin, dass Sie aufhören, *sich ausschließlich von Ihren Gefühlen leiten zu lassen.*

Meistens sind Ihre Gefühle nicht das, wofür Sie sie halten. Sie sind keine extrem kostbaren Babys, die genährt und beschützt und versorgt werden müssen. Sie müssen sie nicht in einem Tragetuch mit sich herumtragen. So etwas können Sie einmal pro Woche in einer 50-minütigen Therapiesitzung tun. Das muss dann aber auch reichen, denn Ihre Gefühle sind nicht das, was sie sein sollten.

Die Gefühle in den Vordergrund zu stellen, ist eine todsichere Methode, ständig nur an sich selbst zu denken – und somit egoistisch zu bleiben. Ja, manchmal sind Ihre Gefühle wichtig – bei einem Todesfall in der Familie, wenn etwas wirklich Wichtiges (im positiven oder negativen Sinn) passiert oder wenn Sie Ihr Kindheitstrauma verarbeiten. Aber wie gesagt, es gibt eine Zeit und einen Ort dafür.

In der restlichen Zeit sind Ihre Gefühle nicht wichtiger als andere Dinge: morgens aufzustehen, zur Arbeit zu gehen, nach jemandes Familie zu fragen oder den Tampon zu wechseln. Und sie sind auf keinen Fall wichtiger als die Gefühle anderer Menschen. Wenn Sie glücklich leben wollen – und besonders wenn Sie sich eine liebevolle Partnerschaft wünschen – müssen Sie Ihren Gefühlen den richtigen Stellenwert zuordnen.

Ich kenne eine großartige Methode, die eigenen Gefühle aus dem Fokus zu rücken: Man hört einfach auf, ihnen so viel Beachtung zu schenken. An Tagen, an denen meine Gefühle sich in den Vordergrund drängen, behandle ich sie, als ob sie ungeduldige Kunden am Reklamationsschalter von IKEA wären und ich der für Reklamationen zuständige Mitarbeiter. Während meine Gefühle den Geschäftsführer zu sprechen verlangen, bleibe ich einfach ruhig und versuche, die Dinge nicht eskalieren zu lassen. »Ja, ich kann Sie sehen und hören«, sage ich zu ihnen, »nehmen Sie doch bitte noch kurz Platz. Ich werde mich um Ihr Anliegen kümmern, sobald ich kann«. (Ich betone »bald«, damit meine Gefühle wissen, dass sie mir wichtig sind, ich aber nicht bereit bin, alles stehen und liegen zu lassen und ihnen *den ganzen Tag lang den Vortritt zu lassen.)*

Meinen Gefühlen gefällt das ganz und gar nicht! Sie fangen an, wie Jugendliche bei einer Live-Übertragung eines Sportevents im Hintergrund auf und ab zu hüpfen. Wenn die Live-Übertragung eine großartige Beziehung ist, kann man nicht zulassen, dass diese Gefühle sie gefährden. Ein erwachsener Mann wird sich nicht mit einer egoistischen Frau einlassen, deren Gefühle alles dominieren. Es ist einfach zu anstrengend! Kein Mann mit Selbstachtung will inmitten einer solchen (vermeidbaren) Krise leben.

Und mal ehrlich, wollen Sie das?

Spirituelle Übungen, die Ihnen helfen, sich zu verändern

Das spirituelle Heilmittel gegen Egoismus heißt *dienen.* Darum geht es in einer langfristigen Partnerschaft. Ja, Sie haben richtig gelesen: *dienen.* Ich will, dass Sie Ihrem Partner – und im Übrigen auch allen anderen Menschen um Sie herum – dienen. Dann werden Sie viel glücklicher sein. Das heißt nicht, dass Sie sich in eine Art Dienstmädchen oder Geisha verwandeln sollen. Ich will damit nur sagen, dass Sie sich mit der Vorstellung vertraut machen sollten, dass es bei der Liebe um das Geben, nicht um das Nehmen geht. (Das gilt sowohl für Männer als auch für Frauen.) Und das, was Sie geben, ist Liebe. Auch wenn jemand sie nicht »verdient« hat.

Es ist paradox, dass sich jeder bedingungslose Liebe wünscht, aber niemand ein besserer Mensch werden will.

Deshalb gibt es so viele Beziehungsprobleme! Jeder will derselbe bleiben, während sich der andere verändern soll. Wenn Sie eine starke Frau sein wollen, die bereit ist, einen Mann so zu lieben, wie er ist, *müssen Sie den ersten Schritt tun.*

Und Sie können jetzt sofort, in Ihrem Alltag, damit anfangen. Lassen Sie zum Beispiel bei der nächsten Gelegenheit einen Autofahrer von der Nachbarspur vor Ihnen einscheren. Lächeln und winken Sie, und seien Sie nett. Fühlen Sie sich großherzig. Achten Sie darauf, wie unangenehm Ihnen dieses Gefühl ist. Deshalb sollten Sie bei Fremden anfangen – weil es am Anfang wehtut, der Großherzigere zu sein. Niemand klärt einen darüber auf, dass Großherzigkeit schmerzhaft ist. Besonders wenn man gegenüber dem eigenen Partner großherzig ist, bekommt man das Gefühl, sich dadurch unterzuordnen, und etwas in uns möchte ihn umbringen.

Es ist so, als ob Sie versuchen würden, Ihren 41er-Fuß in hübsche 38er-Schuhe zu zwängen. Stellen Sie es sich so vor: Wenn Ihnen jemand sagen würde, dass Sie diese traumhaften Schuhe zur Oscar-Verleihung tragen dürfen, würden Sie es doch sicher für diese eine Nacht tun, auch wenn es wehtäte, nicht wahr? Aber diese »Schuhe« sind etwas ganz Besonderes: Je länger Sie sie tragen, das heißt, je länger Sie versuchen, ein besserer Mensch zu sein (ganz gleich, ob auch *er* ein besserer Mensch werden wird oder nicht – hier geht es nur um Sie), desto mehr weiten sie sich, um Platz für Ihr großherzigeres Ich zu schaffen. Und wenn Sie diese Schuhe so lange anziehen, bis sie abgetragen sind, werden Sie wahrscheinlich feststellen, dass Ihr Partner auf magische Weise in den Raum hineinwächst, den Sie schaffen.

Außerdem ist das eine gute Vorbereitung auf die Mutterschaft, die ein einziger Verkehrsstau ist, in dem Ihr Kind sich ständig vor Ihnen in die Spur drängt. Gelegentlich werden Sie den Vortritt haben, sich aber dann wirklich schuldig fühlen. Oder Sie müssen für dieses Privileg zehn Euro pro Stunde an den Babysitter zahlen.

All das ist eine spirituelle Übung. Partnerschaft und Mutterschaft sind voller Augenblicke, die Ihnen nicht gefallen. Was für ein Mensch werden Sie in diesen Augenblicken sein? Werden Sie kindisch, trotzig, ängstlich, verletzt, ein Opfer sein? Oder würdevoll, liebevoll, gut gelaunt und eine Bereicherung für die Menschen um Sie herum? Denn diese Eigenschaften sind die Grundlage des Dienens. Falls es Sie beunruhigt, all diese Arbeit zu tun, ohne dafür Wertschätzung zu erhalten – das muss es nicht. Sie brauchen keine Anerkennung für all das, denn Sie bekommen mit Sicherheit das Einzige, was Sie brauchen. Daran führt kein Weg vorbei.

Sie bekommen das Geschenk, ein besserer Mensch zu sein.

Was Ihre Nachbarin weiß, aber Ihnen nicht einmal im Traum sagen würde

Fassen wir Kapitel 5 noch einmal zusammen:

- **Sie sind egoistisch.** Sie denken immer nur an sich selbst und das ist wirklich unattraktiv. Ihr Egoismus verbirgt sich hinter allen möglichen Verhaltensweisen. Finden Sie ihn und machen Sie ihm den Garaus.

- **Denken Sie daran, dass Geben seliger ist als Nehmen.** Je früher Sie sich das klarmachen, desto früher können Sie die Institution der Ehe zum Teufel wünschen. (Scherz.) Aber Sie sollten wirklich daran denken, dass Männer nicht dazu da sind, Ihre Bedürfnisse zu erfüllen. Hören Sie auf, so zu tun, als ob sie Ihnen das schulden.

- **Werden Sie ein besserer Mensch.** Hören Sie auf, Ihren Gefühlen so viel Aufmerksamkeit zu schenken. Sie wollen nicht nur das Beste für Sie (wahrscheinlich, weil sie Sie ganz für sich allein haben wollen).

- **Üben Sie sich im Dienen.** Sie müssen keine Märtyrerin sein, aber Sie sollten versuchen zu erkennen, wie Sie sich in der jeweiligen Situation einbringen können. Besonders in Beziehungen. Das wird Sie zu einem glücklicheren Menschen machen.

6. Sie haben ein ernstes Problem

Oder: Sie müssen Ihr Leben in den Griff bekommen

1. *Fühlen Sie sich zu Männern hingezogen – oder ziehen Sie Männer an –, die ein schwerwiegendes Problem haben?*
2. *Halten Sie bestimmte Verhaltensweisen selbst vor Ihren engsten Freunden geheim?*
3. *Wenn Sie sich Ihr Leben in diesem Augenblick ansehen, würden Sie dann sagen, dass Sie bereit sind, für einen Partner und/oder ein Kind da zu sein?*

Lassen Sie sich auf ein Gedankenspiel ein: Stellen Sie sich vor, dass sich Ihr Traummann, der Mann, auf den Sie all die Jahre gewartet haben, ein Video ansieht, das während der letzten 36 Stunden mithilfe versteckter Kameras in sämtlichen Räumen Ihrer Wohnung aufgenommen wurde.

Was sieht er?

Das Chaos in Ihrer Wohnung? Ihr Fressgelage? Ihren One-Night-Stand?

Wenn er sich das Video angesehen hat, bekommt er Kopien Ihrer Kreditkartenabrechnungen und Ihrer ärztlichen Unterlagen, einen Auszug aus Ihrem Punktekonto in Flensburg und die Quittung von Ihrem letzten Einkauf im Supermarkt. Er erfährt alles über Sie: Ihr Einkommen, Ihre Bewertungen bei der Arbeit, Ihre Steuerrückzahlungen und was Sie in Ihrem Keller aufbewahren. Vielleicht liest er nicht Ihr Tagebuch, aber das muss er auch nicht, weil er ja immer dabei ist.

Versetzt Sie diese Vorstellung in Panik? Genau so wird es in einer festen Partnerschaft sein. Wer immer Ihr Mann sein wird, er sieht Sie, wenn Sie einen Riesenpickel im Gesicht haben, weiß Bescheid, wenn Sie eine Pilzinfektion im Genitalbereich haben, und hört mit, wenn Sie sich im Badezimmer übergeben. Und das sind nur die Dinge, die bei jedem einmal vorkommen. Was ist mit den Dingen, von denen Sie wissen, dass sie *nicht* normal sind? Ein anderer Mensch hat uneingeschränkten Zugang zu den intimen Abläufen und Details Ihres Lebens. Das gefällt Ihnen vielleicht nicht, aber Sie können damit umgehen.

Es sei denn, Sie haben ein ernstes Problem.

Ein ernstes Problem zu haben bedeutet Chaos – etwas, das sich niemand bei seinem Mitbewohner oder Kollegen und noch viel weniger bei seinem Partner wünscht. Sein Leben mit jemandem zu teilen, der ein ernstes Problem hat, ist so, als ob man in einem Western mitspielen würde, in dem eine Frau vom Typ Jennifer Jason Leigh in *Weiblich, ledig, jung sucht* – oder Reese Witherspoon in *Natürlich blond* – in dem Planwagen mitfährt, in dem man die Rocky Mountains überqueren muss. Mit anderen Worten: *Wenn Sie ein ernstes Problem haben, sind Sie eine Last.*

Worum es wirklich geht

Wenn es in Ihrem Leben etwas gibt, von dem Ihr Traummann nichts wissen dürfte, können Sie davon ausgehen, dass es zumindest teilweise zu Ihrem Singledasein beiträgt. Damit meine ich verhaltensbezogene, emotionale oder psychische Probleme, die so schwerwiegend sind, dass sie einer festen Partnerschaft im Weg stehen. Vielleicht trinken Sie jeden Abend eine Flasche Wein (einen Fingerbreit übrig zu lassen, zählt nicht) oder essen zu viel oder haben Ihr Konto bis zum oberen Rand Ihrer 400 Euro teuren Sonnenbrille überzogen. Vielleicht haben Sie eine gestörte Beziehung zu Ihrer Mutter, leiden unter einem Waschzwang oder haben eine leicht abartige sexuelle Neigung. Etwas in der Richtung.

Nicht dass Sie perfekt sein müssten. Ganz und gar nicht. Jeder hat seine kleinen Macken. Aber manche kleinen Macken sind schwerer zu ertragen als andere. Eine heimliche Zigarette pro Tag wird keine Beziehung ruinieren, heimlicher Crack-Konsum schon eher. Ein gelegentlicher Abend im Casino ist keine Katastrophe, ein gelegentlicher Ladendiebstahl schon. Es kommt darauf an, worin Ihr konkretes Problem besteht.

Ob etwas Ihre Beziehungschancen beeinträchtigt, erkennen Sie daran, *ob Sie das Bedürfnis haben, es geheim zu halten.* Eine ernsthafte Beziehung bedeutet, dass man sich dem anderen offenbart. Wenn Sie etwas zu verbergen haben, werden Sie dazu nicht bereit sein. Aber statt sich das einzugestehen, entscheiden sich viele Frauen einfach immer wieder für Männer, die kein Interesse an einer festen Bindung haben, Männer, mit denen sie selbst keine langfristige Beziehung eingehen wollen, oder Männer, die noch verkorkster sind als sie.

Das muss Ihnen nicht unbedingt bewusst sein. Es ist wahrscheinlich eher so, dass Ihnen in manchen Augenblicken, wenn Sie am wenigsten damit rechnen, der Gedanke kommt, dass Sie vielleicht den Mann Ihres Lebens finden würden, wenn Sie mit dem (entsprechend ergänzen) aufhören würden oder kein Problem mehr mit (entsprechend ergänzen) hätten.

Solche Gedanken drängen sich nicht in den Vordergrund. Es ist eher so, als ob man in einer fremden Stadt auf der anderen Straßenseite seine Grundschullehrerin zu erkennen glaubt. Man fragt sich: »Moment mal, war das gerade …?«, und das Ich antwortet: »Nein, wahrscheinlich nicht.«

Diese Gedanken halten sich verborgen, weil kein Teil Ihres Verstandes wirklich glauben will, dass ein bestimmtes Verhalten von Ihnen weitreichende Auswirkungen auf Ihr Leben hat. Aber ich kann Ihnen versichern, dass das, was Sie tun, Auswirkungen auf Ihr Liebesleben hat, wenn Sie das Bedürfnis haben, es geheim zu halten, oder Sie schon einmal darüber nachgedacht haben, dass der Richtige nicht auftauchen wird, solange Sie dieses Problem nicht in den Griff bekommen haben.

Ein weiterer sicherer Hinweis ist der Gedanke: »Ich sollte das [entsprechend ergänzen] einschränken.« Ich kann mich nicht oft genug wiederholen: Niemand will den Verzehr von Brokkoli einschränken oder auf das Wochenende beschränken. Man will die Dinge einschränken, die in irgendeiner Hinsicht problematisch sind. Wenn Sie also ein bestimmtes Verhalten in den Griff bekommen wollen, dann müssen Sie sich intensiver damit auseinandersetzen.

Vielleicht beruhigen Sie sich mit der Vorstellung, dass Sie dieses Verhalten nur zeigen, solange Sie noch nicht den Richtigen gefunden haben. Vielleicht glauben Sie sogar, dass der Richtige Ihnen helfen kann, dieses Verhalten abzulegen. Viel Glück damit. Was Sie sich nicht klarmachen, ist die Tatsache, dass jeder Mann, der trotz Ihres Problems eine Beziehung mit Ihnen eingehen möchte, eigene (und wahrscheinlich damit verzahnte) Probleme hat.

Das gilt auch dann, wenn er nicht ausdrücklich von Ihrem Problem weiß. Menschen sind in dieser Hinsicht wie Tiere – sie haben alle möglichen intuitiven Fähigkeiten, die ihnen helfen, eins und eins zusammenzuzählen. Ich glaube, dass wir auf einer bestimmten Ebene von *jedem* anderen Menschen *alles* wahrnehmen. Auf diese Weise finden wir heraus, dass wir uns zu jemandem hingezogen fühlen. Unser Gehirn führt mit den Dingen, die wir an seinen Augen und seinen Gesten ablesen, und dem, was es über die Härchen an unseren Armen aufnimmt, Millionen kleiner Berechnungen durch. So entscheiden wir spontan, ob wir jemanden mögen, und tun dann ganz überrascht, wenn sich herausstellt, dass er Bon Jovi mag, unbeherrscht ist und dem Finanzamt eine Menge Geld schuldet – genau wie sein Vorgänger.

Wie gesagt, wenn jemand zu uns passt, dann liegt es mit absoluter Sicherheit daran, dass ein Teil von uns im Duett mit einem Teil von ihm singt – und das spielt sich wahrscheinlich nicht auf der bewussten Ebene ab:

Sie: *Oh mein Gott, du magst Lila? Ich auch!*
Er: *Cool. Lass uns heiraten.*

Nein. Die Dinge, durch die andere sich zu Ihnen hingezogen und an Sie gebunden (und Sie sich zu anderen hingezogen) fühlen, haben mehr mit *Unbewusstem* und *nicht Verarbeitetem* als mit Bewusstem und völlig Problemlosem zu tun. Die Aspekte Ihres Lebens, die Sie am Rande Ihres Bewusstseins zu halten versuchen, sind wie der Mond, der sich auf die Gezeiten auswirkt – sie üben eine starke Kraft in Ihren Beziehungen aus.

Am gravierendsten ist natürlich Folgendes: Wenn Sie etwas zu verbergen haben, glauben Sie vielleicht, den Mann fürs Leben finden zu wollen, aber unbewusst haben Sie ein viel unmittelbareres Ziel – *dafür zu sorgen, dass Ihnen niemals jemand nahe genug kommt, um das zu entdecken, was Sie verbergen.* Denn das würde bedeuten, dass Sie damit aufhören müssten, nicht wahr? Und wenn Sie das wollten, hätten Sie es längst getan.

Aus meinem Leben als kiffende Weinliebhaberin

In den zehn Jahren zwischen meiner ersten und meiner zweiten Ehe (im Alter von 22 bis 32) schloss ich das College in Salt Lake City ab, zog um nach Portland, Oregon, fing an, für das Fernsehen zu arbeiten, lernte (nacheinander) drei Männer kennen, mit denen ich zusammenlebte und von denen ich mich wieder trennte, reiste ein halbes Jahr durch Mittelamerika und zog schließlich nach New York.

Im Lauf dieses Jahrzehnts legte ich mir ein paar wirklich schlechte Gewohnheiten zu. So schlechte Gewohnheiten, dass ich während der Zeit, als ich in New York lebte, praktisch nicht beziehungsfähig war. Ich trank viel zu viel und rauchte viel

Haben Männer ein Gen für die stabile Ehe?

Forscher am Karolinska-Institut in Stockholm stellten mehr als 550 Zwillingen und ihren Partnerinnen Fragen in Bezug auf ihre Zufriedenheit in der Ehe und nahmen bei den Männern Speichelproben für eine DNA-Analyse. Was sie herausfanden, war wirklich interessant: Je mehr Kopien der Mann von einer bestimmten Genvariante (dem sogenannten Allel 334) besaß, desto schwächer war die Bindung zu seiner Partnerin.

Der Vergleich zwischen Männern mit zwei Kopien der Genvariante und Männern ohne die Genvariante ergab Folgendes: Bei Männern **mit** der Variante waren innerhalb des letzten Jahres intime Beziehungen doppelt so häufig in die Brüche gegangen. Ebenso interessant war, dass die Frauen dieser Versuchspersonen im Vergleich zu Frauen von Männern in der Kontrollgruppe angaben, weniger zufrieden in ihrer Ehe zu sein.

Die Studie ergab auch, dass Männer mit zwei Kopien der Variante mit doppelt so hoher Wahrscheinlichkeit ihre Partnerinnen und Mütter ihrer Kinder **nicht** heirateten.

Falls Sie sich fragen, ob ein Mann darauf getestet werden kann, dann lautet die Antwort Ja. Speicheltests auf das Allel 334 sind zumindest in Amerika online verfügbar. Ich glaube allerdings nicht, dass Sie einen Test brauchen, um zu erfahren, ob Sie mit einem Mann ausgehen, der zwei Kopien des Allels hat. Fragen Sie sich einfach, wie glücklich Sie mit ihm sind!

zu viel Gras. Außerdem war ich emotional ziemlich aus dem Gleichgewicht – mir fallen mindestens zwei Freundinnen ein, die mein Rumgeheule am Telefon so satt hatten, dass sie mich regelmäßig auf den Anrufbeantworter sprechen ließen.

Ich dachte, ich könne es verbergen. Und aus der Entfernung wirkte ich wohl tatsächlich wie die normale Karrierefrau mit lebhafter Persönlichkeit, einem interessanten Job und einem großen Bekanntenkreis. Aber für das geschulte Auge war ziemlich leicht zu erkennen, dass mein Ehrgeiz Workaholismus war, meine »Freunde« eher wie Saufkumpane aussahen und meine lebhafte Persönlichkeit etwas Manisches hatte. Aber das wusste ich nicht. Ich glaubte, ein tolles Leben zu führen.

Bis ich es plötzlich nicht mehr so sah.

Irgendwann um meinen 29. Geburtstag herum fiel mir auf, dass es mir beim besten Willen nicht mehr gelingen wollte, eine Beziehung einzugehen. Nach New York war ich mit meinem Freund aus Portland gezogen, der das Staffelholz von meinem Freund aus Salt Lake City übernommen hatte (mit dem ich nach Portland gezogen war), der das Staffelholz von meinem Freund aus Minneapolis übernommen hatte, mit dem ich nach Salt Lake City gezogen war … (Sie verstehen schon), aber seit ich mich von dem Freund aus Portland getrennt hatte, hatte es keinen Nachfolger mehr gegeben. Niemanden. Ein paar Männer hatten Interesse an One-Night-Stands gezeigt, aber niemand wollte mehr eine Beziehung mit mir eingehen, bei mir einziehen und mich schließlich heiraten, wie ich es gewohnt war. Das Staffelholz lag jetzt nutzlos im Rinnstein.

Nach drei Jahren ohne Beziehung war ich einsam. Und ein Problemfall.

Kam es mir in den Sinn, dass das etwas mit meiner Heiligen Dreifaltigkeit aus Arbeit, Alkohol und Marihuana zu tun haben könnte? Kein bisschen. Wenn man mich gefragt hätte (und ein paar Leute taten das auch), hätte ich gesagt, dass meine Joints und meine Cocktails kein Hindernis seien. Sie machten mein Leben bis zum Beginn der nächsten Phase erträglich.

Dennoch kam dieser eine Gedanke hin und wieder an die Oberfläche: dass ich mit dem, was ich tat, aufhören musste, um wieder eine Beziehung eingehen zu können. Natürlich gefiel mir dieser Gedanke nicht besonders. Also versuchte ich ihn zu ignorieren. Meine Freunde Flasche und Tüte taten etwas für mich, das meiner Meinung nach niemand anders für mich tun konnte: Sie gaben mir ein Gefühl der Sicherheit. Und wenn ich mir vorstellte, einen dieser Typen aus New York City, die alle so schnell, nervös und gefährlich waren, in mein Leben zu lassen, dann wusste ich, dass ich auf keinen Fall ohne meine kleinen Bewältigungsmechanismen damit klarkommen würde.

Ich beschloss also, dass ich irgendwann meine Gewohnheiten ändern würde, nur nicht gerade jetzt. Um es kurz zu machen: Am Ende zog ich nach Los Angeles und gab innerhalb von sechs Wochen das Trinken auf. Innerhalb eines Jahres war ich schwanger und mit einem sehr netten Mann verlobt (in dieser Reihenfolge). Ich bin nicht mehr mit ihm verheiratet (dafür nehme ich den größten Teil der Schuld auf mich – er ist wirklich ein netter Mann), aber ich kann versichern, dass er der beste Kindsvater ist, den sich eine Frau mit

Problemen wünschen kann. Und es fing alles damit an, dass ich meine schlechten Gewohnheiten aufgab.

Warum Kaley keinen Mann hat

Kaley ist das perfekte Beispiel für eine Frau, deren Probleme der Grund dafür sind, dass sie Single bleibt. Mit 36 fühlt sie sich für die nächste Stufe einer Beziehung bereit, aber ihre Chancen schwinden oder, nein, sie sinken auf null, sobald ein Mann ihre Wohnung betritt. Warum? Ihre Wohnung ist eine *Katastrophe.* In der Spüle stehen Berge von Geschirr, im Schlafzimmer ist der Boden mit Klamotten übersät, und die Bettwäsche wurde schon wer weiß wie lange nicht mehr gewaschen. Bei ihr sieht es aus wie in einer Studentenbude. In der eines *männlichen* Studenten.

Kaley ist eine Chaotin.

Das scheint eigentlich eine einfache Sache zu sein – man muss eben einfach mal aufräumen, oder nicht? Aber das Chaos in Kaleys Wohnung ist mit einer Herpesinfektion zu vergleichen, die auf ein schwaches Immunsystem zurückzuführen ist – die Herpesbläschen scheinen das Problem zu sein, aber dahinter verbirgt sich ein viel größeres Problem, das man nicht auf den ersten Blick sieht. In Kaleys Fall sind das gigantische Schulden. Kaley hat ihre sechs Kreditkarten um mindestens 57 000 Dollar überzogen, und das beherrscht ihr Leben. Äußerlich sieht sie perfekt aus: die Maniküre, der Designerhaarschnitt und die Designerklamotten – aber nichts davon ist bezahlt. Sie verbringt ihre Tage damit, Anrufen von Gläubigern aus dem Weg zu gehen und die Sache selbst vor engsten Freunden zu verbergen. Nachts kann sie vor Sorgen nicht schlafen und fragt sich, wie sie die Schulden mit ihrem Immobilienmaklergehalt je abbezahlen soll.

Kaley geht nur mit Männern aus, von denen sie glaubt, dass sie reich genug sind, um ihr Problem mit einem Federstrich lösen zu können – eine weitere Strategie, die nicht funktioniert. Denn selbst wenn sie einen solchen Mann finden würde, müsste sie ihm erst reinen Wein über ihre Situation einschenken, und dazu war sie bisher noch nicht in der Lage. Also bleibt sie weiter im Rückstand, und während die Zinsen wachsen, wachsen auch ihre Sorgen. Mittlerweile ist es sogar schon so weit, dass Kaley gar nicht mehr mit Männern ausgeht, weil vor einigen Monaten ein Mann, dem sie den genauen Betrag ihrer erdrückenden Schulden nannte, mit ihr Schluss machte. Er mochte sie, aber er war einfach nicht bereit, diese Art von finanzieller Haftung zu übernehmen. Und warum hätte er das auch tun sollen? Eine Beziehung ist auch so schon schwierig genug – ohne dass man sie tief in den roten Zahlen beginnt.

Das heißt nicht, dass Sie nicht heiratsfähig sind, wenn Sie Studienkredite oder eine Hypothek abzuzahlen haben. Die Frage ist, ob die Schulden unter Kontrolle sind und sich in einem vernünftigen Rahmen bewegen, und bei Kaley ist das mit Sicherheit nicht der Fall.

Was Sie über Männer wissen sollten

Wie gesagt: Ein bindungswilliger Mann sucht nach einer Frau, die nicht nur seine Gefährtin sein wird, sondern auch die Mutter seiner Kinder. Lassen Sie mich das noch einmal betonen: *die Mutter seiner Kinder.* Das bedeutet, dass Sie all das sein müssen, was seine Mutter für ihn war, nur noch besser. Und ohne all das, was sie davon abgehalten hat, seine Bedürfnisse zu erfüllen (all das, was er mit Sicherheit völlig verdrängt hat).

Wenn ein Mann sieht, wie Sie für sich selbst sorgen (oder nicht), weiß er, ob Sie bereit sind, die Verantwortung für eine Familie zu übernehmen (oder nicht) – auch wenn er es nur unbewusst weiß. Auch wenn diese Familie anfangs nur aus zwei Menschen besteht – ihm und Ihnen. Sie müssen sich fragen, ob ein Mann beim Betrachten der Aufnahmen aus einer Überwachungskamera zuversichtlich sein könnte, dass er ein gutes Leben mit Ihnen habe würde, und insbesondere, dass Sie – wenn Sie ihn so nähmen, wie er jetzt ist – seine physischen und emotionalen Bedürfnisse erfüllen könnten.

Männer sind wie Katzen

Meine Freundin Sara erzählte eine erstaunliche Geschichte von ihrer Hochzeit. Als Sie mit ihrer Mutter Eileen und ihrem Vater den Mittelgang entlangging, beugte sich Eileen, eine lebhafte Blondine, die seit 42 Jahren mit Saras Vater verheiratet ist (und es ist kein Ende abzusehen), zu Sara hinüber und flüsterte: »Ich werde dir jetzt das Geheimnis einer glücklichen Ehe verraten.« Natürlich war Sara sehr gespannt. »Und das wäre?«, fragte sie. Die Musik fing gerade an. Eileen machte eine lange Pause, bevor sie weitersprach. Dann holte sie tief Luft. »Das männliche Ego lässt sich nicht reparieren«, sagte sie dann. Sara traute ihren Ohren nicht. »Das ist das Geheimnis einer glücklichen Ehe? **Das männliche Ego lässt sich nicht reparieren?**« »Ja, das ist es«, antwortete ihre Mutter ohne eine Spur von Ironie und sicher in dem Bewusstsein, immer noch eine Feministin zu sein.

Wow.

Wahrscheinlich denken Sie jetzt, das sei ein ziemlich lahmer Spruch. Es hört sich vielleicht an, als ob Eileen der Meinung sei, dass Männer wichtiger seien als Frauen. Oder dass Frauen sich »kleiner« machen müssten, um ihre Männer nicht einzuschüchtern. Oder Sie denken, dass Eileen sehr altmodisch sei. Ich sehe das ganz anders. Meiner Meinung nach will Eileen ausdrücken, dass ein Ehemann nicht wie eine Eidechse ist, deren Schwanz nachwächst, wenn er abgetrennt wurde, sondern wie eine Katze, die ohne Schwanz leben, aber nicht mehr springen und balancieren und auf die höchsten Bäume klettern kann.

Sie wollen doch sicher eine Frau sein, die ihrem Mann den Mut gibt, auf den höchsten Baum zu steigen. Und das können Sie nicht, wenn Sie selbst ein ernstes Problem haben.

In mancher Hinsicht läuft es wirklich darauf hinaus. Wir sind in puncto Fürsorge wichtiger für Männer als sie für uns. Wenn wir Frauen emotionalen Beistand brauchen, kommen dafür meistens ein halbes Dutzend Personen in Frage: unsere beste Freundin, unsere Schwestern, unsere zweitbeste Freundin und zur Not auch unsere ehemalige beste Freundin. Männer haben oft nur uns. Sie führen mit ihren Kollegen keine intimen Gespräche, in denen sie ihre Seele offenbaren. Wenn wir durch ein ernstes Problem daran gehindert sind, emotional, physisch oder spirituell verfügbar zu sein, wissen sie daher, dass sie darunter leiden werden. »Leiden« ist ein starkes Wort, aber im Kern übertreibe ich nicht. Kein Mann wird sich wissentlich auf so etwas einlassen.

Was Sie ändern müssen

Es hat keinen Sinn, es zu beschönigen. Um sich zu verändern, *müssen Sie das angehen, was Sie nicht angehen wollen.* Sie wissen schon, was das ist (ihr Problem), und Sie meiden die Auseinandersetzung damit wie der Teufel das Weihwasser. Auf einer bestimmten Ebene wissen Sie sogar schon, dass es Sie davon abhält, eine Partnerschaft einzugehen. Oder zumindest haben Sie den Verdacht. Aber Sie wollen es einfach nicht zugeben. Denn es zuzugeben bedeutet, sich damit auseinandersetzen zu müssen, und dazu fühlen Sie sich nicht in der Lage – oder Sie wollen es einfach nicht.

Es folgt nun eine unvollständige Liste typischer Dinge, vor denen man sich drückt: mit dem Trinken aufhören, abnehmen, einen Job finden, den Job kündigen, sich von jemandem trennen, Insolvenz anmelden, dem eigenen Vater (oder dem Vater des eigenen Kindes oder der eigenen Mutter oder dem Bruder) verzeihen, das Kiffen aufgeben, den Fernsehkonsum einschränken, Medikamente nehmen, Medikamente weglassen, auf Schlaftabletten verzichten, die Essstörung überwinden, keine Zicke mehr sein, tiefere Beziehungen mit Männern eingehen, auf Gelegenheitssex verzichten und all die anderen Dinge, die in diesem Buch schon erwähnt wurden.

Diese Liste ist, wie gesagt, unvollständig. Wenn Sie ein ernstes Problem haben, wissen Sie, um was es sich handelt.

Sobald Sie dazu bereit sind, das zu tun, wozu Sie keine Lust haben, können Sie das Problem in Angriff nehmen. Machen Sie all das, was andere auch machen, die dieses Problem haben: Lesen Sie alles Verfügbare zu diesem Thema (achten Sie dabei auf Ähnlichkeiten, nicht auf Unterschiede – schließlich wollen Sie Ihr Problem erkennen, nicht feststellen, dass Sie keines haben). Setzen Sie die Therapie fort, die Sie abgebrochen hatten (besonders die Gruppentherapie, damit Sie sehen können, wie die Leute sich verhalten, die weiterhin verdrängen), machen Sie beim 12-Schritte-Programm der Anonymen Alkoholiker mit, gehen Sie zum Arzt, melden Sie das Satellitenfernsehen ab, lassen Sie sich akupunktieren oder vereinbaren Sie einen Termin beim Schuldnerberater.

Erwarten Sie nur nicht, dass Ihr Leben sich sofort verändert. Es heißt, dass das Leben besser wird, wenn man etwas aufgibt, das keine große Bedeutung hatte, dass es aber erst einmal schlimmer wird, wenn man etwas Wichtiges aufgibt, wie beispielsweise eine Sucht oder eine Zwangsstörung. Das liegt daran, dass große Probleme eine strukturierende Funktion haben. Ohne dass man es merkt, können sie die Wände und Böden und das Dach des Lebens bilden.

Ein ernstes Problem zu haben kann einen Vorteil bringen: Es gibt einem die Möglichkeit, sich vorzustellen, dass das Leben perfekt wäre, wenn man sich von diesem Problem befreien könnte. Aber sobald man anfängt, an dem großen Problem zu arbeiten, stellt man fest, dass sich dahinter allerlei untergeordnete Probleme verbergen. Man könnte es mit einem Konsolidierungsdarlehen vergleichen, in dem alle kleineren Darlehen zusammengefasst werden.

Nehmen wir beispielsweise an, Sie leiden unter einer Esssucht, die dazu geführt hat, dass Sie stark übergewichtig sind. Sie wissen, dass Ihnen das Übergewicht bei Verabredungen im Weg steht, also beschließen Sie, auf Lebensmittel zu verzichten, nach denen Sie süchtig sind. Sobald Sie aufhören, Zucker, Weißmehl und Junkfood zu essen, wird Ihnen klar, welchen Zweck der Konsum dieser Nahrungsmittel ursprünglich erfüllt hatte: Er linderte den Schmerz der Einsamkeit, half Ihnen, Ihre Stimmungsschwankungen zu bewältigen, und dämpfte den Wunsch, ständig einkaufen zu gehen. Ohne das Essen stehen Sie mit einem leeren Konto vor einem Schrank voller Kleider, die Sie tragen wollen, wenn Sie weiter abgenommen haben. Das wiederum verursacht Ihnen ein Unbehagen, das Sie mit Alkohol bekämpfen. Und so weiter.

Kein Grund zu verzweifeln – das ist überhaupt nicht ungewöhnlich. Ihr Leben ist ein Ökosystem. Wenn Sie an einer Stelle etwas ändern, besonders, wenn es sich um eine wichtige Stelle handelt, wirkt es sich aufs Ganze aus. Sie kommen in Versuchung aufzugeben, zu den alten Gewohnheiten zurückzukehren. Damit schien Ihr Leben wenigstens einigermaßen zu funktionieren. Aber ich verspreche Ihnen wirklich, dass Sie ein besseres Leben haben werden, wenn Sie bei dem bleiben, was Sie sich vorgenommen haben, um Ihr Problem loszuwerden.

Falls Sie daran zweifeln, müssen Sie sich nur eines fragen: Wenn das alte Verhalten Sie während der ersten 35 Jahre Ihres Lebens nicht weitergebracht hat, warum sollte es das in den nächsten 35 Jahren tun?

Spirituelle Übungen, die Ihnen helfen, sich zu verändern

Das spirituelle Konzept, um das es hier geht, ist das *Loslassen.* Das Loslassen spielt in Esoterikkreisen eine große Rolle, aber was bedeutet es? Es klingt möglicherweise nach Aufgeben, aber so ist es nicht. Es ist eher so, als ob Sie etwas (vielleicht einen kleinen Vogel oder einen Schmetterling) in der geschlossenen Hand halten und die Hand dann öffnen würden. Wenn der Vogel wegfliegen wollte, könnte er es jetzt tun. Wenn er nicht wollte, würde er es nicht tun. Loslassen heißt, darauf zu *vertrauen,* dass Sie besser ohne etwas auskommen, das nicht gut für Sie ist. Und es gehen zu lassen.

Etwas aufzugeben, besonders wenn es etwas ist, das eine große Bedeutung für Sie hat, ist wirklich schwer. Das weiß ich aus eigener Erfahrung. Aber ich will Sie ein bisschen ermutigen: Es lohnt sich wirklich! Das Schwierigste am Loslassen ist die mentale Seite. Ein Teil von Ihnen ist davon überzeugt, dass Sie ohne diese gewisse Sache nicht leben können. Natürlich wissen Sie, dass Sie es können. Aber es bleibt bloße Theorie, solange Sie es nicht in die Tat umsetzen.

Ich habe beispielsweise ungefähr ein Dutzend Mal mit dem Rauchen aufgehört, bis es dann wirklich geklappt hat. Ein Teil des Problems war, dass ich mir hin und wieder erlaubte, »eine« zu rauchen. Natürlich wurde aus der einen innerhalb von 72 Stunden eine Packung pro Tag. Aber ich musste es noch einige Male versuchen, bis ich das verstanden hatte. Dann fiel mir ein neuer schlauer Plan ein. Bevor ich das Streichholz anzündete, dachte ich: Ich höre einfach morgen auf. Aber natürlich konnte ich wieder wochen- oder monatelang nicht damit aufhören. Ich musste noch sieben Mal »aufhören«, um diese Lüge hinter mir zu lassen. Am Ende hatte ich die Nase vom Rauchen dermaßen voll und war so bereit, es sein zu lassen, dass ich für immer aufhörte. Und wenn mir der Gedanke kam, nur »eine« zu rauchen und morgen wieder aufzuhören, hielt ich mit meinem Wissen dagegen: dass ich nie wieder würde aufhören müssen, wenn ich die Zigarette gar nicht erst aus der Packung nahm, in den Mund steckte und anzündete.

So ließ ich es dann endgültig bleiben, und dabei fand ich heraus, dass das Rauchen es mir ermöglicht hatte, mich mit allerlei Eingefahrenem zu arrangieren. Nachdem ich aufgehört hatte, zwanzigmal am Tag zum Rauchen rauszugehen, hatte ich nicht nur viel mehr Zeit, sondern stellte auch fest, dass es in meinem Leben eine ganze Menge Dinge gab, mit denen ich unzufrieden war – zum Beispiel mit meinem Job, meinem Freund und meinem Mangel an Kreativität. Wenn ich weiterhin auf den Teil von mir gehört hätte, der davon überzeugt war, dass ich nicht ohne meine Zigaretten würde leben können, hätte ich es nie erfahren. Und mich nie geändert.

Durch den Verzicht auf das Rauchen (eines von vielen Dingen, die ich im Lauf der Jahre aufgeben musste – einschließlich attraktiver Männer, die schlechte Partner waren) lernte ich eine wichtige Lektion: Was auch das Problem sein mag, die Lösung beinhaltet immer eine Form von Loslassen. Das ganze Leben besteht darin, Dinge loszulassen. Die Kindheit. Das Bett von Mama gemacht zu bekommen. Die beste Freundin aus der Schulzeit. Das erste Fahrrad. Den ersten Freund. Die Jugend.

Ja, und sobald man endlich etwas Bestimmtes hat loslassen können, muss man sich darauf einstellen, etwas anderes loszulassen. Und kurz danach wieder etwas anderes. Und so weiter. Und wenn man mit all dem Loslassen fertig ist, muss man das Größte und Letzte loslassen: das eigene Leben.

Damit will ich Sie nicht deprimieren! Ich will nur darauf hinweisen, dass es auf spiritueller Ebene auf der Reise des Lebens um das Loslassen geht – das Loslassen von Menschen, Orten, Gedanken, Meinungen und Positionen. Je mehr Sie loslassen, desto freier werden Sie. Und je freier Sie werden, desto eleganter (und angenehmer) wird Ihre Reise durch das Leben, weil Sie keinen so großen Widerstand leisten.

Diese Erkenntnis trägt viel dazu bei, eine reife Frau in einer Beziehung sein zu können. Zu wissen, wie man loslässt, gibt uns die Möglichkeit, achtsam und mitfühlend mit Konflikten, Enttäuschungen und Verletzungen umzugehen. Wenn wir gelernt haben, das große Ganze im Blick zu behalten – dass es im Leben letztlich immer um das Loslassen geht – ist es nicht mehr so schwierig, auf einen starrsinnigen, arroganten oder verdrängenden Partner (oder was immer er sonst an menschlichen Eigenschaften haben mag) einzugehen.

Anders betrachtet sind Ihre sogenannten Probleme lediglich Versuche, sich vor dieser einen großen Wahrheit zu schützen: dass letztlich niemand irgendetwas behalten kann. Wie könnte man sich besser vor dem Schmerz des Verlustes schützen, als dadurch, dass man etwas gar nicht erst in seinen Besitz bringt? Aber schon Alfred Lord Tennyson brachte in einem Gedicht zum Ausdruck, dass es besser sei, eine Liebe wieder zu verlieren, als nie geliebt zu haben.

Im Grunde beschützen Ihre Probleme Sie davor, zu lieben und zu verlieren. Sobald Sie Ihre problematischen Verhaltensweisen als das sehen, was sie sind (Strategien, die vermeiden sollen, durch einen anderen Menschen verletzt zu werden), und sobald Sie erkennen, dass es unvermeidlich ist, verletzbar zu sein, sind Sie bereit loszulassen. Letztlich bedeutet Loslassen, sich weiterzuentwickeln. Frei zu werden. Veränderungen zuzulassen. Das Leben zuzulassen.

Was Ihre Schwester Ihnen sagen würde, wenn sie wüsste, was vor sich geht

Fassen wir zusammen, was wir in Kapitel 6 erarbeitet haben:

- **Sie haben ein ernstes Problem.** Sie müssen sich Ihren Problemen stellen, bevor Sie erfolgreich eine Beziehung eingehen können.

- **Sie halten etwas geheim.** Daran erkennen Sie, dass etwas problematisch ist. Niemand hält geheim, wie viel Brokkoli er isst. Nicht dass alle Welt alles von Ihnen wissen müsste, aber wenn Sie etwas vor Ihrer Schwester geheim halten wollen, dann geht es höchstwahrscheinlich um etwas, das Ihnen selbst nicht geheuer ist.

- **Nehmen Sie diese eine Sache in Angriff, die Ihnen sehr unangenehm ist.** Wahrscheinlich wissen Sie schon, welcher Aspekt Ihres Lebens einer Beziehung im Weg steht. Lassen Sie ihn los. Es wird wehtun, aber nur vorübergehend. Sich nicht zu verändern wird für alle Zeit wehtun.

- **Es geht im Leben immer um das Loslassen.** Ihre Probleme dienen in Wirklichkeit dazu, Sie vor dem Risiko zu schützen, jemanden zu lieben. Loszulassen bedeutet, frei zu werden! Lassen Sie es geschehen!

7. Sie mögen sich selbst nicht

Oder: Sie können einen Mann nur so sehr lieben wie sich selbst

1. *Vergleichen Sie sich in Gedanken ständig mit anderen?*
2. *Haben Sie schon Dinge, die Sie sich sehr wünschten, scheinbar unbewusst selbst sabotiert?*
3. *Fragen Sie sich, was damit gemeint ist, wenn Leute von Selbstliebe sprechen?*

Selbsthass ist ein Undercoveragent. Er tritt nicht in einem glitzernden langen Mantel ins Scheinwerferlicht und singt mit Orchesterbegleitung ein Lied davon, wie wenig Sie sich selbst mögen. Ganz und gar nicht. Stattdessen schleicht er in Tarnkleidung durch Ihre Gedanken wie diese genialen Frösche in Natur-Dokus, die wie der Zweig aussehen, auf dem sie sitzen. Sie sehen die kleinen Geschöpfe erst, wenn sie blinzeln, und auch dann nur, wenn Sie gaaaanz genau hinschauen.

Man könnte sich den Selbsthass auch wie ein Virus vorstellen, beispielsweise ein Herpesvirus, von dessen Existenz

Sie nichts ahnen, bis Sie einen riesigen, hässlichen Schorf an der Lippe haben. Am Anfang können Sie nicht glauben, dass es Ihnen passiert – Sie sind doch gar nicht der Typ dafür. Aber da ist der Beweis, direkt vor Ihren Augen. Ihre Reaktion besteht darin zu beten, dass es bald vorbeigeht, und wenn es vorbei ist, vergessen Sie einfach, dass es je passiert ist. Bis es eines Tages wiederkommt. Dann sind Sie wieder überrascht, weil Sie doch, wie gesagt, gar nicht der Typ dafür sind – trotz des Beweises mitten in Ihrem Gesicht.

So ist es auch mit dem Selbsthass.

Er lauert unter der Oberfläche und kursiert unbemerkt in Ihrem Blutkreislauf. Erst wenn in Ihrem Leben eine schwierige Situation eintritt, taucht er mit Glanz und Gloria (oder eher in einem Kugelhagel?) auf, meistens in Form eines Monologs, der Ihnen so vertraut ist, dass Sie gar nicht mehr richtig hinhören.

Selbsthass ist der Teil von Ihnen, der Ihnen versichert, dass Sie Ihr Leben nie in den Griff bekommen werden, dass Sie niemals glücklich sein werden, dass alle anderen die Bedienungsanleitung des Lebens kennen, nur Sie nicht, weil Sie eine Versagerin sind – und fett noch dazu. Es sei denn, der Selbsthass sagt Ihnen, dass Sie besser als alle anderen sind, denn manchmal zieht er es vor, seine Hässlichkeit auf andere zu projizieren.

Wenn der Selbsthass redet (und er ist geschwätziger als Ihre Sitznachbarin auf dem Transatlantikflug), klingt es sehr echt. Und selbst wenn er nicht redet, sitzt er irgendwo unbemerkt da unten und übt seinen unheilvollen Einfluss auf Ihr Liebesleben aus. Ohne dass Sie es merken. Solange Sie sich ihm nicht stellen, werden Sie mit Sicherheit Single bleiben.

Worum es wirklich geht

Beim Selbsthass geht es im Grunde darum, *nicht gut genug zu sein.* Das heißt nicht, dass Sie *wirklich* nicht gut genug sind, sondern dass der Teil von Ihnen, der sich selbst nicht mag, es Ihnen einreden will. Und dazu wendet er ein paar sehr schlaue Methoden an. Warum er Ihnen das einreden will? Nun, das ist ziemlich kompliziert. Die Psychologie hat ein paar sehr gute Erklärungen dafür, bei denen es um einen verinnerlichten Elternteil oder das Ausleben eines Kindheitstraumas geht, aber würde Ihnen eine psychologische Theorie helfen, in Ihrem Leben weiterzukommen?

Was Ihnen in diesem Augenblick hilft, ist, sich klarzumachen, dass der Selbsthass clever ist. Die meiste Zeit über glauben Sie, all das zu verdienen, was Sie sich wünschen – und Sie können sich nicht erklären, warum die Dinge, die Sie verdienen, nicht wie bei anderen Menschen Realität werden.

Aber es kann noch verwirrender sein, wenn der Selbsthass in dem Augenblick zum Ausbruch kommt, in dem *das Ersehnte zum Greifen nah ist.* Sie fangen an, mit einem netten Mann auszugehen, Sie nehmen sieben von diesen letzten zehn Pfund ab, Sie sind bei der Arbeit als Nächste mit einer Beförderung dran – und plötzlich ist da dieses negative Hintergrundgeräusch. Und Sie sind sicher, dass diese Sache, der Sie so nahe sind und für die Sie so bereit zu sein schienen, sich Ihrem Zugriff wieder entziehen wird. Der Selbsthass hat seinen Sabotageakt gestartet. Sie verärgern den neuen Mann mit irrationaler Eifersucht, essen drei Tage hintereinander Pommes frites oder kommen schon wieder zu spät zur Arbeit und hoffen, dass es niemand merkt. Sie wissen, dass diese Dinge schlecht für Sie sind, und wünschten, Sie würden sie nicht tun, aber Sie tun sie trotzdem.

Selbsthass ist zerstörerisch. Ein großes *Nein* zu allem, was Sie wollen.

Selbsthass ist auch ein Verwandlungskünstler. Eine seiner bevorzugten Erscheinungsformen ist die Vorstellung, dass *nichts gut genug für Sie ist.* Dann weisen Sie Menschen und Dinge, die Sie wirklich glücklich machen könnten, zugunsten von Menschen und Dingen zurück, die Ihren Selbsthass bestätigen. Beispielsweise beschließen Sie, weiterhin Arbeitslosengeld zu beziehen, statt einen anständigen Job zu akzeptieren, mit dem Sie zwar sich und Ihr Kind ernähren könnten, der aber nicht ganz in Ihre Karrierepläne passt. Oder Sie sagen die Teilnahme an der Geburtstagsfeier einer Freundin ab, um sich mit einem Mann zu treffen, der eine Frau hat, aber mit Ihnen seine Grenzen austesten will. Oder Sie versuchen immer wieder, sich mit der viel beschäftigten Frau zu verabreden, die Sie gern als beste Freundin hätten, obwohl diese einfach nie Zeit hat. Und am Ende fühlen Sie sich schlecht.

Selbsthass schwatzt Ihnen mit Vorliebe diese Art von Entscheidungen auf, weil er weiß, dass Sie am Ende – wieder einmal – zu der Einschätzung gelangen werden, dass Sie eine Versagerin sind und nie genug Geld haben werden, geliebt werden oder gute Freunde haben werden. Denn die wichtigste Methode des Selbsthasses besteht darin, Sie zu etwas zu überreden, das *sein Bild von Ihnen bestätigt.* Im Endeffekt haben Sie das Gefühl, jetzt und in Zukunft nicht gut genug zu sein. Darum bleiben Sie, wo Sie sind, statt voranzukommen. Und der wichtigste Bereich, in dem Sie nicht vorankommen, ist vielleicht die Partnersuche.

Warum Jasmin keinen Mann hat

Jasmin ist eine wirklich nette Frau. Sie ist hübsch und freundlich, hat ein warmes Lächeln, ein gutes Herz und eine lebhafte Persönlichkeit – alles, was eine Frau braucht, um eine gute Partnerin zu sein. Aber zuerst muss sie begreifen, dass sie gut genug ist, denn davon ist sie noch weit entfernt. Wenn man Jasmin darauf hinweisen würde, dass sie sich selbst für nicht gut genug hält, würde sie es vehement bestreiten. Sie würde sagen, dass sie dreimal pro Woche Sport treibt, Biolebensmittel isst und als ehrenamtliche Helferin gefährdete Teenager betreut. Sie tut allerlei Dinge, die ihr guttun, und glaubt, dass sie deswegen unmöglich ein Problem mit Selbsthass haben kann.

Aber Jasmin (deren Vater Kundendienstleiter bei einem Autohaus ist) lässt sich immer wieder mit demselben Typ Mann ein, den ich »den Quarterback« nenne. Er hat einen Abschluss von einer renommierten Universität, einen Vater, der Chefchirurg in einer großen Klinik ist, eine Mutter, die sich ständig für wohltätige Zwecke engagiert, ein Selbstvertrauen, das ihm schon in der Schule eingeflößt wurde, und eine Figur, die er jahrzehntelangem Lacrosse-Spielen verdankt. Wenn dieser Mann ein Unternehmen wäre, wäre er Apple, während Jasmin eher Aldi entspräche. Es ist fast so, als ob Jasmin insgeheim versuchen würde, durch Fusion mit einem viel angesagteren und wertvolleren Unternehmen ihren Aktienkurs in die Höhe zu treiben.

Katharina, die Groß(artig)e

Zugegeben, ich weiß nicht, ob Kate Middleton großartig ist oder nicht, aber wenn ich mir Frauen vorzustellen versuche, die Selbstliebe bewiesen haben, kommt sie mir in den Sinn. Weshalb? Aufgrund der Art und Weise, wie sie die Beziehung zu Prinz William gehandhabt hat. Auf den ersten Blick könnte es so aussehen, als ob »Waity Katy« (die wartende Kate), wie sie von der britischen Regenbogenpresse tituliert wurde, eine Art Mauerblümchen sei. Doch ganz im Gegenteil, würde ich sagen! Nur eine Frau mit einem gesunden Selbstwertgefühl hätte sich so verhalten können, wie sie es getan hat.
Auch bei normalen Paaren, die schon seit Jahren zusammen sind, kann es Auseinandersetzungen darüber geben, ob und wann der Mann zur Heirat bereit ist. In Kates Fall aber sah die ganze Nation dabei zu. Ich stelle mir vor, wie sie sich nach einem weiteren Streit mit dem Prinzen über die gemeinsame Zukunft vielleicht selbst einen Brief geschrieben und in ihre Vorsatzkiste gelegt hat:

Liebe Kate,

ich weiß, dass du eine tolle Frau bist, ganz egal, ob es diesem Prinzen bewusst ist oder nicht. Du bist es wert, Königin zu sein, ob er nun um deine Hand anhält oder nicht. Also nimm's leicht – du brauchst ihn nicht, um dir zu beweisen, dass du ein wertvoller Mensch

bist, denn das weißt du schon. Das bedeutet, dass du so lange warten kannst wie nötig, denn wenn er es nicht ist, dann wird es jemand anders sein.
Schöne Grüße von mir
(der zukünftigen Herzogin von Cambridge)

In gewisser Weise war die lange Kennenlernphase jedoch eher eine Art von Endlos-Praktikum, denn im Zeitalter der Paparazzi ist die Hauptvoraussetzung, die die zukünftige Königin von England erfüllen muss (neben einer einsatzbereiten Gebärmutter), die Fähigkeit, ihre eigenen Impulse unter Kontrolle zu halten. Und Frauen, die sich selbst nicht mögen, haben ihre Impulse selten unter Kontrolle. Zehn lange Jahre musste Kate stillhalten und ihre Gefühle im Griff haben – Gefühle in Bezug auf das Warten, ganz zu schweigen von den Gefühlen, die es auslöst, wenn man mitansehen muss, wie sich ganze Heerscharen von Frauen dem Prinzen an den Hals (beziehungsweise an das Zepter) werfen. Kate musste sich unter Kontrolle haben. Das heißt, sie durfte nicht impulsiv Sex mit einem anderen Mann haben, sie durfte im Urlaub nicht ihren nackten Busen zeigen, nicht vor Zorn in einem Restaurant den Tisch umwerfen oder William zum Teufel jagen, weil er sowieso schon eine Stirnglatze bekam.
Das kann nicht einfach gewesen sein. Eine Frau, die einen Mann mehr liebte als sich selbst, wäre in dieser langen

Zeit durchgedreht. Aber Kate hat durchgehalten, und als Lohn für ihre Mühe ist sie jetzt … Herzogin. Was sicher nicht ihre ursprüngliche Absicht war. Um das zu bekommen, was sie will, nämlich Prinzessin oder gar Königin werden, wird sie noch länger warten müssen, vielleicht noch einmal zehn Jahre.
Aber Kate hat bewiesen, dass sie dazu in der Lage ist.

Auf den ersten Blick könnte man meinen, dass Jasmin oberflächlich ist. Aber es steckt mehr dahinter. Bei näherer Betrachtung stellt man fest, dass Jasmin sich zu dem Quarterback hingezogen fühlt, weil sie einen *Mangel verspürt* – das heißt, weil sie tief drinnen glaubt, etwas wettmachen zu müssen. Deshalb sucht sie jemanden, der (nach ihrer Definition) »mehr« ist als sie. Wenn sie das nicht glauben würde, könnte sie entdecken, dass sie mit einem ganz normalen Mann aus einer normalen Familie mit einem normalen Beruf glücklich sein könnte.

Dass es bei Jasmin darum geht, nicht gut genug zu sein, erkennen Sie so: Jedes Mal, wenn sie »zurückgewiesen« wird (wie sie es nennt), sieht sie in dieser Zurückweisung eine Bestätigung dafür, dass mit ihr etwas nicht stimmt und dass sie deswegen nie einen guten Mann finden und glücklich sein wird. Sie kommt wieder einmal zu dem Schluss, dass sie nicht *genug* ist – nicht hübsch genug, nicht intelligent genug, nicht vornehm genug, um den Mann zu bekommen, den sie will.

In gewisser Weise hat sie damit recht. Das lässt sich durch einen kurzen Blick auf das wirkliche Leben bestätigen. Wenn ich an einen Quarterback denke, kommt mir Tom Brady in den Sinn, der Super-Bowl-Gewinner, der für die New England Patriots spielt. Und mit wem ist er verheiratet? Nun, er hat einer schönen Hollywood-Schauspielerin wegen eines noch schöneren Supermodels den Laufpass gegeben. Nicht wegen irgendeines Supermodels, sondern wegen des *berühmtesten Supermodels der Welt.* Er weiß, dass seine Firma Apple ist, und daraus schlägt er Kapital.

Es ist ein biologisches Grundprinzip, dass jeder versucht, den bestmöglichen Partner zu finden. Wenn aber dieser Vorgang von der »Ich bin nicht gut genug«-Selbsthassmaschine gekapert wird, endet man in derselben Situation wie Jasmin. Sie wendet alle möglichen Energien dafür auf, hinter diesen Männern herzujagen (die oft selbst hinter ähnlich unerreichbaren Frauen her sind), obwohl ihre biologische Uhr tickt und sie bereit ist, eine feste Partnerschaft einzugehen.

Machen Sie sich keine Sorgen, falls Sie in einer ähnlichen Situation wie Jasmin sind. Sie haben es hier nur mit dem *Glauben* zu tun, nicht gut genug zu sein, nicht mit einer *Tatsache.* Ein solcher Glaube ist korrigierbar, denn er entspricht nicht der Wahrheit. Sie wissen es nur noch nicht.

Alles ist gut

Ihr Problem ist immer genau das, was Sie brauchen, um das Problem zu lösen. Wie bitte? Vergleichen Sie Ihr Problem mit Liegestützen. Sie wissen schon, diese Übungen zur Stärkung der Muskulatur, zu der man nur sich selbst braucht und etwas, das nicht nachgibt (zum Beispiel den Fußboden). Bei diesem Vergleich entspricht das Problem – Ihr Irrglaube in Bezug auf Sie selbst – dem Fußboden, also dem unbeweglichen Objekt. Indem Sie gegen dieses unbewegliche Objekt drücken, werden Sie stärker.

Das Drücken entspricht in diesem Beispiel der Auseinandersetzung mit dem Irrglauben, nicht gut genug zu sein. Statt einfach nachzugeben (zu Boden zu sinken), arbeiten Sie ihm entgegen, indem Sie sich klarmachen, dass es sich um eine unbegründete Überzeugung handelt. Sie arbeiten ihm entgegen, indem Sie die Wahrheit einsetzen: **Sie sind – jetzt und hier – gut genug.**

Jedes Mal, wenn Sie dies tun, führen Sie einen Liegestütz aus. Tun Sie es oft, weil Sie sich dafür entschieden haben, sehr diszipliniert zu sein und falschen Gedanken in Ihrem Kopf keinen freien Lauf zu lassen, werden Sie stärker. Sie müssen Ihre falschen Überzeugungen gar nicht unbedingt loswerden, sondern nur infrage stellen. Sie enthalten genau das, was Sie brauchen, um sich weiterzuentwickeln. Deshalb sagt man auch: »Alles ist gut.« Auch etwas Schlechtes ist gut – es bietet eine Möglichkeit zu wachsen. Deshalb gilt: Problem = Stärke

Aus meinem Leben als betrogene Ehefrau

Mein dritter Ehemann, Paul, verließ mich. Halt, streichen Sie das. Genau genommen verließ ich ihn. Aber er betrog mich und machte es mir somit unmöglich zu bleiben. Es ist nie einfach, mit Untreue umzugehen, vor allem weil sie *immer* das Gefühl untergräbt, gut genug zu sein. Aber mein teurer dritter Ehemann wählte als Partnerin für seine Untreue auch noch eine 21-Jährige. (Vielen Dank auch!) Da ich 41 war, war dieser Umstand in meinen Bemühungen um den Erhalt meines Selbstwertgefühls eine zusätzliche Herausforderung. Außerdem ging Paul diese neue Beziehung ein, als wir gerade einmal neun (oder waren es acht?) Monate verheiratet waren, was mir das Gefühl gab, eine wirklich glückliche Hand bei den wichtigen Entscheidungen in meinem Leben zu haben. Hinzu kam die Problematik aus meiner Kindheit – verlassen zu werden, einen Vater im Gefängnis zu haben, blabla. Man muss kein Psychologe sein, um zu verstehen, wie sehr mich der zum Selbsthass neigende Teil in mir zu der Schlussfolgerung drängte, dass *ich nicht gut genug sei und es nie sein würde.*

Die Heirat mit Paul war eine Art Volltreffer in Bezug auf den Selbsthass. Ich würde sogar so weit gehen zu sagen, dass ich mich deswegen für ihn entschied. Ich wusste intuitiv, dass er mich in meiner Grundüberzeugung bestärken würde, dass man von einem Mann, den man wirklich liebt, verlassen wird oder dazu gebracht wird, ihn zu verlassen. Ich hatte sicher einige Probleme mit meinem Selbstwertgefühl, sonst hätte ich mich gar nicht erst zu Paul hingezogen gefühlt, denn er war ein ziemlicher Chaot (wenn auch ein sehr attraktiver!).

Aber das Leben versteckt die Lösung eines Problems eleganterweise immer in der (möglicherweise gut getarnten) Seitentasche desselben. Für mich ist das keine bloße Theorie, ich habe es gelernt, als eine 21-Jährige an einem Sonntagnachmittag das Handy meines lausigen Ehemanns mit Nachrichten bombardierte. Am Ende des Tages war mir klar, dass ich nur zwei Möglichkeiten hatte: (1) mich selbst – und die Männer – ein für alle Mal als hoffnungslosen Fall abzuschreiben und in Bitterkeit zu versinken oder (2) mich dafür zu entscheiden, dass alle Rückschlüsse, die ich aus dieser Sache auf mich selbst zog, auf irgendwelchen Überzeugungen aus meiner Kindheit basierten und deswegen *falsch* waren. Und überwunden werden konnten.

Ich wählte die zweite Möglichkeit, was eine gute Sache war. Es bedeutete, dass ich nicht mit den Ruinen einer in die Brüche gegangenen Ehe und der Aussicht auf ewige Verdammnis im Beziehungsbereich, sondern mit etwas viel Optimistischerem konfrontiert wurde: einer intensiven Lektion in Selbstliebe.

Was Sie über Männer wissen sollten

Erinnern Sie sich noch an meinen Hinweis, in diesem Buch gehe es viel mehr um Sie als um Männer? Das habe ich ernst gemeint, denn mein dritter Ehemann hat mir geholfen, etwas zu verstehen (was hoffentlich auch Sie inzwischen zu begreifen beginnen): Um im Beziehungsspiel das nächste Level zu erreichen, muss eine Frau zu 100 Prozent die Verantwortung dafür übernehmen, welche Männer Teil (oder eben nicht Teil) ihres Lebens sind. Zu 100 Prozent.

Dies bedeutet, sich einzugestehen, dass man *selbst* diese Männer zu einem Teil des eigenen Lebens gemacht hat – auch diejenigen, die schlecht für einen waren. Das heißt nicht, dass man sie bewusst gewählt hat oder dass man sich gewünscht hat, schlecht behandelt zu werden. Aber es heißt, dass sich nichts ändern wird, solange man sich nicht klarmacht, dass man diese Männer zumindest auf irgendeiner Ebene *gewählt* hat.

Nach all den Jahren der Ehe und der Partnersuche und der vielen Fehlschläge (oder Vorstufen zum Erfolg, wie ich es lieber nenne) ist mir eines inzwischen klar: *Männer spiegeln unsere tiefsten, unbewusstesten Überzeugungen in Bezug auf uns selbst wider.*

Es ist fast so, als sei jede Liebesbeziehung ein Märchen, in welchem dem Mann von einer bösen Fee der Zauber auferlegt wurde, die Rolle des Spiegels zu übernehmen. Nicht um die Frau zu verletzen (obwohl es sich für sie so anfühlt, bis sie aus ihrem langen, tiefen Schlaf erwacht), sondern um ihr die Chance zu geben, heil zu werden und zu erkennen, wer sie wirklich ist.

Na ja, vielleicht klingt das ein bisschen zu sehr nach C. G. Jung (oder es ist einfach zu verrückt). Lassen Sie es mich anders ausdrücken: Stellen Sie sich eine Liebesbeziehung wie einen Film über Ihre Beziehung zu sich selbst vor, der auf eine große weiße Leinwand projiziert wird. (Denken Sie daran, dass der männlichen Hauptfigur normalerweise nicht einmal bewusst ist, Teil dieser Filmerfahrung zu sein.) In diesem Film wird alles, was Sie über sich selbst denken – von »Ich bin zu dick« bis zu »Ich bin liebenswert« und alles dazwischen – aus dem Mund der männlichen Hauptfigur kommen und sich in ihrem Verhalten widerspiegeln. Wenn Sie Ihrer selbst sicher sind, ist auch die männliche Hauptfigur sicher, und wenn Sie weniger sicher sind, schenkt Ihnen die männliche Hauptfigur zum Valentinstag einen Vertrag fürs Fitnessstudio. (Das ist wirklich passiert.)

Wenn Sie wissen wollen, was Sie im tiefsten Innern von sich selbst halten, brauchen Sie sich nur die Verhaltensweisen und Einstellungen der unterschiedlichen Männer anzuschauen, die über die Jahre Ihr Leben bevölkert haben. Erkennen Sie einige Muster, einige gemeinsame Nenner bei ihnen? Vielleicht haben Sie es immer wieder mit Männern zu tun, von denen Sie sich kritisiert oder kontrolliert fühlen oder die Ihnen untreu sind. Es ist schwer zu akzeptieren, aber es entspricht Ihrer Überzeugung, dass Sie es verdient haben, so behandelt zu werden.

Als ich zum ersten Mal von diesem Konzept hörte, reagierte ich mit Spott: »Soll das ein Witz sein?« Aber man weiß, dass man es mit einer unbewussten Überzeugung zu tun hat, wenn einem etwas nicht nur unsinnig vorkommt, sondern einen auch wütend macht. Denn niemand wird wegen etwas wütend, wenn er nicht in seinem tiefsten Innern weiß, dass etwas Wahres daran ist.

Ich möchte Sie jedenfalls dazu anregen, dieses Konzept einen Augenblick »anzuprobieren«. Sie können es jederzeit wieder ablegen, wenn es nicht passt. Männer auf diese Weise zu betrachten, macht Sie stark, denn so sehen Sie sie und Ihr gesamtes Liebesleben in einem ganz neuen Licht.

Es geht dann nicht mehr darum, dass ein bestimmter Mann ein Mistkerl war, sondern darum, dass Sie plötzlich erkennen, wie Sie sich selbst sehen. Und Sie erkennen, welchen Fortschritt Sie gemacht haben. Sie wissen, dass Sie sich weiterentwickelt haben, wenn Sie mittlerweile nicht mehr den jähzornigen Wüterich anlocken, sondern nur noch den Typ Mann, der manchmal, aber in einem vernünftigen Rahmen, wütend wird.

Wenn Sie in Bezug auf sich selbst unbewusste Überzeugungen haben, die nicht gut für Sie sind, müssen Sie diese Überzeugungen natürlich ändern. Aber wie?

Was Sie ändern müssen

Sie müssen *Ihr Ego feuern*. Wenn Sie glauben, dass Sie nicht gut genug sind, dann können Sie davon ausgehen, dass Ihre Firma von Ihrem Ego geleitet wird. Denn so ist das Ego: Es vergleicht. In der Welt des Egos gibt es keine gleichwertigen Dinge. Es macht ihm Spaß, nette Menschen wie Sie ins Schwitzen zu bringen. Stellen Sie sich das Ego wie den Zauberer von Oz vor: Es steht hinter dem Vorhang, projiziert sich auf eine große Leinwand und klingt sehr furchteinflößend und einschüchternd. Es spuckt verächtliche, gemeine Dinge aus, damit es die Macht behält.

Selbsthass ist kein natürlicher Zustand – wir werden nicht damit geboren. Die Vorstellung, dass wir mehr oder weniger als andere sind, oder dass wir irgendwo anders sind als da, wo wir hingehören, wird *immer* von unserem Ego erzeugt. (Das gilt übrigens auch für den Mann, den Sie lieben werden. Ihr Ego wird versuchen, Ihnen einzureden, dass er besser oder schlechter als jemand anders oder besser oder schlechter als Sie ist.)

Was also ist das Ego? Vor allem ist es nicht Ihr wahres Ich, obwohl es gern diesen Eindruck erwecken würde. Das Ego lässt sich meiner Meinung nach am besten so beschreiben: *Das Ego ist der Teil von Ihnen mit der lauten Stimme, der in Ihren Gedanken lebt.*

Wenn Selbsthass mit den 14 Clowns vergleichbar ist, die im Zirkus aus dem Auto herauspurzeln, dann ist das Ego das Auto. Es ist der Teil von Ihnen, der Sie dazu treibt, Dinge zu tun und zu sagen, die Sie anschließend bereuen werden – von der wütenden E-Mail an Ihre Schwester (weil sie es »verdient« hatte) bis zum Kauf des BMW, den Sie sich nicht leisten können (weil Sie ihn »verdient« hatten). In jedem Fall stärkt Ihnen das Ego nicht den Rücken.

Was sonst noch? Das Ego redet. Und redet und redet. Es hat eine scharfe Zunge. Wie Dieter Bohlen in *Deutschland sucht den Superstar.* Das Ego verdreht die Augen und schüttelt bedenklich den Kopf. Es mag schlau klingen, aber es hat nie etwas Nettes zu sagen.

Solange Ihr Ego die Strippen zieht, sind Sie seinen negativen, von Selbsthass erfüllten Botschaften über Ihre Person ausgesetzt. Sie sind auch gemeinen Botschaften über andere Menschen ausgesetzt, zum Beispiel über die Männer, mit denen Sie ausgehen. Wenn Sie diesen Botschaften Glauben schenken, werden Sie die meiste Zeit über *kein freundlicher, liebevoller Mensch sein können* – weder sich selbst gegenüber noch anderen gegenüber. Natürlich hat dies gravierende Folgen für Ihre Beziehungen.

Am Ende läuft es darauf hinaus, dass Sie einen Mann nicht mehr lieben können als sich selbst. Ihre Fähigkeit, mitfühlend und freundlich zu jemandem zu sein (auch wenn dieser Jemand gerade etwas wirklich Dummes getan hat oder wenn dieser Jemand gar Sie selbst sind), basiert auf Ihrer Fähigkeit, mitfühlend und freundlich zu sich selbst zu sein. Deshalb sagt man auch, dass sich Freundlichkeit vermehrt. Denn man greift immer auf den Vorrat zurück, den man davon bereits besitzt. Und wenn dieser Vorrat sehr klein ist, ist die Ehe eine Strapaze.

Wie stocken Sie Ihren Vorrat auf?

Spirituelle Übungen, die Ihnen helfen, sich zu verändern

Sie brauchen eine stärkere Selbstliebe. Wenn Sie je Ratgeberliteratur gelesen oder entsprechende Talkshows gesehen haben, können Sie das Gerede von der spirituellen Qualität der Selbstliebe wahrscheinlich schon nicht mehr hören. Vielleicht halten Sie es sogar schon für ein schreckliches Klischee. Irgendwie ist es das auch. Aber das ändert nichts daran, dass Ihre Fähigkeit, sich selbst zu lieben, viel mit Ihrer Beziehungsfähigkeit zu tun hat sowie mit Ihrer Fähigkeit, die Dinge zu ändern, die Sie daran hindern, eine feste Beziehung einzugehen (und darum sprechen wir hier überhaupt davon).

Wenn es Ihnen so geht wie mir früher, wissen Sie wahrscheinlich nicht einmal genau, was Selbstliebe bedeutet. Zum einen wird der Begriff »Selbstliebe« oft gleichbedeutend mit »Selbstbewusstsein« verwendet, aber das ist nicht dasselbe. Ein gutes Selbstbewusstsein haben Sie vielleicht, wenn Sie der Meinung sind, dass Ihr Po in einer bestimmten Jeans gut zur Geltung kommt, während Selbstliebe bedeutet, auch dann freundlich zu sich selbst zu sein, wenn Sie keine gute Figur machen.

Am einfachsten lässt es sich vielleicht so ausdrücken: *Selbstliebe bedeutet, sich selbst so zu behandeln, wie eine gute Mutter oder Großmutter es tun würde.*

Was heißt das konkret? Es heißt nicht, sich selbst zu verwöhnen (sich nach einem schlechten Arbeitstag eine neue Handtasche zu kaufen), sondern liebevoll und unterstützend gegenüber sich selbst zu sein. So hätten die Eltern Sie behandelt, die Sie sich immer gewünscht haben: Sie setzen sich selbst feste Grenzen, und Ihre Erwartungen an sich sind hoch (aber nicht unerreichbar hoch), weil Sie ein tolles Leben haben wollen. Wenn etwas Unangenehmes passiert, suchen Sie keine Schuldigen, sondern übernehmen die Verantwortung dafür (denn unangenehme Dinge passieren nun einmal im Leben). Sie gehen so mit sich um, wie jemand liebevoll mit einem Kind umgehen würde: Sie sagen sich nichts Gemeines. Sie sagen sich nicht, dass Sie dumm seien oder es verdient hätten oder dass etwas nicht mit Ihnen stimme.

Sie sagen sich nichts, was ihre geliebte Großmutter als Kind nicht auch zu Ihnen gesagt hätte.

Gut, dann wäre das geklärt. Aber kehren wir zu dem Punkt zurück, dass Selbstliebe die wichtigste Voraussetzung für Veränderung ist. Das ist der Grund dafür: Damit eine Veränderung stattfinden kann, müssen Sie sich selbst erlauben zu wissen, dass eine Veränderung nötig ist. Aber in vielen Ge-

Spuren

Ihre Beziehung zu sich selbst ist wie eine Spur, die Männer zu Ihnen führt. Wo immer diese Spuren in Ihrem Innern hinführen – ob es zu einem Ort der Selbstliebe oder zu einem Ort der Angst ist –, die Männer, die diese Eigenschaften haben, werden zu Ihnen finden.

sprächen mit Frauen, die im Begriff waren zu lernen, sich selbst zu lieben und sich zu verändern, ist mir etwas aufgefallen. Dieses Wissen kann nur dann an die Oberfläche Ihres Bewusstseins vordringen, wenn Sie tief drinnen etwas anderes Wichtiges wissen: *dass Sie sich auch dann noch lieben werden, wenn Sie sich eingestehen, sich verändern zu müssen.*

Lassen Sie mich das etwas näher erläutern. Früher wollte ich nicht hören, was ich falsch machte, denn was immer es war, es konnte nur eines bedeuten: Ich war absolut nicht liebenswert! Vor allem nicht für mich selbst.

Beispielsweise sagte mir einmal ein Partner, dass ich zu viel rede und er das Gefühl habe, nie zu Wort zu kommen. Das war eine ziemlich einfache Kritik, die wahrscheinlich auch der Wahrheit entsprach, aber dennoch wollte ich es nicht hören, weil ich mich als einen Menschen, der zu viel redet, nicht hätte lieben können. Ich stritt endlos mit ihm darüber, dass nicht ich zu viel redete, sondern er zu wenig, und dass es somit (natürlich) sein Problem sei. Auch als ich noch ein paar Beobachtungen über seine gestörte Ursprungsfamilie einfließen lassen musste, um meine Sicht der Dinge zu untermauern, da – hatte ich nicht etwa unrecht. Womit wir zu dem anderen Kritikpunkt kommen, der von meinen Partnern vorgebracht wurde: dass ich ständig glaubte, im Recht zu sein. Und das sind nur die beiden wichtigsten Punkte am Anfang einer langen Liste von Dingen, die ich tue oder früher getan habe.

Leider kann man sich nicht ändern, solange man Kritik nicht annimmt (weil man sich selbst nicht mehr für liebenswert halten würde, wenn man sich eingestehen müsste, dass sie berechtigt ist).

Vielleicht fragen Sie sich, wie es *konkret* aussehen kann, sich selbst zu lieben. Nun, so jedenfalls sah es für mich aus: Jedes Mal, wenn ich mir vorhielt, wie dumm es von mir gewesen war, Paul zu heiraten, sagte ich einfach ganz ruhig: »Ich liebe dich, Tracy.« Und wenn ich mich dann selbst (oder eigentlich mein Ego) sagen hörte, dass ich alt und verbraucht sei, weil ich wegen einer 21-Jährigen abserviert worden sei, sagte ich es auch: »Ich liebe dich, Tracy.« Und als ich erkannte, dass ich mit 41 noch einmal von vorn anfangen musste, sagte ich es wieder: »Ich liebe dich, Tracy.« Ich sprach es jedes Mal aus, wenn ich einen negativen Gedanken oder ein negatives Gefühl in Bezug auf mich selbst hatte.

Ich sprach es oft aus.

Zudem versuchte ich, es mit Überzeugung zu sagen. Zuerst fühlte es sich merkwürdig an, aber allmählich klangen die Worte weniger hohl. Ich fing an, das Gefühl hinter den Worten zu spüren – *Ich liebe dich* –, und es fühlte sich gut an. Es bedeutete, dass ich hinter mir stand, dass ich mich trösten konnte, mit mir fühlte und mir versichern konnte, dass alles gut werden würde.

Es funktionierte, und zwar nicht nur, um die Zeit unmittelbar nach der Trennung durchzustehen. Für die Zukunft weiß ich jetzt, dass es mir – egal was in meinen Beziehungen passiert – gut gehen wird. Und es hat sich herausgestellt, dass es das war, was in meinen Beziehungen die ganze Zeit gefehlt hatte.

Was Ihre Großmutter weiß und Ihnen gern sagen würde

Fassen wir Kapitel 7 zusammen:

- **Sie mögen sich selbst nicht.** Sie glauben, nicht gut genug zu sein, und das hindert Sie daran, jemanden in Ihr Leben zu lassen. *Aber es ist nicht wahr!* Sie sind wunderbar, auch wenn Sie absolut unvollkommen sind.

- **Männer sind wie Spiegel.** Sie zeigen Ihnen Ihre tiefsten innersten Überzeugungen in Bezug auf Sie selbst. Achten Sie auf die Muster – in welchen Bereichen müssen Sie an Ihrem Selbstwertgefühl arbeiten?

- **Feuern Sie Ihr Ego.** Das Ego ist die laute Stimme in Ihrem Kopf, die sich für Dieter Bohlen hält. Sagen Sie ihm, dass die Show vorbei ist und es Zeit ist, nach Hause zu gehen. Wenn Sie das glauben, was das Ego Ihnen sagt, wird es Ihnen sehr schwer fallen, ein netter Mensch zu sein. Besonders gegenüber Männern.

- **Lernen Sie, sich selbst zu lieben.** Ihre Fähigkeit, sich selbst so zu behandeln, wie eine sehr liebevolle Person Sie behandeln würde, ist eine wesentliche Voraussetzung für Ihre Fähigkeit, gesunde Beziehungen zu führen. Denn Sie können andere Menschen nur so sehr lieben, wie Sie sich selbst lieben.

8. Sie sind eine Lügnerin

Oder: Selbsttäuschung und andere Tragödien

1. *Haben Sie schon einmal jemandem gesagt, dass Sie keine Beziehung wollten, obwohl das nicht der Wahrheit entsprach?*
2. *Haben Sie alle Warnsignale in Bezug auf einen Mann ignoriert, weil er Ihnen gefiel?*
3. *Haben Sie im Zusammenhang mit einer Beziehung bestimmte Dinge verschwiegen, weil Sie wussten, dass Ihre Freunde Ihnen sonst geraten hätten, sie zu beenden?*

Vielleicht fängt es so an: Sie lernen einen Mann kennen, zu dem Sie sich hingezogen fühlen. Sie hoffen schon während der ersten Unterhaltung mit ihm insgeheim (irgendwo tief drinnen), dass daraus etwas werden könnte. Ein anderer Teil von Ihnen ist schon sicher, dass nichts daraus wird, da Sie diese Situation schon unzählige Male erlebt haben, und wenn es je geklappt hätte, würden Sie nicht hier mit einem Cocktail in der Hand sitzen und sich fragen, ob Ihnen die

Wohngegend gefallen könnte, in der dieser Mann lebt (wie er Ihnen gerade mitgeteilt hat). Er hat außerdem etwas erzählt, aus dem eindeutig hervorgeht, dass er für eine ernsthafte Beziehung nicht verfügbar ist, aber Sie haben genug davon, Dinge abzubrechen, bevor sie richtig angefangen haben, und sind deshalb entschlossen, ihm eine Chance zu geben. Es kommt ja schließlich vor, dass Leute ihre Meinung ändern. Außerdem ist er verdammt attraktiv.

Im Lauf der nächsten zwei Wochen entwickelt sich die Sache vom Herumknutschen zur Bettgeschichte. Es sind keine richtigen Rendezvous, aber es kommt dem ziemlich nahe. Sie gehen zusammen essen, ins Kino, zu Vernissagen, aber jeder zahlt für sich, und Sie laden ihn genauso oft ein wie umgekehrt. Sie fühlen sich in seiner Gesellschaft wohl, und es besteht die Chance, dass mehr daraus werden könnte. Oder nicht? Natürlich könnte es das. Leute ändern ständig ihre Meinung.

Obwohl Sie es nie zugeben würden, wissen Sie (irgendwo tief drinnen), dass es vorbei wäre, wenn Sie ihm sagen würden, was Sie wirklich wollen – eine feste Partnerschaft, ein Baby, ein gemeinsames Zuhause. Wahrscheinlich wäre es noch am selben Tag vorbei. Also versichern Sie ihm, wie perfekt dieses Arrangement sei, weil Sie ja schließlich nur eine schöne Zeit mit ihm verbringen und unverbindlichen Sex haben wollten! Sie liebten unverbindlichen Sex! Und Sie wollten gar keine Beziehung! Ganz bestimmt nicht! Sie seien einfach gern mit ihm zusammen!

Mit anderen Worten: *Sie lügen.* Und ahnen nicht einmal, wie sich das auf Ihr Liebesleben auswirkt.

Worum es wirklich geht

Es gibt tausend Möglichkeiten, in einer Beziehung zu lügen, aber nur eine davon ist wirklich von Bedeutung: wenn Sie *sich selbst belügen.* Selbsttäuschung ist wahrscheinlich das Destruktivste, was Sie im Hinblick auf Ihre Chancen auf eine glückliche, gesunde Beziehung tun können. Weshalb? Weil Selbsttäuschung all die Dinge aus Kapitel 1 bis 7 möglich macht. Sie ist der Motor hinter all den anderen Verhaltensweisen, die dafür sorgen, dass Sie Single bleiben. Wenn Sie sich nicht selbst belügen würden, wären Sie gezwungen, sich damit auseinanderzusetzen, wie sich unverbindlicher Sex, Wut, Angst, Perfektionismus, Impulsivität und so weiter auf Ihre Beziehungen (oder nicht vorhandenen Beziehungen) auswirken. Die fehlende Auseinandersetzung damit verhindert wiederum, dass Sie sich weiterentwickeln.

Lügen sind fast immer durch den Wunsch motiviert, etwas Bestimmtes zu bekommen. Wenn Sie Ihr Täuschungsverhalten genauer unter die Lupe nehmen, stellen Sie fest, dass Sie jemanden oder etwas wollten und es nicht (jedenfalls nicht mit reinem Gewissen) bekamen, solange Sie nicht sich oder den anderen belogen. Also taten Sie, was Sie glaubten tun zu müssen, und dann verwischte Ihre Psyche hilfreicherweise alle Spuren des Verbrechens, sodass Sie sich selbst nie auf die Schliche kommen konnten. Dieser Vorgang ist so verbreitet, dass es sogar ein Wort dafür gibt: »Verdrängung«.

Für eine zukünftige feste Partnerschaft ist es wichtig, dass Sie sich mit Ihrer Selbsttäuschung auseinandersetzen. Eine starke Beziehung erfordert zwei Menschen, die zu sich selbst und zueinander ehrlich sind. Ein ehrlicher Mann »riecht« Ihre Lügen und geht auf Distanz. Selbst wenn es Ihnen gelingt, bei einem Mann, der Ihnen gefällt, mit einer Lüge durchzukommen, wenn er Ihre Täuschung also nicht bemerkt, können Sie sicher sein, dass er sich auf die eine oder andere Weise selbst etwas vormacht. Oder Ihnen. Was beides nicht unbedingt wünschenswert ist.

Sehen wir uns einige typische Situationen an, in denen Sie sich in Bezug auf einen Mann selbst belügen könnten. Sie werden feststellen, dass es (nicht) gerade viele Varianten gibt.

- **Er ist ungeeignet.** Er ist verheiratet. Er ist 19. Er ist spielsüchtig. Was immer es ist – eine weniger zur Selbsttäuschung neigende Frau würde ihn sofort zurückweisen. Sie nicht. Sie glauben, dass Sie dranbleiben werden, bis das Problem (wahrscheinlich durch Sie) gelöst ist.

- **Er hat kein Interesse an einer festen Beziehung.** Er ist verheiratet. Er ist 19. Aus seinem Arm hängt eine Nadel. Was immer es ist – er will Sie nicht oder nicht dringlich genug, um das Problem zu lösen, dass Sie ihn bitten, lösen zu dürfen.

- **Er ist nicht verfügbar.** Er ist verheiratet. Er ist 19. Er schaut sich täglich drei Stunden lang Pornofilme an. Was immer es ist – er ist beschäftigt. Lassen Sie ihn in Ruhe. Er bittet Sie immer wieder darum, aber Sie hören nicht auf ihn. Sie reden sich ein, dass er einfach nur Angst vor Nähe hat, weil er eigentlich Hilfe für seine Probleme braucht.

Und dann ist da noch meine Lieblingslüge:

- **Er ist nur ein Freund.** Sie kennen ihn von der Arbeit oder aus der Kneipe, vielleicht hatten Sie auch schon eine Beziehung mit ihm. Was immer es ist – Sie denken: Na, wenigstens schaut er sich nicht drei Stunden pro Tag Pornofilme an. Zu Ihrer Information: Man ist mit jemandem befreundet, wenn man *keinen* Sex mit ihm haben will. Wenn man Sex mit jemandem haben will (und sei es auch nur ein bisschen), ist man nicht einfach nur befreundet. Dann ist man befreundet und will Sex haben, aber es passiert einfach (noch) nicht. Das heißt, dass Sie nette Verabredungen zum Kaffee mit ihm haben oder vielleicht sogar ganz freundschaftlich am selben »Projekt« arbeiten, bis der Zeitpunkt gekommen ist, an dem Sie stolpern und in seinen Schoß fallen können. Wenn Sie sich das nicht eingestehen können, sind Sie unreif, und es ist kein Wunder, dass Sie Single sind.

Wenn Sie sich mit einem der oben genannten Typen einlassen, ist die Wahrscheinlichkeit groß, dass Sie viele Details der Beziehung für sich behalten. Das ist nötig, wenn man lügt. Sie reden zwar mit jedem, der zuhört (ihrem Therapeuten, Ihrer Kosmetikerin, Ihren Freundinnen) über ihn, aber dabei lassen Sie die schockierenden Details einfach weg. Statt verheiratet zu sein, lebt er von seiner Frau getrennt (wohnt aber noch im selben Haus und teilt das Bett mit ihr). Statt 19 zu sein, ist er einfach unreif (was für einen 19-Jährigen normal ist). Statt eine Nadel im Arm hängen zu haben, ist er nur ein unruhiger Typ (als ob das etwas Tolles sei). Sie mildern die schlimmen Dinge so lange ab, bis sie fast positiv klingen. Und Sie sind so überzeugend, dass Sie beinahe selbst daran glauben.

Aber nicht ganz. Hinter all der Tatsachenverdrehung wissen Sie, dass irgendetwas nicht stimmt. Woher ich das weiß? Nun, weil Sie lügen.

Die zweitgrößte Täuschung

Wenn »Wir sind nur Freunde« die größte Täuschung ist, dann ist »Er wird sich ändern« die zweitgrößte. Ich werde nie vergessen, was eine seit vielen Jahren verheiratete Bekannte (na gut, meine Friseurin) zu mir sagte, als ich etwa sechs Monate mit meinem dritten Ehemann verheiratet war. Sie war seit zwölf Jahren verheiratet, und ihre wichtigste Frage im Hinblick auf meine Beziehung war schockierend einfach: **Wenn er sich niemals in irgendeiner Hinsicht ändern würde – könntest du mit ihm leben, so wie er jetzt ist?**

Diese Frage ließ mir Schauer über den Rücken laufen. Denn meine Antwort lautete: Nein ... Oder zumindest nicht ohne angstlösende Medikamente. Ich hatte es mit einem Mann zu tun, der, wenn er ein Auto gewesen wäre, einen Totalschaden gehabt hätte. Wie mein 1984er Volvo, der von einer anderen Fahrerin gerammt wurde. Es half nichts, dass es ein so tolles Auto war. Die Reparatur der zwei großen Dellen in zwei Türen und dem vorderen Kotflügel wäre so teuer gewesen, dass sie den

Wert des Autos überstiegen hätte. Was meine Friseurin angesprochen hatte, bewegte sich eher im Bereich neuer Schonbezüge für die Sitze oder vielleicht einer neuen Stoßstange. Aber ein neuer **Motor?** Doch eher nicht. Nicht dass Männer sich nie verändern würden. Das tun sie manchmal schon. Aber nur, wenn ihnen selbst der Sinn danach steht. Eine Beziehung in der Hoffnung zu vertiefen (bei ihm einzuziehen, sich zu verloben, ihn zu heiraten), dass sich bei ihm grundlegende Persönlichkeitsmerkmale oder Dinge, die für Ihr (oder sein) Wertesystem eine große Bedeutung haben, verändern werden, ist einfach Irrsinn. Sie müssen davon ausgehen, dass der Mann, der vor Ihnen steht, genauso bleiben wird, wie er jetzt ist.

Das ist wahrscheinlich auch für Sie gut. Zuzulassen, dass ein Mann einfach so ist, wie er ist, bis er beschließt, sich weiterzuentwickeln oder zu ändern – das ist bedingungslose Liebe. Es ist das, was sich jeder wünscht! Auch Sie. Und wenn Sie sie bekommen wollen, müssen Sie sie geben.

Aus meinem Leben als Frau, die auf eigene Gefahr ignorierte, was sie wusste

Das mit den Lügen kenne ich aus eigener Erfahrung. Nehmen wir zum Beispiel meinen dritten Mann. Ich wusste von Anfang an, dass die Beziehung nicht funktionieren konnte, tat aber so, als ob ich es nicht wüsste. Ich wollte es einfach nicht wissen. Ich versteckte die Wahrheit an einer Stelle, die gerade so außerhalb meines Blickfelds lag. Aber auch wenn ich es mir hätte eingestehen können, hätte es keinen Unterschied gemacht, denn ich wollte diesen Mann! Paul war cool und attraktiv und hatte einen tollen Job und eine Wohnung, in die man sich gern hineinfantasierte.

Wir erlebten drei sehr intensive Tage miteinander, bevor ich ihm sagte, dass ich mich an ihn binden würde, wenn wir Sex hätten, und ihn fragte, ob er jemand sei, der wolle, dass sich jemand an ihn binde. Ich musste wissen, ob er an einer Beziehung interessiert war. Ich war sogar stolz auf meine Direktheit.

Es funktionierte, aber nicht so, wie ich es mir vorgestellt hatte. Paul verschwand sofort. Nachdem wir während dieser drei Tage (unserer äußerst intensiven Beziehung) fast ständig in Kontakt gewesen waren, verschwand er einfach von der Bildfläche. Ich war auf die schlimmstmögliche Art deprimiert. Die Art, bei der man das Gefühl hat, kein Recht dazu zu haben, deprimiert zu sein, weil man den Mann ja schließlich kaum gekannt hat (aber trotzdem zugelassen hat, dass er Teil des eigenen Lebens geworden ist und es einem komplett vermiest hat). Eines jedoch war anders als sonst: Vielleicht zum ersten Mal überhaupt ließ ich einen Mann einfach gehen. Ich rief nicht an, ich schrieb ihm nicht, ich lief ihm nicht »zufällig« über den Weg. Ich lief ihm nicht hinterher.

Das war so eine Art Wunder, denn mein übliches Verhaltensmuster bei der Partnersuche (wenn ich gerade nicht verheiratet war) sah so aus, dass ich mich entweder (1) nach jemandem verzehrte oder (2) jemandem hinterherlief. Ich verhielt mich so, als ob Liebe bedeutete, einem Mann durch Tricksereien klarzumachen, wie toll ich war. Aber mit 39 begann ich, einige der Fehler zu verstehen, die ich im Umgang mit Männern gemacht hatte, und dazu gehörte auch das Hinterherlaufen. Paul hatte deutlich gemacht, dass er zu diesem Zeitpunkt nicht interessiert war, und ich übte das Loslassen. War ich nicht toll? Ich fühlte mich richtig erwachsen, und das war ich in mancherlei Hinsicht auch.

Stellen Sie sich mein Entzücken vor, als sich meine neue Taktik nach fünf Wochen als wirksamer erwies, als ich mir je hätte träumen lassen, und Paul anrief! Er erklärte mir, dass er über mich nachgedacht habe, und fragte, ob wir es noch einmal miteinander versuchen wollten. Ich war natürlich begeistert.

Doch hinter meiner Aufregung versteckte sich ein leises, aber hartnäckiges Gefühl in der Magengrube, das Folgendes beinhaltete: *Das bedeutet nichts Gutes. Diese Beziehung wird nicht funktionieren. Dieser Typ weiß nicht, was er tut, und er wird mich mit runterziehen.* Na ja, Lernprozesse bedeuten manchmal, zwei Schritte vor und einen zurück zu machen. Ich war nicht bereit, Paul noch einmal gehen zu lassen, und ließ mich gegen mein inneres Wissen, gegen meine innere Wahrheit, auf eine Beziehung mit ihm ein.

Im Prinzip *hörte* ich auf mein Gefühl, ich *handelte* nur nicht entsprechend. Ich ließ es einfach im Hintergrund, während ich mit Paul ausging, bei ihm einzog und ihn schließlich heiratete – alles innerhalb von zehn Monaten. Und neun Monate später erwischte ich ihn beim Fremdgehen. Uff.

Natürlich gäbe es zu dieser Ehe noch viel mehr zu sagen, aber ich übernehme auf jeden Fall die volle Verantwortung für meinen Beitrag, indem ich zu dem Augenblick zurückkehre, in dem ich es wusste, aber mein Wissen verdrängte. Paul war in vielerlei Hinsicht kein großes Los, aber wenn ich in der Lage gewesen wäre, ehrlich zu mir selbst zu sein, hätte die Tatsache, dass er kein großes Los war, keinerlei Auswirkungen auf mich gehabt. Ich bin diejenige, die seinem Riesenmist Tür und Tor geöffnet hat – in dem Moment, als ich mich selbst belogen habe.

Die Verantwortung dafür zu übernehmen, bedeutet, dass ich denselben Fehler nie wieder machen muss! Denn nach meiner Erfahrung passiert der Riesenmist nicht einfach so. Er passiert nach vielen Warnsignalen.

Warnsignalen, die ich mir nicht eingestand.

Warum Claire keinen Mann hat

Bei einer Frau, mit der ich früher zum Sport ging, läuft gerade etwas Ähnliches. Claire ist 38. Nachdem sie ein paar Monate mit Jason ausgegangen war, beschlossen »sie«, dass es einfach »vernünftiger« sei zusammenzuziehen. Das Problem war, dass das Zusammenziehen nicht Jasons Idee gewesen war und er auch nicht von Heirat sprach. Obwohl keiner von beiden das je offen gesagt hat, war das Ganze Claires Projekt gewesen.

Es überrascht wenig, dass Jason ein Jahr nachdem sie in die größere, bessere Wohnung umgezogen waren (die für eine gemeinsame Zukunft stand) wieder auszog. Er war einfach noch nicht bereit, diese Art von Verpflichtung einzugehen, und hatte ein Jahr gebraucht, um sich das einzugestehen. Aber Jason (ein Plattenproduzent) zog nicht einfach nur aus. Er beschloss, im Gehen noch eine Affäre mit einer jungen Liedermacherin mitzunehmen. Durch diese Taktik der verbrannten Erde war sichergestellt, dass sich Claire mit Jasons fehlender Bereitschaft, sie zu heiraten, ehrlich auseinandersetzen musste.

Über ein Jahr später ist Claire immer noch wütend auf ihn. Sie hat das Gefühl, dass Jason sie getäuscht hat, aber obwohl er für das, was geschehen ist, sicher 50 Prozent der Verantwortung trägt, konnte er sie nur täuschen, weil Claire sich selbst belogen hat.

Wenn sie sich die Sache einmal genauer ansehen würde, würde Claire erkennen, dass ihr Wunsch, eine so einschneidende Veränderung herbeizuführen, sich genau aus dem Wissen speiste, dass Jason *keine* feste Bindung eingehen wollte. Sie wollte Bewegung in die Sache bringen und hoffte, dass der Neuanfang die Bindungsbereitschaft mit sich bringen würde, statt ihr Ergebnis zu sein. Da hat Claire wohl etwas verwechselt.

Solange sie sich selbst nicht eingestehen kann, dass sie die ganze Zeit von Jasons fehlendem Bindungswillen wusste, kann sie weiterhin das Opfer spielen und Jason als Bösewicht anprangern. In Wirklichkeit war Jason derjenige, der einfach laut aussprach, was beide schon wussten. Die Affäre war keine gute Art, damit umzugehen. Aber sie änderte nichts an Claires Grundproblem, dass Jason sie nicht als Ehefrau auserwählte und dass sie sich erlaubte, das zu verdrängen.

Wir müssen wieder zu dem Prinzip zurückkehren, von dem in Kapitel 2 die Rede war: *Wir finden immer jemanden, der zu uns passt.* Claire und Jason neigten beide zur Täuschung – Jason täuschte Claire, und Claire täuschte sich selbst. Die Wahrheit war offenkundig, aber Claire wollte sie nicht hören. Und die Wahrheit nicht hören zu wollen, ist einfach nur die Kehrseite der Lüge.

Leider lässt Claires immer noch schwelender Zorn auf Jason vermuten, dass sie ihren Anteil an der ganzen Sache (die Selbsttäuschung) immer noch nicht wahrgenommen hat. Erst wenn ihr das gelingt, ist sie für eine feste Partnerschaft bereit.

Keine zweite Verabredung

Ich hatte einmal eine Beziehung, die damit begann, dass der Mann zu mir kam, um einen Film anzuschauen (das ist lange her), und im Grunde nie wieder ging. Es gab keine zweite Verabredung, weil die erste einfach nicht mehr aufhörte! Nach zwei Monaten wurde uns bewusst, dass wir zusammenlebten. Er hatte eine Wohnung mit einem Mitbewohner, nutzte sie aber nicht. Nach einem Jahr gaben wir der Sache einen offiziellen Anstrich, indem wir bei der Post für ihn einen Nachsendeantrag ausfüllten.

Es wird Sie nicht überraschen zu erfahren, dass die Beziehung nicht gut ausging. Es war vorbei, als mir klar wurde, dass ich (zumindest in meiner Vorstellung) mit ihm verlobt war, während er sich immer noch in der Kennenlernphase befand. Denn soweit es ihn betraf, war ich nicht die Frau fürs Leben. Überraschung! Er sprach es nicht direkt aus, aber im Lauf der Zeit wurde es immer offenkundiger. Natürlich war ich deswegen ziemlich wütend. Irgendwann allerdings musste ich mich fragen, wie es dazu hatte kommen können. Und das war kein Geheimnis – schließlich hatte es nicht einmal eine zweite Verabredung gegeben. Da wir seit der ersten Verabredung zusammenlebten, hatte ich mich nie mit meiner Unsicherheit hinsichtlich dieser Beziehung auseinandersetzen müssen. Sie war einfach da, und wir steckten mittendrin.

Ich habe die Anfangsstadien einer Beziehung schon immer schwierig gefunden, denn in dieser Phase mache ich mir die meisten Sorgen darüber, ob die Beziehung von Dauer sein wird. Ich bin immer sehr darauf erpicht, zu Phase zwei oder drei überzugehen, in der man weiß, dass man für immer zusammenbleiben wird. Das ist einer der Hauptgründe dafür, dass ich ständig heiraten wollte. Wenn wir einander ewige Treue schworen, ging ich (etwas naiv) davon aus, dass dies der Realität entsprechen würde.

Am ersten Tag zusammenzuziehen war mein zweitbester Plan. Aber dieser Versuch, meine Unsicherheit zu umgehen, führte nur dazu, dass sich das Gefühl der Unsicherheit um drei Jahre verschob. Als es hart auf hart kam und mein Freund und ich mit einer Situation konfrontiert waren, deren Bewältigung eine echte Verpflichtung erfordert hätte, wurde mir klar, dass ich dazu nicht bereit war. Das zu entdecken, war eine schmerzhafte Lektion. Aber nachdem ich herausgefunden habe, was genau passiert ist, werde ich diese Lektion nicht noch einmal wiederholen müssen.

Was Sie über Männer wissen sollten

Schauen wir uns kurz an, wie Männer funktionieren. Nach meiner Erfahrung belügen uns die meisten Männer nicht. Zumindest nicht direkt. Sie weichen vielleicht bestimmten Themen aus, aber auf die unverblümte Frage, ob sie in nächster Zeit heiraten wollen, werden sie nicht Ja sagen, wenn sie Nein meinen.

Sie lassen allerdings zu, dass wir uns selbst belügen. Nehmen wir an, Sie bringen sehr überzeugend zum Ausdruck, dass Sie an einem Arrangement vom Typ »Bettfreundschaft« interessiert sind. Dann könnte ein Mann sich selbst vormachen, dass Sie wissen, wovon Sie reden, obwohl die »Bettfreundschaft« mit den letzten drei Frauen nicht funktioniert hat. (Jedenfalls nicht über den ersten Monat hinaus.) Irgendwann aber wird diese Situation für die meisten Männer zu beschwerlich (oder schmerzhaft), und sie lernen einzuordnen, ob eine Frau wirklich zu einer »Bettfreundschaft« in der Lage ist oder sich eher wie eine Zeitarbeitskraft verhält, die insgeheim hofft, eine unbefristete Anstellung zu bekommen, wenn sie sich nur ordentlich ins Zeug legt.

Dann gibt es da noch eine gemeinere Art des Lügens (wie Jason sie betrieb), bei der Männer alles tun, was man in einer festen Partnerschaft erwarten würde, ohne sich jedoch wirklich langfristig zu binden. Sie ziehen bei Ihnen ein, sprechen über die Zukunft, zahlen vielleicht sogar die Hälfte der größeren Anschaffungen, fühlen sich aber tief drinnen immer noch so, als ob sie nur mit Ihnen ausgehen würden. Ich habe einen Freund, der das »vertieftes Dating« nennt. Dabei lässt sich der Mann alle Zeit der Welt, um seine Partnerin und das Leben mit ihr »anzuprobieren«. Mein Freund erklärte es mir anhand des folgenden Diagramms:

1

10

100

1000

10 000

Jede dieser Zahlen steht für einen Punkt in der Beziehung – sie drückt aus, wie oft die beiden Beteiligten Sex miteinander hatten. (Was soll ich dazu sagen? Männer denken eben manchmal so.) An jedem dieser Punkte hat der Mann eine andere Vorstellung davon, welcher Art die Beziehung gerade ist und was daraus werden könnte. Bei den Zahlen 1, 10 und 100 hat er (zumindest nach seiner Einschätzung) einfach noch nicht genug Informationen über die Frau, um eine lebenslange Verpflichtung einzugehen – selbst wenn er schon bei ihr eingezogen ist. (Wie gesagt, hätte sie das vielleicht gar nicht zulassen dürfen.)

Aber wir leben nun einmal in einer Kultur der sogenannten Zwangsmonogamie. Das heißt, wenn Sie eine Frau wie ich sind, werden Sie nicht mehr als 100 Mal mit einem Mann Sex haben wollen, ohne in einer festen Partnerschaft mit ihm zu sein. Das bringt den Mann in eine schwierige Lage. Entweder macht er bei dem Monogamieprogramm mit, während er sich im Stillen über die langfristige Perspektive der Beziehung klar wird, oder er sagt Ihnen die Wahrheit (dass er nach zehn Monaten immer noch keine Entscheidung getroffen hat) und muss mit ansehen, wie Sie sich für einen Mann entscheiden, der sich auf das Programm einlässt.

Nach Auffassung meines Freundes (der übrigens Biologe ist!) führt das zu einer Art Wettrüsten im Bereich der Partnersuche, bei dem der Mann auf Ihre Interkontinentalraketen (Ihre Weigerung, außerhalb einer festen Beziehung Sex zu haben) mit einem Abwehrschirm vom Typ *Krieg der Sterne* reagiert: dem »vertieften Dating«.

Ich stelle Ihnen dieses Konzept hier nicht vor, weil es mir gefällt, sondern weil ich glaube, dass es oft der Realität entspricht. Es ist der Grund dafür, dass sich Frauen manchmal mit 33 oder 36 oder 39 von einem Mann trennen, mit dem sie (womöglich jahrelang) zusammengelebt haben, weil sie dachten, sie würden ihn heiraten, während er, wie sich herausstellte, das Ganze noch als »Dating« einstufte.

Als vertieftes Dating.

Es gibt nur zwei Dinge, die Sie tun können, um sich davor zu schützen. *Zum einen sollten Sie nur dann unverheira-*

tet mit einem Mann zusammenziehen, wenn es Ihnen egal ist, ob Sie ihn irgendwann heiraten. Wie ich immer wieder sage: Ein Mann ändert sich nicht, während Sie für ihn kochen und mit ihm ins Bett gehen.

Zum anderen müssen Sie *ehrlich* sein. Zu sich selbst und zu den Männern.

Was Sie ändern müssen

Ehrlich zu sein ist leichter gesagt als getan. Zuerst müssen Sie lernen zu erkennen, wann Sie lügen. Die menschliche Psyche ist extrem gut darin, nicht zu wissen, was sie nicht wissen will. Unser Gehirn hat sich im Lauf von zig Milliarden Jahren dahin entwickelt, sicherzustellen, dass Sie wirklich nur daran interessiert sind, sich besonders robuste Spermien zu beschaffen. Wenn Sie sich dazu selbst belügen müssen – kein Problem. Der Natur ist das vollkommen schnuppe.

Aber das Leben des modernen Menschen ist viel komplizierter. Da wir länger leben, sind auch unsere Partnerschaften auf einen viel längeren Zeitraum ausgelegt als die unserer steinzeitlichen Vorfahren. Und um darin glücklich zu sein, müssen wir eine kluge Wahl treffen. Eine erfolgreiche Beziehung bedeutet heute mehr als erfolgreiche Fortpflanzung und Jagd. Sie bedeutet zu wissen, wer wir sind, mit wem wir eine Beziehung eingehen und dass wir zusammenpassen (soweit es in unserer Macht steht, das zu beurteilen – schließlich kann niemand in die Zukunft sehen).

Ich merke es immer, wenn eine Frau sich in Bezug auf eine Beziehung selbst belügt. Sie macht dann im Gespräch

Aussagen, mit denen sie das, was Ihr Partner sagt oder tut beziehungsweise nicht sagt oder tut, rechtfertigt, verniedlicht, herunterspielt und verdrängt. Beispielsweise behauptet sie, dass er gar nicht *so* viel trinke oder dass Sie nur deshalb mit ihm ausgehe, weil seine Ehe ja schon seit Jahren zerrüttet sei, oder dass sie sich seiner Liebe sicher sei, obwohl nichts an seinem Verhalten auf diese Liebe schließen lässt. Wenn Sie sich selbst diese Art von Ausflüchten und Entschuldigungen vorbringen hören, sollten Sie vor Ihrem eigenen Gesicht mit einer roten Fahne herumwedeln. Sie können dann davon ausgehen, dass diese Beziehung (ohne irgendeine Art von Intervention) zum Problemfall werden wird und dass Sie diejenige sein werden, die sich mit den Folgen herumschlagen muss.

Ein weiteres Zeichen dafür, dass es an der Zeit sein könnte, sich selbst gegenüber ehrlich zu sein: Wenn Sie mit Ihren Freundinnen völlig andere Gespräche führen als mit Ihrem Mann. Wenn Sie gegenüber Ihren Freundinnen Dinge (bedeutsame Zweifel oder Kritik) über Ihren Partner äußern, die Sie ihm nie ins Gesicht sagen würden, ist das ein Warnsignal. Es mag zwar klug sein, einen anderen Menschen nicht unnötig zu verletzen, aber wenn Sie mit Ihren Freundinnen über inakzeptable Aspekte Ihrer Beziehung sprechen, die Sie gegenüber Ihrem Partner nicht erwähnen, dann belügen Sie sich selbst.

Schlimmstenfalls werden dem Partner durch Lügen Informationen vorenthalten, die er bräuchte, um fundiertere Entscheidungen darüber treffen zu können, was das Beste für ihn ist. Ein offenkundiges Beispiel: Ich sage ihm nicht, dass ich Herpes habe. Ein weniger offenkundiges Beispiel:

Ich sage ihm nicht, dass ich in Wirklichkeit einen Mann suche, der ebenfalls Protestant ist. Das geläufigste Beispiel überhaupt: Ich suche eine langfristige Beziehung, und es ist mir egal, ob das auch auf ihn zutrifft – ich werde trotzdem mit ihm ausgehen. Für eine gute Partnerschaft ist ein gewisses Maß an Integrität erforderlich, und wenn Sie wichtige Informationen zurückhalten, haben Sie diese Integrität nicht.

Eine andere Form der Selbsttäuschung (die unsere Beziehungschancen deutlich einschränkt) besteht darin, an einem Mann festzuhalten, von dem wir wissen, dass wir keine langfristige Beziehung mit ihm haben können, werden oder wollen. Ich bin selbst jahrelang mit einem Mann ausgegangen, von dem ich (wenn ich ehrlich zu mir war) wusste, dass er nicht der Eine (beziehungsweise, in meinem Fall, der Vierte) war. Ich wusste, dass er nicht der Richtige für mich ist, war aber einfach noch nicht bereit, ihn loszulassen.

Das geschieht oft. Nicht loslassen zu wollen, ist (natürlich!) der Hauptgrund dafür, dass Menschen sich an etwas klammern. Und das hat wiederum mit Angst zu tun – mit der Angst, nie wieder einen anderen zu finden, oder der Angst, es irgendwann bedauern zu müssen, den einen Mann losgelassen zu haben, den man hatte. Selbst wenn man nicht wirklich sicher ist, einen bestimmten Mann zu wollen, will man die Option nicht aufgeben. Es kann auch verwirrend werden, weil man manchmal nicht sicher ist, ob man mit dem Mann, der vor einem steht, eine langfristige Beziehung eingehen (oder sich einfach mit ihm zufriedengeben) oder doch auf etwas anderes warten sollte. Das kann – zugegeben – eine schwierige Frage sein. Aber wenn man wirklich ehrlich zu sich selbst ist, kann man sicher sein, dass man weiß, wenn man es weiß.

Vielleicht hoffen Sie auch, dass er irgendwann aufwacht und merkt, dass Sie die Richtige sind. Ich sage es ungern, aber er wird es nicht merken, weil er schon weiß, dass Sie es nicht sind. Und Sie wissen es auch, sonst müssten Sie sich in dieser Hinsicht nicht selbst belügen.

Ich spreche oft mit Männern darüber, was sie dazu bewegt, eine feste Beziehung einzugehen. Die meisten von ihnen sagen, dass sie beinahe vom ersten Augenblick an wissen, ob eine Frau für eine langfristige Beziehung infrage kommt. Wenn das der Fall ist, engagieren Sie sich für diese Beziehung. Wenn nicht, tun sie nur wenig – vielleicht ein paar halbherzige Anrufe oder SMS in der Hoffnung auf unverbindlichen Sex – oder gar nichts.

Vielleicht fragen Sie sich inzwischen, was Sie tun sollten, wenn Ihnen klar wird, dass Sie sich in Bezug auf einen Mann selbst belügen. Darauf gibt es nur eine Antwort: Beenden Sie die Sache. Leicht wird das natürlich nicht. Es gibt im Bereich der Partnersuche wirklich nichts Schwierigeres, als die Beziehung zu einem Mann zu beenden, den man wirklich mag, besonders wenn man einen oder zwei oder fünf oder sechs schöne Abende mit ihm hatte. Das steigert sich noch, wenn man multiple Orgasmen hatte. Viele Frauen würden sich auf jede erdenkliche Weise verrenken, um eine Möglichkeit zu finden, noch mehr schöne Erfahrungen mit diesem Mann zu machen. Es muss doch eine Möglichkeit geben, den Teil der Beziehung, der nicht lenkbar ist, irgendwie in den Griff zu bekommen! Vielleicht, wenn man ihn nur am Wochenende sehen würde … Oder einmal im Monat? Es ist schwer loszulassen!

Aber loslassen müssen Sie, wenn Sie weiterkommen wollen. Ein Teil von Ihnen hofft, dass es nur vorübergehend ist – und manchmal trifft das auch zu. Ich erlebe das oft, wenn ein Mann sich nicht binden, ändern oder weiterentwickeln will, aber weiß, dass er eine Frau wirklich liebt. Hierbei ist entscheidend, dass *er* weiß, dass er diese Frau liebt – nicht dass *sie* es weiß. Wenn Sie sich in dieser Situation befinden, sollten Sie ihn verlassen. Aber brechen Sie den Kontakt auch wirklich vollständig ab. Keine Anrufe, SMS, E-Mails oder (Gott behüte!) telefonischen Verabredungen zum Sex. Wenn ihm seine Liebe zu Ihnen bewusst wird, geschieht es innerhalb von ein oder zwei Monaten.

Wenn es länger dauert, können Sie davon ausgehen, dass er nicht zu Ihnen zurückkommt. Dann heulen Sie sich richtig aus, stürzen sich in die Arbeit und verbringen vielleicht ein Wellness-Wochenende mit Ihrer besten Freundin. Es wird wehtun, aber die gute Nachricht ist, dass Sie auf einem guten Weg sind, darüber hinwegzukommen, weil Sie ja schon Disziplin bewiesen haben, indem Sie ihn nicht anriefen, keine SMS oder E-Mails schickten und sich (Gott behüte!) nicht telefonisch zum Sex verabredeten.

Was Ihnen nicht gelingen wird, ist, das Universum zu täuschen. Wenn Sie sich selber vorspielen, dass Sie völlig über ihn hinweg sind, aber immer noch einen Platz in Ihrem Herzen für ihn freihalten, können Sie sich nichts Neuem zuwenden. Also üben Sie, ehrlich zu sich selbst zu sein, denn Sie sind sich selbst verpflichtet und Sie sind es wert.

Spirituelle Übungen, die Ihnen helfen, sich zu verändern

Das Wichtigste ist, *sich selbst zu kennen.* Eine Selbsttäuschung aufzugeben bedeutet zu wissen, wer man ist und was man braucht – von einem Mann und im Leben. Wenn Sie wissen, wer Sie sind, fällt es Ihnen viel schwerer, sich selbst so zu belügen, dass Sie Dinge tun, von denen Sie wissen, dass sie nicht richtig oder gut für Sie sind. Sie müssen sich einfach Ihrer selbst bewusst werden. Und dazu müssen Sie Grabungen durchführen.

Die Wahrheit über sich selbst herauszufinden, ist mit einer archäologischen Ausgrabung zu vergleichen. Zuerst halten Sie nach Bereichen Ausschau, zu denen Sie bisher keinen bewussten Zugang hatten. Eine Möglichkeit herauszufinden, wo etwas vergraben ist, besteht (wie schon erwähnt) darin, auf die Aussagen anderer Menschen über Sie zu achten, die Sie nicht nur für unsinnig halten, sondern *die Sie auch wütend machen.* Zum Beispiel die Aussagen in diesem Buch. Was Ihr Herz etwas schneller schlagen lässt, was in Ihnen den Impuls weckt, mir in einer leidenschaftlichen oder defensiven oder wütenden E-Mail zu erklären, wie sehr ich mich irre – das sind die Henkel der antiken Vasen, die aus dem Boden ragen. Fangen Sie an zu graben.

Als Nächstes prüfen Sie, welche Vorkommnisse in Beziehungen emotionale Reaktionen bei Ihnen auslösen, die heftiger als nötig sind. Passiert das, wenn Sie das Gefühl haben, belogen zu werden? Wenn jemand herablassend ist? Wenn jemand etwas zurückhält? Wie heißt es so schön: »Wenn ich hysterisch bin, ist das ein historisches Ereignis.« Sie müssen sich einige dieser Dinge bewusst machen, wenn Sie aufhören wollen, sich selbst zu belügen, denn Selbsttäuschung ist die Methode, die Ihre Psyche anwendet, um schmerzhafte Wahrheiten oder Erkenntnisse von Ihrem Bewusstsein fernzuhalten.

Seien Sie darauf vorbereitet, dass dieser Prozess viel Zeit in Anspruch nehmen wird, wahrscheinlich den Rest Ihres Lebens. Denn wenn Sie anfangen, die ersten Scherben freizulegen, werden Sie feststellen, dass da unten *eine verdammte Stadt* begraben liegt! (Tja – sie heißt Menschsein.) Ihre antiken Fundstücke vorsichtig freizulegen ist Lebensarbeit. Was könnten Sie auch Wichtigeres zu tun haben? Ins Kino gehen? Die Wahrheit macht Sie frei, aber Sie müssen sie auch kennen *wollen.* Das ist das letzte Puzzleteil. Es ist wichtig, Gedanken zuzulassen, die Ihre Angst zu verdrängen versucht. Es ist nicht schwer zu verstehen, weshalb Ihr Unterbewusstsein schmerzhafte Dinge außerhalb Ihres Blickfelds aufbewahrt: Die Wahrheit tut weh. Aber so schmerzlich sie auch sein mag, die Wahrheit schmerzt – bezogen auf das ganze Leben – nur eine Minute. Lügen schmerzen dauerhaft, weil sie einen in Situationen festhalten, die nicht funktionieren.

Also, womit fangen wir an? Eine Möglichkeit besteht darin, sich während einer Tätigkeit, die kein großes Nachdenken erfordert (wie Autofahren, Abspülen, Stricken oder Spazierengehen), die Frage zu stellen: »Was sehe ich nicht?«

Dann vergisst man die Frage erst mal wieder und wendet sich der betreffenden Tätigkeit zu. Während Sie weiter im Garten arbeiten, Wäsche zusammenlegen, das Auto putzen oder was auch immer, kommt vielleicht eine Art von Antwort an die Oberfläche. Manchmal geschieht das in Form eines Bildes, eines Satzes oder eines Wortes. Keine Sorge, falls Sie anfangs nichts erkennen. Wenn Sie sich regelmäßig Fragen stellen wie: »Was muss ich wissen, um in meinem Leben weiterzukommen?«, geraten Sie mit Sicherheit in einen Dialog mit dem Teil Ihres Unterbewusstseins, der Dinge enthält, die Sie wissen, für die Sie aber noch nicht bereit zu sein glauben. Dieser Teil Ihres Unterbewusstseins wartet nur darauf, dass Sie einwilligen, mehr zu wissen. Aber da wir (zumindest scheinbar) einen freien Willen haben, müssen wir darum bitten. Es klingt merkwürdig, funktioniert aber.

Sobald Sie damit zurechtkommen, können Sie es mit dem nächsten Schwierigkeitsgrad versuchen. Bitten Sie sich vor dem Einschlafen um einen Traum, der eine Frage beantwortet, die Sie sich seit Längerem stellen: »Ist Max Mustermann der Richtige für mich? Verdränge ich etwas in Bezug auf Max Mustermann?« Fahren Sie damit fort, bis Sie Klarheit haben. Es wird nicht lange dauern. Ihr Unterbewusstsein offenbart Ihnen das, was Sie wissen müssen, sobald Sie dazu bereit sind.

Eine weitere gute Möglichkeit, mit Ihrem Unterbewusstsein in Kontakt zu treten, ist besonders dann hilfreich, wenn Sie ein gewisses Unbehagen verspüren, aber nicht sicher sind, woher es kommt. Nehmen Sie sich eine halbe Stunde Zeit, legen Sie sich ins Bett und fragen Sie Ihr Unterbewusstsein, was es Ihnen sagen will. Sagen Sie einfach: »Was ist los? Was geht hier vor?« Dann liegen Sie still da und warten, was an die Oberfläche kommt. Achten Sie auf die Gedanken, die Ihnen in den Sinn kommen. Es ist ungefähr so, als ob Sie einen Traum interpretieren würden, aber wenn Sie es regelmäßig tun, werden Sie überrascht sein, wie viele Informationen Sie auf diese Weise über Ihre Beziehungen und Ihr Leben erhalten.

Was Ihnen Ihre ehemalige beste Freundin sagen wollte, aber nicht sagte

Fassen wir Kapitel 8 noch einmal zusammen:

- **Sie sind eine Lügnerin.** Sie sind gegenüber Männern und (was noch wichtiger ist) gegenüber sich selbst nicht ehrlich, und das hindert Sie daran, die Folgen Ihres Verhaltens zu sehen.

- **Seien Sie authentisch.** Einem Mann zu sagen, dass Sie zu einer Bettfreundschaft bereit seien, wenn Sie in Wirklichkeit eine feste Beziehung wollen, ist eine Lüge. Außerdem ist es würdelos – es ist ungefähr so, als ob Sie sich bei einer Firma, die Sie nicht einstellen wollte, als unbezahlte Praktikantin bewerben würden.

- **Achten Sie auf Ihre eigenen Äußerungen.** Wenn Sie sich selbst das Verhalten eines Mannes rechtfertigen, verniedlichen, beschönigen oder bestreiten hören, können Sie sicher sein, dass irgendetwas nicht in Ordnung ist. An diesem Punkt beginnt die Selbsttäuschung. Das bedeutet nicht unbedingt, dass Sie den Mann verlassen müssen. Aber es bedeutet, dass Sie aufwachen müssen.

- **Führen Sie Ausgrabungen durch.** Das ist die beste Möglichkeit, Selbsttäuschung zu vermeiden. Treten Sie aktiv in einen Dialog mit dem Teil Ihres Unterbewusstseins, der die Wahrheit schon kennt. Seien Sie bereit herauszufinden, was sich unter der Ebene Ihres Bewusstseins abspielt.

9. Sie benehmen sich wie ein Kerl

Oder: Wie Sie Ihre Weiblichkeit leben und Ihren eigenen Wert erkennen

1. *Haben Sie manchmal das Gefühl, dass Sie – wenn man vom Sex absieht – gar keinen Mann bräuchten?*
2. *Wenn Sie einen Mann kennenlernen, der Ihnen gefällt, ergreifen Sie dann die Initiative oder versuchen Sie, es ihm leicht zu machen, sich mit Ihnen zu verabreden?*
3. *Gehen Sie manchmal sehr schnell mit einem Mann ins Bett, weil es Ihnen das Gefühl gibt, in einer neuen Beziehung die Kontrolle zu übernehmen?*

Können wir kurz über Beyoncé reden? Nicht darüber, dass sie schön, talentiert, eine Powerfrau und reich ist (und wie reich!). Oder dass sie mit einem sehr berühmten Mann verheiratet ist, mit dem sie gerade ein Baby bekommen hat. (der Herr heißt Jay-Z und das Baby Blue Ivy, falls Sie nicht die *InTouch* lesen.) Oder dass sie es so draufhat, dass es mich nicht überraschen würde, wenn sie und ihre Mutter (neben all dem, was sie mit ihrer eigenen Modelinie anstellen) eine Möglichkeit gefunden hätten, ihre Haare blond nachwachsen zu lassen. Das ist alles sehr interessant, aber nicht der Grund dafür, dass ich in meinem humorvollen, schwesterlichen, spirituell angehauchten und gleichzeitig bodenständigen Ratgeber über die Frage, warum Sie keinen Mann haben, einem Popstar einen ganzen Absatz widme.

Nein, das mache ich, weil Beyoncé eine Art singende, tanzende Antonia Rados ist, die von der Geschlechterfront berichtet. In ihren größten Hits – »Independent Women«, »Run the World (Girls)« und natürlich dem allgegenwärtigen »Single Ladies (Put a Ring on It)« – kommt etwas so Grundlegendes, Weitreichendes, Wichtiges und *Korrigierbares* in Bezug auf moderne Frauen zum Ausdruck, dass ich dem ein ganzes Kapitel widmen möchte.

Dieses Etwas trägt – falls vom Rest nichts so wirklich auf Sie zutrifft und Sie zu vermuten beginnen, dass Sie durch etwas völlig Unbegreifliches daran gehindert werden, eine Beziehung einzugehen – mit 97-prozentiger Sicherheit zumindest zum Teil (und wahrscheinlich zu einem großen Teil) zu Ihrem Singledasein bei. Damit meine ich die Tatsache, *dass Sie sich wie ein Kerl benehmen.*

Hören Sie bei den Beyoncé-Songs genauer hin. Die Frauen, um die es darin geht, sind völlig unabhängig. Sie verdienen Geld, kaufen sich, was sie brauchen, haben Sex und schicken den Mann hinterher nach Hause. Das ist nicht grundsätzlich schlecht. Und wir müssen auch nicht alle eine Zeitreise in die Vergangenheit machen, als Frauen noch völlig von Männern abhängig waren. Aber überrascht es irgendjemanden, dass der Typ in »Single Ladies« der Frau keinen

Ring ansteckt? Die Frage müsste eigentlich lauten: Warum sollte er es tun? Sie braucht ihn doch gar nicht! Jeder weiß, dass Männer Dinge gern selbst anpacken und nicht nur herumsitzen und Frauen dabei zusehen, wie sie es tun.

Diese ganze Geschichte mit dem »vermännlichten« Verhalten bringt mich zu einem der großen Geheimnisse in der Welt der Geschlechterbeziehungen und einem der Gründe dafür, dass ich mit Sicherheit behaupten kann, dass Sie Ihrem vollkommen unvollkommenen Partner viel näher sind, als Sie glauben. Sie müssen keine Titelblatt-Schönheit sein, um einen guten Partner zu finden. Sie können eine ganz normale Frau von nebenan sein, aber wenn Sie diese eine Sache haben, von der ein ganzes Kapitel lang die Rede sein wird, werden Sie feststellen, dass Männer sich in einer Weise zu Ihnen hingezogen fühlen, wie es noch nie der Fall gewesen ist.

Die gute Nachricht ist, dass Sie *diese Sache schon besitzen.* Jede Frau besitzt sie. Sie wurden damit geboren. Sie müssen sie einfach nur … zulassen.

Worum es wirklich geht

Ich spreche vom Weiblichen in Ihnen. Manche Leute nennen es die »weibliche Energie«, das »weibliche Prinzip«, das »heilige Weibliche« oder gar etwas Lächerliches wie die »wilde Frau in uns«. Gemeint ist immer dasselbe: Es geht darum, im *weiblichen Aspekt des Lebens* verwurzelt zu sein.

Was ist das Weibliche? Nun, dabei geht es nicht (unbedingt) um Rüschen, hohe Absätze oder Einhörner und Regenbögen. Das Weibliche, von dem ich spreche, ist etwas, das sowohl Männer als auch Frauen besitzen, wie auch beide Geschlechter das Männliche besitzen. So, wie die Erde einen Nord- und einen Südpol hat – Gegensätze ziehen sich an.

Die Chinesen haben ein Symbol dafür, das diese Polarität zwischen dem Männlichen und dem Weiblichen verdeutlicht – das Yin-Yang-Symbol. Sie kennen es sicher aus dem Buchladen (gleich neben den Kristallen) oder als Tattoo bei einer Frau, die nach Patschuli duftet. Es sieht so aus:

Yin = das Weibliche. Yang = das Männliche. In der östlichen Philosophie sind diese beiden »Dinge« (ich verwende dieses Wort hier in einer sehr weit gefassten Bedeutung) nicht voneinander getrennt oder einander entgegengesetzt, sondern sie hängen zusammen, sind Teil eines Ganzen, schwimmen umeinander herum, jagen hintereinander her, sind nicht voneinander zu trennen. Sie sind scheinbar gegensätzliche Energien, die in Wirklichkeit miteinander verbunden sind, wie die beiden Enden einer Wippe. Intime Beziehungen beinhalten immer ein Zusammenspiel dieser beiden Kräfte, des Männlichen und des Weiblichen. In einer Beziehung können die beiden Partner nicht gleichzeitig dieselbe Rolle spielen, genauso wenig wie sich beim Standardtanz beide Tanzpartner gleichzeitig rückwärtsbewegen oder zwei Menschen gleichzeitig ein Auto lenken können. Das hat nicht einmal mit der sexuellen Orientierung zu tun. Es gilt sowohl für gleichgeschlechtliche Paare (bei denen einer die feminine und einer die maskuline Rolle innehat) als auch für heterosexuelle Paare.

Wahrscheinlich wissen Sie schon intuitiv, worin diese beiden Energien zum Ausdruck kommen, aber ich will sie Ihnen noch ein wenig ausführlicher beschreiben. Das Männliche erobert Dinge. Es beurteilt Dinge rational (statt sich an Gefühlen zu orientieren), argumentiert, baut Brücken und Wolkenkratzer, behält den Punktestand im Auge, verdient Geld, fliegt zum Mond und spielt, um zu gewinnen. Es ist hart und trocken. Es bevorzugt die Leere: in einer Männerhöhle, als Zuschauer bei einem Spiel, in einem Raum mit anderen Kerlen, ohne viel reden zu müssen. Vor allem will es frei sein.

Das Weibliche ist der Grund dafür, dass Sie dieses Buch lesen. Es kreist um Beziehungen, Verbindungen, den Impuls zu lieben und zu nähren. Das Weibliche will ein Nest bauen, einen Garten pflegen, Kinder aufziehen, Gardinen aufhängen und die Menschen in seiner Umgebung intuitiv verstehen. Es fühlt sich in der Gemeinschaft (besonders mit anderen Frauen) wohl und will eine Gesellschaft aufbauen, indem es dem Männlichen Grenzen setzt, das ohne das weibliche Korrektiv dazu neigt, Menschen und Dinge (wie zum Beispiel den Planeten) als Ressourcen zu betrachten, die man ausbeutet, statt sie zu pflegen. Das Weibliche ist weich, wild, unberechenbar und schön – wie die Natur. Vor allem will das Weibliche lieben. Im Beziehungskontext ziehen sich diese beiden Energien an. Und setzen gegenseitig ihre Kräfte frei.

Es geht um Folgendes: Wenn Sie eine moderne Frau sind, die jeden Tag zur Arbeit geht und sich darauf konzentriert, Aufgaben auf eine direkte, lineare, fokussierte Weise zu erledigen, verbringen Sie den größten Teil Ihrer wachen Zeit im männlichen Element. Wenn das der Fall ist und Sie nichts tun, um das weibliche Element in Ihnen aufzubauen, haben Sie in den Dreißigern einem Mann mehr zu bieten als je zuvor – sind aber scheinbar weniger denn je in der Lage, eine Anziehungskraft auf ihn auszuüben. Das liegt nicht am Älterwerden, sondern daran, dass Ihre männliche Seite überentwickelt ist.

So etwas ist oft bei Karrierefrauen der Fall (und das sage ich als Karrierefrau). Dieselben Eigenschaften, die man braucht, um im Beruf erfolgreich zu sein, sind in Bezug auf die Partnersuche ausgesprochen hinderlich. Das heißt nicht, dass Frauen meiner Meinung nach ihren Beruf aufgeben und sich einer Strickrunde anschließen sollten. Das wäre zu einfach gedacht. Ich denke vielmehr, dass das Weibliche ein Geschenk ist, das Sie – als Frau in Ihrer Beziehung – (wahrscheinlich unwissentlich) mitzubringen versprochen haben (so, wie man einen Kuchen zum Kaffeekränzchen mitbringt). Ein Mann *könnte* es mitbringen, wird es aber im Allgemeinen nicht tun. Und auch nicht tun wollen.

Wenn Sie versuchen, eine Beziehung aus dem Männlichen heraus zu führen, ist das meiner Meinung nach so, als ob ein Rechtshänder versuchen würde, mit der linken Hand zu schreiben – es ist möglich, hat aber keinen rechten Fluss. Das Männliche ist nicht das Kraftzentrum einer Frau.

Wie gelingt es Ihnen, aus dem Weiblichen heraus zu agieren? Nun, anfangs wird das Ausleben des Weiblichen in einer Beziehung bedeuten, das Gegenteil von dem zu tun, was Ihnen so selbstverständlich erscheint, dass es Ihnen wahrscheinlich nicht einmal bewusst ist. Das wird Ihnen anfangs ziemlich schwerfallen. Hier einige Beispiele:

1. **Sie müssen bereit sein, ihn zu brauchen.** Ich habe vorhin schon erwähnt, dass Männer Dinge gerne selbst anpacken – und das stimmt auch. Aber der Wunsch, etwas zu *tun,* basiert auf einem tieferen Bedürfnis: Ihnen nützlich zu sein. Und wenn Sie einen Mann nicht brauchen, kann er Ihnen nicht nützlich sein. Wenn ich von »brauchen« rede, meine ich nicht, dass Sie hilfsbedürftig sein müssen, sondern dass Sie zulassen, dass er Ihnen dient, dass er wichtig für Sie ist, dass er einen Platz in Ihrem Herzen – und Ihrem Körper – einnimmt, sodass es Ihnen wehtäte, wenn er ginge. Wenn er Sie nicht verletzen kann, ist Ihr Verteidigungswall noch zu hoch.

2. **Sie müssen aufhören, recht haben zu wollen.** Falls Sie sind wie ich, fällt Ihnen das sehr schwer. Wenn Sie im Gespräch mit einem Mann versuchen, recht zu behalten, sind Sie in Ihrer männlichen Energie. Das ist bei der Arbeit in Ordnung, aber mit Ihren Arbeitskollegen wollen Sie wahrscheinlich auch keinen Sex haben. In Ihrer Beziehung zu einem Mann haben Sie ein anderes Ziel – zu lieben. Um es einfach auszudrücken: Rechthaberei schafft keine Liebe. Sie betont per definitionem die Unterschiede. Manchmal kann ein gutes Streitgespräch in einer Beziehung stimulierend wirken, solange die Liebe im Gespräch wichtiger ist als die Auseinandersetzung oder das Bedürfnis, recht zu haben.

3. **Sie müssen sich öffnen.** Eine weitere Voraussetzung für eine Liebesbeziehung ist Offenheit. Das ist gar nicht so einfach. Unser Leben ist hektisch und stressig, und es gibt

täglich Millionen kleiner Dinge, die dazu führen, dass wir uns verschließen wollen: die Fahrt zur Arbeit, Steuern und das Arschloch im Vertrieb, um nur einige zu nennen. Wenn Sie mehr Liebe in Ihr Leben holen wollen, müssen Sie üben, offen zu sein. Stellen Sie sich vor, Ihr Herz verströme ein rosa Licht. Drehen Sie das Licht voll auf und *leuchten Sie.* Richten Sie den Strahl überallhin, so, als ob Sie ein rosa Leuchtturm seien. Ich weiß, dass das kitschig klingt. Aber es wird Sie geradezu schockieren, wie unmittelbar die Reaktion darauf sein wird. Männer werden sich in Scharen zu Ihnen hingezogen fühlen. Und Frauen und Kinder ebenso.

Wenn ich dieses ganze weibliche Prinzip mit zwei Wörtern ausdrücken sollte, wäre es »weich werden«, das heißt, sich nicht mehr schützen oder verteidigen. Das ist eine ziemlich radikale Forderung. Die meisten Menschen glauben, sich davor schützen zu müssen, verletzt zu werden. Aber wenn Sie sich ganz mit Ihrer Weiblichkeit identifizieren, ist das nicht mehr nötig.

Sie können dieses Risiko dann aus mehreren Gründen eingehen. Zum einen müssen Sie sich nicht mehr so sehr wie bisher schützen, wenn Sie sich selbst lieben und nur mit Männern, von denen Sie schon wissen, dass sie zu einer Beziehung mit Ihnen bereit sind, eine tiefe sexuelle Beziehung eingehen. Sie sind sich dann bewusst, dass Ihr Mann Sie liebt und Ihnen den Rücken stärkt, weil Sie das geklärt haben, *bevor* Sie eine enge Bindung zu ihm eingegangen sind. Das heißt nicht, dass er Sie nie verletzen wird – aber das wird er nicht kalt und achtlos tun, wie es der Fall sein könnte, wenn er nur eine unverbindliche Beziehung zu Ihnen hätte.

Noch wichtiger ist allerdings, dass Sie Ihre Verbindung zum Ungreifbaren und Unsichtbaren – zur Quelle aller Dinge – stärken, wenn Sie Ihre weibliche Seite bewusst leben. Davon wird in Kapitel 10 noch mehr die Rede sein. Im Augenblick bedeutet es vor allem, dass Sie *niemals wirklich verletzt werden können.* Niemand kann wirklich verletzt werden. Denn es gibt in jedem Menschen einen Ort, der sicher ist, was auch immer geschieht. Dieser sichere Ort ist nicht von der Welt abgeschottet, sondern er liegt jenseits dieser Welt. Es ist ein Ort endloser Liebe, dessen Sie sich bewusst sind, wenn Sie tief in Ihrem weiblichen Element leben. Das ist das, worin Sie verwurzelt sind, und der Grund dafür, dass Sie im Leben Ihres Mannes, Ihrer Kinder und aller anderen Menschen um Sie herum die Kraft der Liebe wirken lassen können – auch wenn die Toilette verstopft ist und nichts zum Abendessen im Kühlschrank ist. Weil Sie mit etwas Höherem *verbunden* sind.

Vielleicht halten Sie all das, wovon ich hier rede, für ziemlich abwegig, aber den sicheren Ort, den ich erwähnt habe, besitzen Sie bereits. Er ist in Ihnen. Es ist einfach nur so, dass unsere besonderen Gaben – unsere Intuition, unser gefühlsorientiertes Denken, unsere Beziehungsfähigkeit und unsere Fähigkeit, das *anzuziehen,* was wir brauchen, das Unbegreifliche zu sehen und eine Quelle des Lebens zu sein – in der Welt nicht so wertgeschätzt werden wie die Raumfahrt, die Naturwissenschaften, die Finanzmärkte, Tore im Fußball oder die männliche Lebensweise generell. Im technischen Zeitalter haben viele Frauen die weiblichen Aspekte unseres Daseins vernachlässigt. Nicht absichtlich. Wir haben einfach vergessen, worin sie bestehen, wie sie in Beziehungen funktionieren und weshalb wir sie brauchen – zum Teil, weil es keine Generation gab, die das kollektive Wissen an uns weitergab. So wie ich ein Buch kaufen musste, um herauszufinden, wie man ein Baby stillt.

Es ist jetzt an der Zeit, all das zurückzugewinnen, denn sonst fehlt unseren Beziehungen eine wesentliche Zutat. Das Gute ist, dass Sie, indem Sie diese Zutat in sich selbst entwickeln und in Ihre Beziehungen zu Männern einbringen, sie gleichzeitig auch in die Welt tragen. Ein Mann, der einer Frau begegnet, mit einer Frau lebt und/oder eine Frau liebt, die sich Ihres weiblichen Anteils sehr bewusst und darin verwurzelt ist, ist, einfach ausgedrückt, ein besserer, bewussterer und stärker geerdeter Mann.

Warum Valerie keinen Mann hat

Meine Freundin Valerie ahnt nicht einmal, dass ihre Partnersuche dadurch erschwert wird, dass sie ihre männliche Seite zu stark auslebt. Das Problem ist nicht, dass sie einen tollen Job im Vertrieb eines Radiosenders hat und sehr gut verdient. Auch nicht, dass sie sehr sportlich ist, nur Hosen trägt, auf Berge steigt, kurze Haare hat oder sonst irgendetwas tut, das dem traditionellen männlichen Rollenklischee entspricht. Diese Dinge sind vielleicht »männlich«, wirken sich aber nicht unbedingt nachteilig auf ihre Beziehungen zu Männern aus.

Dass Valerie ihre männliche Seite zu stark auslebt, sage ich deswegen, weil sie keine Vorstellung davon zu haben scheint, was es heißt, einen Mann *auf sie zugehen zu lassen.* Sie sieht sich selbst nicht als jemanden, der eine Anziehungskraft ausübt, sondern als jemanden, der Dinge anpackt. Jemanden, der herausfindet, was er will, und dann die erforderlichen Schritte unternimmt, um sein Ziel zu erreichen. Und dieses Konzept überträgt sie auf die Partnersuche. Wenn Valerie bei einer Party eintrifft, lässt sie ihren Blick umherschweifen, um festzustellen, welcher Mann interessant aussieht. Wenn ein Mann ihr Interesse findet, zögert sie oft nicht, direkt auf ihn zuzusteuern und ihn anzusprechen. Sie gibt Männern ihre Telefonnummer, und wenn sie nicht anrufen, ruft sie selbst an oder schickt SMS oder E-Mails. Manchmal gehen sie mit ihr aus, und manchmal gehen sie auch mit ihr ins Bett. Diese Verabredungen sieht sie als Erfolge an.

Ich sehe das etwas anders! Dieser Umgangsstil ist für eine Frau in Ordnung, die eine Weile ihren Spaß mit Männern haben will, aber sie führt nicht zu einer dauerhaften Partnerschaft. Wenn sie sich Letzteres wünscht, muss Valerie ihre Weiblichkeit kultivieren, oder wie mein Fernsehagent sagen würde: Sie muss die Dinge auf sich zukommen lassen. Aber Valerie ist davon überzeugt, dass es in Ordnung ist, wenn Frauen Männer anrufen – sie hält Geschlechterrollen für überholt und sagt, dass sie keine »Spiele spielen« will. Nach ihrer Auffassung bedeutet Gleichberechtigung, dass Frauen sich in jedem Lebensbereich wie Männer verhalten. Valerie scheint sich nicht über die Tatsache im Klaren zu sein, dass in mehr als einem Jahrzehnt des »gleichberechtigten« Umgangs mit Männern keiner der von ihr initiierten Kontakte zu einer festen Beziehung geführt hat. (Ich weiß, dass es in dieser Hinsicht Ausnahmen gibt, aber wie gesagt, wenn Sie dieses Buch lesen, trifft das auf Sie wahrscheinlich nicht zu.)

Die meisten Männer finden Valeries Verhalten bei der Partnersuche nicht attraktiv. Das heißt nicht, dass Valerie äußerlich nicht attraktiv wäre (denn das ist sie). Die Frage ist nur, welche der Millionen Partikel, die da draußen herumschwirren, an Valerie hängen bleiben werden?

Oder versuchen wir es mit einer anderen Metapher. Eine Beziehung ähnelt den Batterien in …, nun, sagen wir mal in einem Vibrator. Es gibt eine Plusseite (männlich) und eine Minusseite (weiblich). Damit das Ding anspringt, müssen sich die Plus- und die Minusseite berühren. Bei zwei Plusseiten passiert gar nichts. Bei zwei Minusseiten auch nicht. Die unterschiedlichen Energien müssen mit ihren jeweiligen Gegenenergien in Berührung kommen, damit Strom fließt. Das Ding kann *Sie* nicht in Fahrt bringen, wenn es nicht zuerst selbst in Fahrt kommt.

Valerie »plust« ihre Beziehungen gewissermaßen zu Tode.

Aus meinem Leben als Ehefrau, nicht ganz erfolgreiche Partnersuchende und Mutter

Als meine Karriere als Ehefrau begann, lebte ich meine Weiblichkeit auf ganz natürliche Weise. Warum? Weil ich erst 19 war. Ich wirbelte noch wie der Ozean herum (Wasser ist ein mächtiges Yin-Symbol) und fragte mich, was ich mit meinem Leben anfangen sollte. Es überrascht nicht, dass ich damals den maskulinen Typ anzog, der mein erster Ehemann wurde. Er war gerade in ein expandierendes Unternehmen eingetreten und kletterte, so schnell er konnte, die Karriereleiter hinauf (Hierarchien sind eine männliche Angelegenheit). Zweifellos gefiel ihm die Vorstellung, dass er für mich sorgen konnte, und zweifellos gab es ihm das Gefühl, stark zu sein, ein Mann zu sein. Ja, das ist eine einfache Definition des Mannseins – aber im Grunde ist es eine Definition, mit der viele Menschen arbeiten. Insbesondere Männer.

Zehn Jahre später hatte ich eine viel stärkere Position im Leben. Ich hatte mich mit 22 von meinem ersten Mann scheiden lassen, einen College-Abschluss erworben, an verschiedenen Orten gewohnt, Geld verdient und eine ziemlich beachtliche Karriere als Nachrichtenautorin hingelegt. Bis auf eine Sache ging es mir gut: Nachdem ich praktisch ständig Beziehungen gehabt hatte, seit ich 15 war, fiel es mir plötzlich schwer, jemanden zu finden – gerade als ich mich für eine feste Partnerschaft und Familiengründung bereit fühlte. Ich hatte keine Ahnung, woran es lag.

Ich wusste nur, dass bei Frauen, die ich für schwach und passiv hielt, in dieser Hinsicht viel mehr los war. Und das machte mich wütend. Ich wollte mich diesen Frauen überlegen fühlen, denn was brachten sie schon zustande? Aber das mit dem Überlegenheitsgefühl klappte nicht, weil sie bei Männern so viel erfolgreicher als ich waren. So ungern ich es mir eingestand – Erfolg bei Männern war mir wichtig. Ich wollte begehrt werden.

Etwa zu dieser Zeit begann ich, mich mit dem *I Ging* und dem heiligen Weiblichen zu beschäftigen, und ich erkannte, was mir fehlte. Es war nicht so, dass ich hilfloser werden oder mich selbst in irgendeiner Weise »kleiner« machen musste, sondern dass ich mich stärker erden musste. Ich musste meine Weiblichkeit entwickeln.

Anfangs gefiel mir diese Vorstellung überhaupt nicht.

Schließlich hielt ich mich für eine Feministin, auch wenn ich Mitte der Neunzigerjahre nicht mehr ganz sicher war, was das eigentlich bedeutete. Andererseits wusste ich, dass das, was ich tat, absolut nicht funktionierte. Trotzdem wollte ich nicht »einknicken« und machte deshalb noch einige Jahre so weiter wie zuvor – mit dem Gefühl, es so oder so nicht richtig machen zu können.

Dann hatte ich das Glück, von einem sehr netten Mann geschwängert zu werden, mit dem ich seit einiger Zeit ausging, und neun Monate später brachte ich einen bildhübschen Jungen zur Welt. Und im Zuge der erzwungenen Unterwerfung, die auch als Mutterschaft bekannt ist, lernte ich aus erster Hand, was es wirklich bedeutet, aus der Kraft des Weiblichen heraus zu leben.

Als Mutter musste ich lernen, Ziele, Pläne und meine eigenen Vorstellungen loszulassen. Ich trat in eine Welt der Zyklen (statt Terminpläne) ein: füttern, schlafen, wachen und spielen. Ich musste einen ganz anderen Teil von mir aktivieren: den Teil, der Dinge intuitiv versteht, der ein Baby im Nebenzimmer atmen hören kann und der imstande ist, einen leckeren Abendbrotteller anzurichten. Ich fing an, ein kreatives Zentrum in mir selbst zu finden – ich wurde Mitglied einer Band, fing an, Songs zu schreiben, legte einen schönen Garten an und lernte, meine Wohnung sauber zu halten. Alle diese Dinge hatten mich völlig kalt gelassen, solange ich noch eine maskuline, schick angezogene Karrierefrau gewesen war.

Der große Schock kam, als ich einige Jahre später wieder Single war, die Situation dieses Mal aber völlig anders erlebte. Plötzlich wollten viele Männer mit mir ausgehen. Woran das nur lag?

Damit er ein besserer Mensch sein will

Meine Freundin Lucia hatte kürzlich ein interessantes Problem bei einer ihrer Verabredungen, das mich über das Verwurzeltsein im Weiblichen nachdenken ließ. Sie hatte ein Blind Date mit einem sehr attraktiven, erfolgreichen Geschäftsmann, der gleichzeitig Frauen damit beeindrucken konnte, dass er an der Uni Lyrik als Hauptfach belegt hatte. Jede Menge Kohle **und** dazu noch sensibel? Lass uns Brautkleider anschauen gehen!
Aber dieser Mann tat etwas wirklich Uncooles. Er und Lucia hatten sich per E-Mail für den Dienstag der folgenden Woche verabredet, und dann hörte sie erst wieder um 0.30 Uhr an ebenjenem Dienstag (also eigentlich erst Mittwoch) von ihm. Der Lyrik-Mann teilte ihr (natürlich in poetischen Worten) mit, dass ihm ein wichtiges Abendessen mit Kollegen dazwischengekommen sei, und schlug vor, sich stattdessen Mittwochabend (also eigentlich am selben Tag) auf einen Drink zu treffen.
Lucia fragte mich, was sie tun solle. Daraufhin schickte ich ihr die folgende E-Mail:

Liebe Lucia,

zunächst einmal ist das ziemlich mies. Er weiß, dass Dienstag vereinbart war, und deshalb hat er eine Ausrede und meldet sich erst nach Mitternacht. Also wozu um den heißen Brei herumreden? Ich wäre vollkommen ehrlich zu ihm. Wenn ich intuitiv das Gefühl hätte, dass

wirklich etwas an ihm dran sein könnte, würde ich die Einladung zum Drink annehmen und dann die Sache direkt ansprechen:

Du: Ich wäre heute beinahe nicht zu dieser Verabredung gekommen.
(Lächeln)
Er: Wirklich? Warum denn?
Du: Weil ich es ziemlich mies fand, dass du mir gestern erst nach Mitternacht per E-Mail abgesagt und mich dann für heute (eigentlich denselben Tag) zu einem Drink eingeladen hast.
Er: (sprachlos)
Du: Normalerweise würde ich in so einem Fall nicht einmal antworten, aber du hattest Lyrik als Hauptfach, und ich dachte, vielleicht ist ja doch was dran ... Ich gebe dir noch eine Chance. Aber ... (Lächeln) ich möchte von Anfang an klarstellen, dass es mir nicht passt, wie es bisher gelaufen ist. (Lächeln)

Darauf wird er wahrscheinlich eine von zwei möglichen Reaktionen zeigen. Entweder (1) begreift er es und verhält sich in Zukunft anständiger, weil er glaubt, dass du die Richtige für ihn bist. Oder (2) er meldet sich nie wieder. In beiden Fällen hast du gewonnen. Ich

bezweifle stark, dass er (3) weiter mit dir ausgehen und sich weiterhin mies verhalten wird, obwohl es ein paar arrogante Mistkerle gibt, die glauben, sich das leisten zu können. Und ein erfolgreicher Geschäftsmann könnte zu dieser Kategorie gehören! Denk einfach dran, dich selbst mehr zu lieben als ihn.
Liebe Grüße
Tracy

Wir tauschten insgesamt 16 E-Mails aus, und ich erklärte Lucia, dass dieser Mann genau jetzt die Gelegenheit habe herauszufinden, ob sie ihm sein inakzeptables Verhalten durchgehen lassen würde. Würde sie es tun, wüsste er, dass er sich in einer Beziehung mit ihr immer gehen lassen könnte. Würde sie es nicht tun, müsste er sich entweder gewaltig am Riemen reißen oder er könnte einpacken.
Ich bin fest davon überzeugt, dass Männer sich eine Frau wünschen, die sie dazu zwingt, sich anständig zu benehmen. Deshalb hat Jack Nicholson einen Oscar dafür bekommen, dass er Helen Hunt in »Besser geht's nicht« gesagt hat, sie habe ihn dazu gebracht, ein besserer Mensch sein zu wollen. Vom Weiblichen geht etwas aus, das einen Mann anspornt – was wir alle intuitiv verstehen.
Und was Lucia betrifft – sie hat die Sache auf sich beruhen lassen, ohne die Einladung zum Drink anzunehmen. Eine starke Frau.

Was Sie über Männer wissen sollten

Schöner war ich nicht geworden, und da ich jetzt Mutter war, hatte ich auch noch einen unbändigen Dreijährigen im Schlepptau (und war wahrhaftig keine Jungfrau mehr). Warum also fanden mich Männer plötzlich attraktiv? (Davor hätte ich mir nicht mal Chlamydien einfangen können, wenn ich es darauf angelegt hätte.) Was hatte sich verändert?

Um es kurz zu machen: *Ich* hatte mich verändert.

Jetzt konnte ich nicht nur einen Abendbrotteller anrichten, sondern mich auf einen anderen Menschen – zum Beispiel einen Mann – *einstellen.* Ich konnte mit jemandem umgehen, der nicht auf mich fokussiert war, ja, der mich vielleicht nicht einmal glücklich machte (Letzteres war besonders wichtig). Ich konnte mit jemandem umgehen, der Trotzanfälle hatte oder etwas zu essen brauchte oder nur mithilfe von Gesten kommunizierte. Bitte verstehen Sie mich nicht falsch. Ich will damit nicht sagen, dass Männer wie Kinder sind (obwohl es nicht schlimm wäre, das zu sagen, denn schließlich steckt in *jedem* Menschen ein Kind). Worauf ich hinauswill, ist, dass eine Frau, die im Umgang mit einem manchmal sehr unvernünftigen Menschen ihre Gefühle im Griff hat, eine gute Voraussetzung für eine feste Partnerschaft mitbringt. Und bevor ich meinen weiblichen Anteil entwickelte, war ich dazu nicht in der Lage.

Das bescherte mir eine große Offenbarung in Bezug auf Männer: *Sie brauchen uns.*

Ja, ich kenne das Klischee, wonach Männer am liebsten jede Nacht mit einer anderen Frau Sex haben würden. Auf einer bestimmten Ebene (der animalischen Ebene) entspricht das vielleicht sogar der Wahrheit. (Da ich dem Animalischen ebenso wenig abgeneigt bin wie die meisten anderen Menschen, halte ich das nicht für etwas grundsätzlich Schlechtes.) Aber davon abgesehen stellt sich doch die Frage: Warum tun sie es nicht? Warum würde sich überhaupt je ein Mann auf die Ehe einlassen? Heutzutage muss doch wirklich niemand mehr heiraten.

Ich glaube, die Antwort darauf lautet, dass es etwas geben muss, das Männer sich noch mehr wünschen als Sex mit möglichst vielen verschiedenen Frauen. Etwas, das sie brauchen. Und das ist eine zuverlässige Quelle weiblicher Energie in ihrem Leben, die ihnen hilft, sich emotional und spirituell zu verwurzeln und etwas nach außen zu tragen. (Na gut, nicht alle. George Clooney fährt offensichtlich ganz gut damit, sich alle zwei Jahre eine neue Freundin in den Dreißigern zuzulegen.) Und wenn sie keine andere Quelle weiblicher Energie in ihrem Leben haben (weil sie beispielsweise als Surfer viel Zeit auf dem Meer verbringen oder durch eine kreative Aktivität wie das Musikmachen in einer Band genährt werden), finden die meisten Männer diese Energie bei ihrer Frau.

Das gilt auch für die biologische Ebene. Wenn ein Mann sein, äh, Sperma, auf dem Boden verteilt, passiert nichts. Dann ist es einfach nur weißes Zeug. Aber wenn er es in einem schönen weiblichen Körper deponiert, na ja, dann werden daraus Babys. Dann schaffen es seine Gene in die nächste Generation. Genauso ist es mit seiner Arbeit. Mit dem, was er in die Welt tragen möchte. In einer guten Beziehung klinkt sich der Mann in das fruchtbare Weibliche ein und kann mehr erreichen, als er allein erreichen könnte. Das ist die grundlegende Bedeutung des Satzes: »Hinter jedem starken Mann steht eine starke Frau.«

Jetzt fragen Sie sich sicher, wie Sie eine dieser Frauen mit der großen weiblichen Energie werden können.

Was Sie ändern müssen

Nun, Sie müssen nicht wie ich Mutter werden, obwohl das eine gute Möglichkeit ist, das Weibliche zu kultivieren. Eigentlich geht es nur darum, Ihre Batterie jeden Tag wenigstens zeitweise von Plus auf Minus zu drehen. Idealerweise lernen Sie, zwischen dem Männlichen und dem Weiblichen zu wechseln, je nachdem, welche Energie in einer bestimmten Situation gefordert ist. Das ist so, als ob Sie Beidhänder wären.

Ich möchte Ihnen drei wirklich einfache Methoden vorschlagen, die Sie anwenden können, um Ihre Selbstwahrnehmung mehr in Richtung des Weiblichen zu verändern:

1. **Sie üben eine Anziehungskraft aus.** Sie sollten lernen, Ihre eigene Anziehungskraft wahrzunehmen. Fangen Sie an, darauf zu achten, in welcher Weise Sie schon jetzt Menschen und Vorstellungen und Dinge anziehen. Machen Sie beispielsweise heute in Ihrer Mittagspause ein Experiment. Nehmen Sie sich selbst bewusst wahr, während Sie an der Essensausgabe anstehen, sich an den Tisch setzen und essen. Achten Sie darauf, wer Sie ansieht. Wer nimmt Ihre Energie wahr und fühlt sich von ihr *angezogen?* Wenn Sie das Gefühl haben, dass jemand sich

zu Ihnen hingezogen fühlt (ganz gleich, ob es ein Mann, eine Frau, ein älterer Mensch, ein Baby oder gar ein Hund ist) – lächeln Sie! Bejahen Sie die Tatsache, dass Sie ein attraktives Wesen sind. Genießen Sie das Gefühl. Denken Sie daran: Das Weibliche fühlt. Es ist auf der Ebene des Fühlens und Empfindens aktiv.

2. **Sie sind etwas Wertvolles.** Während Sie Ihre eigene Anziehungskraft wahrzunehmen beginnen, versuchen Sie, sich selbst als etwas Wertvolles zu sehen. Denn das sind Sie! Sie haben das, was jeder Mann auf dem Planeten braucht, um seine beiden Ambitionen zu realisieren: seine Gene weiterzugeben und in der Welt etwas zu erschaffen. Sie müssen anfangen, sich selbst als Quelle dieser wirklich starken Energie wahrzunehmen. Diese Energie wird von Ihnen aufgebaut – »aufgeladen«, wenn Sie so wollen –, während Sie das Weibliche in Ihnen weiterentwickeln. Wenn Sie lernen, sich selbst als etwas Wertvolles wahrzunehmen, können Sie auch Männern gegenüber eine ganz neue Haltung einnehmen. Und zwar folgende …

3. **Lassen Sie die Dinge auf sich zukommen.** Biologisch ausgedrückt, sind Sie die Eizelle. Wie der Rapper Eminem in seinem autobiografischen Film *8 Mile* bekommt die Eizelle nur eine Chance und sollte sie daher gut nutzen. Die Eizelle muss extrem wählerisch in Bezug auf die Samenzelle sein, die sie hereinlässt. Von allen Spermien, die zu ihr vorzudringen versuchen, will die Eizelle nur dasjenige, das den Job am besten erledigt.

Eine Frau, die in ihrer Weiblichkeit verwurzelt ist, versteht, dass ihre Investition in ihre Eizelle viel, viel höher als die Investition des Mannes in sein Sperma ist. Männer sind Samenfabriken: Sie produzieren jeden Tag etwa 56 Zillionen dieser kleinen Dinger. Sie dagegen haben nur ein Ei pro Monat zur Verfügung, und wenn Sie es von jemandem befruchten lassen, investieren Sie mindestens 18 Jahre in diese Eizelle. Natürlich müssen Sie wählerisch sein.

Deshalb möchte ich, dass Valerie sich nicht mehr so verhält, als ob die Spermien das Wertvollste seien. Spermien sind billig. Eizellen sind der Hauptgewinn! Sie (und Valerie) brauchen nicht zu wissen, ob ein Mann mit Ihnen vögeln (und somit seinen Samen spenden) will, denn die Antwort lautet sicher Ja! Die Frage ist, *ob dieser Mann Ihre Eizelle durch das Studium bringt.* Und wenn ein Mann sich nicht einmal die Mühe macht, Sie anzurufen oder den Raum zu durchqueren, um sich mit Ihnen zu unterhalten, können Sie davon ausgehen, dass die Antwort ein dickes, fettes Nein ist.

Sie müssen es einem Mann von jetzt an nicht mehr leicht machen, mit Ihnen auszugehen. Ich verspreche Ihnen, dass ein Mann, der von der intuitiven Einsicht getroffen wurde, dass Sie das sind, was er braucht (die Quelle weiblicher Energie), Berge versetzen und sich mit ganzen Wagenladungen Ihres Mists abfinden wird, um mit Ihnen zusammen zu sein. Denn so sind Männer: Wenn sie zu der Überzeugung gelangt sind, dass sie etwas wollen, sind sie nicht so leicht davon abzubringen.

Lassen Sie mich noch eines sagen: Männer fühlen sich durch eine in ihrer Weiblichkeit verwurzelte Frau gestärkt. Es geht nicht nur darum, ihn anzulocken. Es geht auch um die

Lassen Sie sich nicht seine Karte geben

Wenn ein Mann mir seine Telefonnummer gibt und mich bittet, ihn anzurufen, schüttle ich den Kopf und lächle süß. Und dann sage ich geradeheraus: »Oh, ich rufe Männer nicht an.« Das weckt unweigerlich ihre Aufmerksamkeit. Meistens neigen sie den Kopf und schauen mich an. Weil sie spüren, dass hier etwas anders läuft. Anders, als sie es gewohnt sind.

Ich glaube auch, dass sie sich sofort mehr zu mir hingezogen fühlen. Nicht unbedingt im sexuellen Sinn. Es ist eher so, dass ein Mann »näher kommen« muss, um herauszufinden, warum ich ihm sage, dass ich nicht (niemals) die Absicht habe, ihn anzurufen. Es stimmt, dass Männer Herausforderungen lieben, und wenn man ihnen sagt, dass sie etwas tun müssen, um überhaupt in Betracht gezogen zu werden, werden sie sofort neugierig. Auch Männer, die den Umgang mit Frauen, die von dieser Warte aus an die Partnersuche herangehen, nicht gewohnt sind, reagieren fast immer darauf.

Das ist das Yin und Yang der ganzen Sache. Wenn Sie von Ihrer weiblichen Seite aus agieren, reagiert ein Mann entweder von seiner männlichen Seite aus oder er fühlt sich verunsichert und geht. Wenn er geht, bitte schön. Sie wollen keine Beziehung zu einem Mann, der sich sein Leben lang so verhalten wird, als ob er Ihnen seine Karte geben und Sie auffordern würde, ihn anzurufen.

Art der Beziehung, die Sie zu ihm haben werden. Das Weibliche gibt in einem Haushalt den Ton an. Wenn ich in einer gesunden Verbindung zu meinem weiblichen Element stehe (was für mich bedeutet, meine Beziehung zur Erde, zum Nähren, zum Erschaffen von Schönem und zum Ausdrücken von Gefühlen zu pflegen), ist auch jeder Mensch in meinem Zuhause und meiner Umgebung stärker geerdet.

Wie es so schön heißt: »Eine glückliche Ehefrau bedeutet ein glückliches Leben.«

Spirituelle Übungen, die Ihnen helfen, sich zu verändern

Diese Sache mit der Weiblichkeit hört sich doch gut an, oder nicht? Männer fragen Sie nach Ihrer Telefonnummer, rufen an und bitten Sie, eine Beziehung einzugehen – was könnte dagegen einzuwenden sein? Nun, ganz so einfach ist es nicht. Denn zumindest vom spirituellen Standpunkt aus gesehen geht es einzig und allein um das *Empfangen.* Und das bedeutet, Dinge *zuzulassen* – was sich nur so lange gut anhört, bis Ihnen klar wird, dass Sie sich im Bereich der Partnersuche ganz neue Verhaltensmuster zulegen müssen.

Wenn Sie seit einem Monat mit einem Mann ausgehen und es wirklich gut läuft, aber er einen oder (Gott bewahre) zwei Tage lang nicht anruft oder SMS schickt, wird Ihr Verstand einen Vorwand für eine Kontaktaufnahme finden. Haben Sie Ihr ganzes Leben lang nur Ihre männliche Seite ausgelebt, wird es Ihnen merkwürdig vorkommen, nicht aktiv zu werden. Schließlich wissen Sie, wie man das erreicht, was man will! Aber dieser Versuchung sollten Sie widerstehen. Erinnern Sie sich selbst daran, dass Sie nur eines wissen müssen: *Wie stark ist sein Wunsch, mit Ihnen zusammen zu sein?* Stark genug, um für die Hochzeit Ihrer Eizelle aufzukommen?

Und so sieht Ihre weibliche Seite in der Praxis aus: Wenn Sie einen Mann kennenlernen, müssen Sie herausfinden, ob er Sie mag. Das erkennen Sie natürlich daran, dass er versucht, in Ihrer Nähe zu sein. Er will schließlich Ihre Energie aufsaugen! Am Anfang verfolgt er vielleicht einen *leichten* Zickzackkurs, aber wenn er Sie wirklich mag, wird er sich Ihnen auf einer nahezu geraden Linie nähern. Und wenn er das tut, üben Sie sich darin, ihn zu empfangen – seine Aufmerksamkeit, seine Gedanken, seine Art zu sein. Wenn Sie schon immer Ihre männliche Seite bevorzugt haben, werden Sie dazu neigen, ihm Anweisungen zu geben: Sie machen ihn auf eine Parklücke aufmerksam, geben ihm Ratschläge in Bezug auf sein berufliches Fortkommen oder teilen ihm Ihre Erkenntnisse in Bezug auf seine Kindheit mit. Statt ihn vorschnell mit all dem zu überhäufen, sollten Sie auf der Empfängerseite der Wippe bleiben. Warten Sie ab, was passiert! Der Mann wird definitiv eine Seite von sich zeigen, die Sie bei anderen Verabredungen nicht gesehen haben.

Wenn Sie mit einem Mann ausgehen, den Sie wirklich mögen, werden sich Ihnen endlos Gelegenheiten bieten, aus Ihrem Weiblichen heraus zu agieren. Denn in gewissem Sinn geht es bei der Partnersuche hauptsächlich darum, wie sehr Sie in Ihrer Weiblichkeit verwurzelt sind. Sie müssen die Gewohnheit ablegen, einen Einfluss auf das Endergebnis ausüben zu wollen (allerdings nur, wenn es um intime Beziehungen geht – bei der Arbeit können Sie weiterhin so stark sein, wie Sie wollen). Wenn sich das wie ein Test anfühlt, liegt es daran, dass es ein Test ist. Ein Test, bei dem es darum geht festzustellen, ob Sie sich selbst mehr lieben können als ihn, was auch immer geschieht. Eine wichtige Fähigkeit für eine Partnerschaft.

Während Sie im Begriff sind, diese wichtige Fähigkeit auszubauen, achten Sie darauf, wie dieser Mann das Leben angeht. Denn wenn Sie eine feste Beziehung mit ihm eingehen, wird es auch Ihr Leben sein. Wie meine Friseurin es ausdrückte: *Männer ändern sich nicht.* Nicht wirklich. Vielleicht verbessern sie sich ein wenig oder sogar sehr, aber wenn ein Mann ein Labrador ist, kann eine feste Partnerschaft aus ihm nur einen besseren (oder einen schlechteren) Labrador machen, aber niemals einen Dobermann.

Während Sie bei Ihren Verabredungen das Zulassen/Empfangen üben, werden Sie in Ihrem Körper ein ganz besonderes neues Gefühl wahrnehmen: Es heißt *Verletzlichkeit.* Das ist – zumindest am Anfang – kein gutes Gefühl. Es fühlt sich an, als ob Sie von einem Mann wirklich verletzt werden könnten, und das trifft es auch. Wenn Sie nichts tun, um sich zu schützen (beispielsweise, indem Sie Schutzwälle errichten, sarkastisch sind oder sofort in die Kiste hüpfen – weil Sex Stärke suggeriert und oft die Angst vor der Verletzlichkeit in der Partnerschaft verringert), kann es sein, dass Sie sich wirklich schrecklich fühlen. Es wird Ängste und Tränen und den intensiven Wunsch geben, aus der Beziehung zu flüchten.

Keine Sorge! Das ist ein gutes Zeichen. *Das ist die Angst vor Intimität, die Sie schon immer hatten.* Sie hat mit dazu beigetragen, dass Sie erst gar nicht aus Ihrem Weiblichen heraus leben wollten, denn es ist schwer, verletzlich zu sein. Aber ich kann Ihnen versichern, dass Sie sich daran gewöhnen werden, und dabei werden Sie diese neue Art von Stärke entdecken.

Die Stärke erwächst aus dem Wissen, dass der Mann, der mit Ihnen zusammen ist, mit Ihnen zusammen ist, weil er Sie liebt und weil er mit Ihnen zusammen sein will. Wenn Sie das weibliche Prinzip entspannt leben können, wenn Sie nicht mehr versuchen, etwas von einem Mann zu »bekommen«, kann das Männliche sich für Sie entscheiden. Sie überschreiten nicht die Grenze, um ihn zu jagen und zu erlegen. Und das spürt er. Das ist die spirituelle Grundlage der Bindungsbereitschaft: Jemand entscheidet sich dafür, in einer Beziehung mit Ihnen zu sein.

Weil Sie das Wertvollste sind.

Was Sie zur Freude Ihres nächsten Partners jetzt wissen

Fassen wir Kapitel 9 noch einmal zusammen:

- **Sie verhalten sich wie ein Kerl.** Natürlich ist es in Ordnung, viel Geld zu verdienen oder Country-Musik zu mögen. Aber wenn es um die Partnersuche geht, sollten Sie anfangen, Ihre eigene Anziehungskraft wirken zu lassen.

- **Sie sind der Hauptgewinn.** Sie müssen nicht wissen, ob ein Mann bereit ist, Sex mit Ihnen zu haben. Sie müssen wissen, ob er bereit ist, einen Raum zu durchqueren, nach einer Telefonnummer zu fragen und sie zu nutzen. Falls nicht, ist er nicht Ihr Mann. Vergessen Sie ihn.

- **Es geht nicht darum, sich »mädchenhaft« zu verhalten.** Eine gut entwickelte Weiblichkeit zu leben, bedeutet nicht, Rosa zu tragen oder sich selbst klein zu machen. Es bedeutet, in dem tiefen Wissen um Zyklen, Intuition und die *andere* Art kreativer Kraft verwurzelt zu sein. Es ist schon vorhanden und muss nur noch entwickelt werden.

- **Üben Sie sich im Empfangen.** Lieben Sie sich selbst und Ihr Leben mehr als ihn. Vertrauen Sie darauf, dass Sie bekommen, was Sie brauchen.

- **Seien Sie verletzlich.** Es kann Ängste wecken, aus dem weiblichen Prinzip heraus Beziehungen zu führen. Sie werden in Versuchung geraten, in das männliche Prinzip zu wechseln, um sich zu schützen. Tun Sie es nicht! Sie müssen sich nicht vor dem Mann schützen, der eine gemeinsame Zukunft mit Ihnen aufbauen will. Sie wollen sich mit ihm vereinigen.

10. Sie sind spirituell orientierungslos

Oder: Wenn Sie sich ohne Hilfe verändern könnten, hätten Sie es schon getan

1. *Reden Sie manchmal schon etwas zynisch über die Wahrscheinlichkeit, die große Liebe zu finden?*
2. *Glauben Sie tief in Ihrem Innern trotzdem, dass es etwas Stärkeres als alle Wahrscheinlichkeiten gibt?*
3. *Sind Sie bereit, diesem Glauben entsprechend zu handeln?*

Erinnern Sie sich noch an meine Ankündigung, dass dieses Buch eine spirituelle Botschaft haben wird? Nun, jetzt ist es so weit.

Wir sind an dem Punkt angekommen, an dem ich Ihnen etwas völlig Verrücktes vorschlagen werde, etwas, das Sie dazu veranlassen könnte, dieses Buch in hohem Bogen in die Ecke zu werfen. Aber natürlich hoffe ich, dass das nicht der Fall sein wird, sondern dass dieser verrückte Vorschlag alles, was wir in den vorausgegangenen Kapiteln besprochen haben, auf einen Nenner bringen, die Reise, auf die Sie sich begeben haben, auf eine höhere Stufe heben und Ihnen letztlich die Beziehung – zu sich selbst, zu Männern und zum Leben – schenken wird, die Sie sich wünschen. Und wie lautet nun dieser verrückte Vorschlag?

Ich möchte, dass Sie sich einen »Gott« zulegen. (Einen »Gott« im weitesten Sinne.)

Ich weiß, dass viele Menschen mit dem Konzept »Gott« nichts anfangen können. Aber ich verstehe unter »Gott« etwas so Dehnbares und Persönliches, dass selbst die hartnäckigste Atheistin ein Modell finden kann, das zu ihr passt. Wie eines dieser Schlauchkleider, die man als Schärpe, als Rock oder als schulterfreies Oberteil tragen kann. Ihre Version von Gott ist zu allem fähig, was Sie sich von ihr wünschen.

Eines kann ich Ihnen jedenfalls versichern: Ich rede nicht von einem bärtigen alten Mann im Himmel, der Sie ständig im Auge behält und Ihnen einen Mercedes und einen Mann schenkt, wenn Sie brav sind, und Sie bestraft, wenn Sie böse sind. Das wäre nicht Gott, sondern der Nikolaus. Das, was ich unter Gott verstehe, ist auch keiner bestimmten Glaubensrichtung zuzuordnen – es gehört weder zu den Mormonen noch zu den Hindus, Katholiken, Buddhisten oder Scientologen. (Es sei denn, Sie wollen das so.) Vielleicht gefällt Ihnen die Religion nicht, mit der Sie aufgewachsen sind, oder Sie lieben sie geradezu und halten sie für die einzig richtige. In beiden Fällen sollten Sie mit meinem Konzept von Gott etwas anfangen können. Der einzige Grund dafür, dass ich es überhaupt Gott nenne, ist der, dass dies ein Wort ist, dessen Bedeutung wir alle kennen.

Ein besserer Begriff wäre vielleicht »Geist«. Es ist das, was Sie zu dem macht, was Sie sind – absolut einzigartig. Manche Leute nennen es »Schöpferische Intelligenz«. Beim *Krieg der Sterne* heißt es »die Kraft«. Andere sehen darin das Höhere Selbst. In der östlichen Philosophie ist es unter dem Namen »Tao« (der Weg) bekannt. Man könnte es auch genauso gut Jessica nennen! Wie immer Sie es benennen – es ist die Kraft hinter den Ozeanen, der Schwerkraft, der Schokolade und den *Beatles.* Es ist die Kraft, die Ihr Herz schlagen lässt.

Der Geist gehört zu jeder und zu keiner Glaubensrichtung und ist überall präsent. Er ist der Motor, der Ihnen nicht nur die Art von Beziehung schenkt, die Sie wirklich suchen, sondern der sie auch antreibt. Wie gesagt, es gibt da draußen keinen perfekten Menschen. Was Sie da draußen finden, ist ein Mensch, mit dem Sie einen Weg beschreiten werden und der einen Weg mit Ihnen beschreiten will. Woran erkennen Sie diesen Menschen? Was für ein Mensch sollte es sein? Was ist, wenn dieser Mensch Fehler, große Fehler, hat, die Sie davor zurückschrecken lassen, eine Beziehung mit ihm einzugehen? (Sie können davon ausgehen, dass das der Fall sein wird. Schließlich sind auch Sie nicht perfekt, nicht wahr? Er wird es also auch nicht sein.) Warum sollten Sie das Risiko eingehen, Ihre tolle Wohnung für einen ganz gewöhnlichen Mann aufzugeben, der nicht nur alle Ihre Fehler sehen, sondern auch die Macht haben wird, Sie zu verlassen? Das ergibt doch alles keinen Sinn.

Es sei denn, Sie entscheiden sich dafür, aus dieser ganzen Beziehungssache etwas viel Größeres zu machen.

Worum es wirklich geht

Und damit kommen wir zu dem eigentlichen Thema dieses Buches: *Liebe.* Liebe ist die große Lektion, die wir Menschen hier auf der Erde lernen, wenn wir uns dafür entscheiden, sie zu unserem Lebensziel zu machen und über Geld und Besitz hinauszusehen. Jemanden zu lieben heißt, ihn als mit Fehlern behaftetes menschliches Wesen anzunehmen. Mit jemandem eine Partnerschaft fürs Leben einzugehen heißt, ihm das Geschenk der Liebe trotz dieser Fehler zu machen. Das gilt auch für Sie.

Liebe bedeutet Möglichkeiten. Und das ist kein kitschiger Grußkartenspruch, sondern ist ganz ernst gemeint. Der Geist ist die Lösung Ihres (mutmaßlichen) Single-»Problems« – ob es darin besteht, dass es nicht genug Männer gibt oder dass Sie sich mit einem Mann »zufriedengeben« müssen oder dass Sie sich vielleicht ein ganz klein wenig wie ein Flittchen benehmen. Der Geist macht es möglich, Dinge zu erreichen (oder genauer: »anzuziehen«, wie wir in Kapitel 9 gesehen haben), die unmöglich, unwahrscheinlich oder (laut Aussagen der Demografen, der Werbefachleute oder sogar der Evolutionsbiologen) im Widerspruch zu jeder rationalen Erwartung zu stehen scheinen. Die Experten sagen Ihnen, dass Sie das richtige Alter, das richtige Aussehen oder die richtige Anzahl verbleibender Eizellen haben müssen, um einen Partner zu finden. Aber der Geist sagt etwas anderes.

Der Geist sagt, dass diese Dinge möglicherweise den Tatsachen entsprechen, aber nicht *wahr* sind. Das ist ein Unterschied. Wenn der Geist in Ihrem Liebesleben wirkt, spielen Wahrscheinlichkeiten keine Rolle mehr. Und auch keine demografischen Fakten. Dann gibt es nur noch zwei Menschen auf einem spirituellen Pfad. Und der Geist versetzt Berge und macht das Unmögliche möglich, um es geschehen zu lassen. In Ihrem Herzen wissen Sie, dass es so ist. Jeder weiß es – darum bekommen wir von den Liebesgeschichten nie genug. Eine Liebesgeschichte ist eine Erinnerung daran, dass das Unmögliche und das Unwahrscheinliche jederzeit eintreten kann und auch wirklich eintritt. Ich möchte, dass Sie sich jetzt, in diesem Augenblick, zu diesem Wissen bekennen, denn Ihr Bekenntnis lässt es Realität werden.

Und damit kommen wir zu dem zweiten Thema dieses Buches: *Verwandlung.* Tut mir leid, dass ich dieses esoterische Wort verwende, aber für das, was ich ausdrücken will, ist es passend. Verwandlung ist der Übergang von dem, was Sie jetzt und hier sind (und vielleicht Ihr ganzes Leben lang waren) zu etwas Neuem, zu dem, was Sie sein wollen, was zu dem Leben führt, das Sie sich wünschen. Klingt das nicht wunderbar?

Allerdings ist es mit der Verwandlung so eine Sache: Man kann sie nicht herbeiführen. Das heißt, auf der rein physischen Ebene ist es durchaus möglich. Wenn Sie einen Monat lang täglich 400 Rumpfbeugen und Liegestütze und Bizepscurls ausführen, wird Ihr Körper muskulöser aussehen. Aber versuchen Sie das einmal auf zickiges Verhalten oder übertriebene Eifersucht oder eine extrem wählerische Haltung gegenüber potenziellen Partnern anzuwenden. In diesem Bereich helfen Ihnen die Liegestütze nicht weiter. Denn Willenskraft funktioniert da, wo sie funktioniert – und in anderen Bereichen eben nicht. Aber was kann eine Frau tun, wenn Willenskraft nicht weiterführt?

Hier kommt der Geist ins Spiel. Aus einer Kraft zu schöpfen, die größer als alles Irdische ist (größer als alles, was wir mit unseren fünf Sinnen wahrnehmen können), kann eine Veränderung bringen, wo alles andere fehlschlägt. Es ist dieselbe Kraft, die Ihre perfekte Beziehung Realität werden lässt (und Ihre Babys – wie auch immer sie den Weg hierher finden).

Und dann gibt es da noch etwas, das Ihnen ein »Gott« gibt: Sinn. Sinn gibt Ihrem Leben und dem, was darin geschieht, eine Bedeutung oder Wichtigkeit. Manche Menschen brauchen keinen Sinn. Für sie ist Sinn unnötig oder gar nicht wünschenswert, weil sie darin eine Art Opium für die Massen sehen. Vielleicht gehören Sie zu diesen Menschen. (Wenn es so ist, wissen Sie es sicher.) Die meisten meiner Freunde, die im Studium Philosophie als Hauptfach belegt hatten, gehören zu dieser Gruppe. In ihrer Welt ist alles, was geschieht, dem Zufall unterworfen, und das stört sie auch nicht. Mich schon. Ich ziehe es vor, wenn die Dinge etwas bedeuten. Wenn Sie sich beispielsweise in meiner Welt im Warteraum des Finanzamts neben mich setzen würden, dann deshalb, weil etwas in meinem Leben zu geschehen versuchte und Sie dazu bräuchte, um die Sache ins Rollen zu bringen. Plötzlich wären Sie aus einem bestimmten Grund da. Und dieser Grund wäre Teil dessen, woran wir im Lauf unserer Beziehung arbeiten würden. Vielleicht würde er uns sogar irgendwie zusammenhalten.

Wenn man etwas Zufälligem nämlich einen Sinn beimisst, wird daraus eine Geschichte, und wie Sie inzwischen wissen, liebe ich Geschichten. Ich glaube, dass jede gute Beziehung eine Geschichte braucht. Wie schon erwähnt, tragen

Geschichten dazu bei, die menschliche Erfahrung zu strukturieren. Das ist sehr wichtig, wenn es um Beziehungen geht. Ohne eine Geschichte kann es sehr viel schwieriger sein, sich zu erklären, warum man den Mist eines Mannes (keinen gewalttätigen Mist, nur den alltäglichen Mist) akzeptiert – und nach einer solchen Erklärung werden Sie im Laufe einer jahrzehntelangen Beziehung sicher irgendwann suchen.

Außerdem geben wir Dingen wahrscheinlich immer einen Sinn, ob wir es wollen oder nicht. Nur sehr wenige Menschen – von ein paar Verrückten abgesehen, die Briefe an die Nachrichtenmoderatoren schrieben, als ich noch in dieser Sparte arbeitete – glauben, dass *alles* dem Zufall unterworfen ist. Wenn man hartnäckig nachfragt, geben sogar die Leute, die Philosophie als Studienhauptfach hatten, zu, dass mindestens einmal in ihrem Leben etwas passiert ist, das ihnen das Gefühl gab, dass eine höhere Kraft im Leben wirkt – eine Kraft jenseits dessen, was wir mit unseren fünf Sinnen wahrnehmen können, vielleicht sogar jenseits dessen, was mit den leistungsfähigsten Mikroskopen, Teleskopen oder mathematischen Formeln gemessen werden kann. Nicht alles ist erklärbar, am allerwenigsten lebenslange Beziehungen.

Und deshalb ist die Entwicklung eines Gespürs für das Spirituelle (das Liebe, Verwandlung und Sinn umfasst) das letzte Puzzleteil, das zur Bereitschaft für eine feste Beziehung noch fehlt.

Aus meinem Leben als Renovierungsfall

In den ersten vier Jahrzehnten meines Lebens war ich (freundlich ausgedrückt) eine Art renovierungsbedürftiges Haus. Ein sehr renovierungsbedürftiges Haus. Unter all den alten Tapetenschichten und fleckigen Teppichen konnte man zwar die gute Substanz erkennen, aber es war nicht einfach, zu ihr vorzudringen.

Mein Leben, mich *selbst,* zu erneuern, schien eine kaum zu bewältigende Aufgabe zu sein. An diesem Punkt meiner spirituellen Entwicklung glaubte ich nicht daran, dass etwas geschehen konnte, solange ich es nicht wirklich *sah.* Tine Wittler und ihr Hausverschönerungsteam hatten sich nicht bei mir angekündigt. Etwas zu sehen bedeutete für mich, etwas zu glauben. Wenn ich etwas nicht sah, konnte ich auch nicht daran glauben.

Dabei ist es genau andersherum. *Glauben heißt Sehen.* Ich plädiere hier nicht dafür, das Leben so zu sehen, wie es in *The Secret* beschrieben wird. Aber Sie müssen wirklich an etwas glauben, bevor Sie es sehen können. Stellen Sie sich beispielsweise vor, dass Sie im Begriff sind, etwas zu erfinden – etwa ein Handy. Bevor Sie sich hinsetzen und all die kleinen Schräubchen und Teilchen zusammenbauen können, müssen Sie eine Vision davon haben, wie Sie mit dem Handy telefonierend durch die Gegend laufen, und Sie müssen *daran glauben, dass es in irgendeinem Universum möglich ist, so etwas zu tun,* obwohl Sie Ihr Leben lang ein Telefon benutzt haben, an dem ein Kabel hing, über das Sie beim Telefonieren in der Küche ständig stolperten.

Erst wenn Sie sich diese beiden Vorstellungen zu eigen

gemacht haben, könnten (oder würden?) Sie anfangen, die Schräubchen und Teilchen zusammenzubauen. Und selbst dann könnte es noch Jahre dauern, sich durch alle Zwischenstufen (zum Beispiel das schnurlose Telefon, dessen Reichweite am Gartenzaun endete) hindurchzuarbeiten.

So war es auch bei meiner eigenen persönlichen Entwicklung – von meinem Ausgangspunkt, dem Festnetztelefon, durch all die Schnurlostelefon-Beziehungen bis zu dem Punkt, an dem ich heute stehe, einem blühenden Ort. Und (ob ich in einer Beziehung bin oder nicht): einem Ort der Selbstliebe.

Warum Angie keinen Mann hat

Mein Leben ähnelte früher dem von Angie. Sie ist ein gutes Beispiel für eine Frau ohne spirituelle Orientierung. Das heißt, genau genommen hat sie einen »Gott«. Aber er ist eine ziemliche Niete. Den »Gott« eines Menschen erkennen Sie folgendermaßen: Es ist die Person, der Ort oder das Ding, bei dem dieser Mensch Halt sucht, wenn es in seinem Leben Probleme gibt. Es ist die Sache, die alles wieder in Ordnung bringt. Die Sache, die dieser Mensch zwanghaft verfolgt, aber normalerweise nicht »Gott« nennt. Er meint, diese Sache einfach nur sehr zu mögen. Es ist die Sache, auf die dieser Mensch auf keinen Fall verzichten will.

Für Angie sind das *Beziehungen.* Wenn Angie gerade nicht mit einem Mann zusammen ist (und es kommt fast jeder Mann infrage), ist sie ruhelos und unglücklich. In einer Beziehung (selbst in einer schlechten) fühlt sich ihr ganzes Leben besser an. Sie kann mit einem stressigen Arbeitstag umgehen, wenn sie weiß, dass es einen Mann gibt, beim dem sie Halt suchen kann. Wie ein Glas Wein am Abend hat ein Partner (auch wenn er die Beziehung zu ihr nicht als langfristig betrachtet oder ganz offensichtlich der Falsche für sie ist) eine beruhigende Wirkung auf sie und weckt ihre Lebensgeister. Und nicht nur das. Wenn Angie in einer Beziehung ist (selbst in einer chaotischen), treten ihre problematischsten Verhaltensweisen seltener auf oder verschwinden sogar ganz – sie trinkt nicht mehr so viel, und ihr Putzzwang ist nicht mehr erkennbar. Sie betont immer wieder, dass Männer gut für sie seien, und in gewisser Weise trifft das auch zu. Zumindest zeitweise.

Aber: Sie ist 34, und das Ganze beginnt sich abzunutzen – sowohl für sie als auch für die Männer. Denn eine Beziehung ist für Angies Wohlbefinden so wichtig, dass sie immer eine Art Riesenradtaktik anwendet: Während ein Mann ganz oben die Aussicht genießt, lässt sie unten schon Ersatzmänner einsteigen. Aber inzwischen sind immer weniger Männer bereit, sich auf eine Fahrt mit Angie einzulassen, und das geht ihr ziemlich nahe. Das Leben fühlt sich leer und langweilig an. Sie hat schon erwogen, Antidepressiva einzunehmen. Es ist offenkundig, dass Männer für Angie mehr als nur Partner sind – sie sind eher eine Art höhere Kraft. Sie tun etwas für Angie, zu dem sie alleine nicht imstande ist, nämlich die gute Substanz ihrer Wände, Böden und Fenster – ihres *Selbst* – sichtbar zu machen.

Daran erkennt man, dass Männer Angies »Gott« sind. Sie können bewirken, dass sie sich besser, lebendiger, wie ein Ganzes fühlt. Sich einzugestehen, dass das problematisch ist, ist schwierig, da uns in unserer Kultur glauben gemacht wird, dass Liebe uns das Gefühl gebe, ein Ganzes zu sein, auch wenn wir es nicht sind. Aus chemischer Sicht ist das tatsächlich so: Liebe geht mit der Ausschüttung starker Hormone einher, durch die wir uns wie neugeboren fühlen. Aber während die meisten Menschen diese wunderbare Phase irgendwann hinter sich lassen und sich in der nächsten Phase der Beziehung einrichten können, muss Angie weiterziehen, um etwas neues Wunderbares zu finden.

Und für Angie ist etwas Wunderbares ein neuer Mann.

Was Sie über Männer wissen sollten

Männer wollen nicht wirklich die höhere Macht einer Frau sein. Es gibt ihnen – zu Recht – ein ungutes Gefühl. Zum einen wissen sie intuitiv, dass sie als höhere Kraft ganz schnell durch den nächsten tollen Mann ersetzt werden können, der ihr über den Weg läuft. Zum anderen verstehen sie, dass es von geringer psychischer Stabilität zeugt, einen anderen Sterblichen zur Quelle der eigenen Kraft zu machen – zumindest wenn man in einem Alter ist, das nicht mehr auf »zehn« endet. Und letztlich wissen Männer auch, dass eine Frau, die sie zu ihrer Quelle macht, bereit sein würde, das zu tun, was Menschen für eine höhere Kraft eben tun: *alles!* Und das ist wirklich beängstigend.

Kein Mann will mit einer Frau zusammen sein, die *alles* tun würde, um in seiner Nähe zu sein, denn in der Praxis bedeutet »alles« meistens, dass sie beispielsweise als schluchzendes Häufchen Elend vor seiner Tür wartet oder zufällig in die Wohnung neben ihm einzieht, nachdem er mit ihr Schluss gemacht hat. Es kann auch bedeuten, zu drastischen Mitteln zu greifen, beispielsweise die Pille wegzulassen oder die E-Mails, die sie von ihm bekommen hat, an seinen Chef oder seine Mutter weiterzuleiten. So etwas will kein Mann. Männer wollen einer Frau vertrauen können, und wenn Sie nicht ohne Mann leben können, sind Sie ungefähr so vertrauenswürdig wie die Teilnehmerin eines Schönheitswettbewerbs bei der Befragung zu ihrer Person.

Vertrauenswürdig sind Sie, wenn Sie eine Vorstellung von einem Geist-Gott-Jahwe haben, der *nicht mit Ihrem Mann identisch ist.* In Kapitel 9 war davon die Rede, dass ein Mann sich (im wörtlichen und im übertragenen Sinn) mit der weiblichen Kraft verbindet, um etwas in die Welt zu tragen. Diese Kraft basiert auf Ihrer Verbindung mit der Quelle. Sie kann nicht von ihm kommen.

Wenn Sie eine eigene Quelle haben, ändert sich auch der pH-Wert einer Beziehung – in dreierlei Hinsicht. (1) Ein Mann weiß, dass Sie auch ohne ihn zurechtkommen. Somit (2) weiß er, dass er gut zu Ihnen sein muss, weil Sie kein Problem damit haben werden, ihm andernfalls einen Tritt in seinen lahmen Hintern zu versetzen. Aber vielleicht am wichtigsten ist Folgendes: (3) Je größer Ihre Quelle ist, desto größer kann er in einer Partnerschaft mit Ihnen werden.

Das ist das »Ungreifbare«, das einen Mann dazu veranlasst, eine bestimmte Frau als Partnerin zu wählen. Nicht die Tatsache, dass sie hübsch ist oder aus der richtigen Familie kommt oder die richtige Schule besucht hat. Das sind alles angenehme Dinge, aber sie sind nicht die Grundlage einer wirklich guten Partnerschaft. Wenn ein Mann weiß, dass eine bestimmte Beziehung ihm die Möglichkeit eröffnet, sich zu dem Menschen weiterzuentwickeln, der er sein kann, ist er dazu *motiviert, sich zu binden.* Und wenn *Sie* eine Verbindung zu einer Art höheren Kraft haben, ist es viel wahrscheinlicher, dass Sie sich an einem Ort befinden, an dem das geschehen kann.

Was Sie ändern müssen

In den vorherigen neun Kapiteln war davon die Rede, welche Verhaltensweisen Sie verändern müssen. Jetzt sind wir bei einer auf sich selbst zurückweisenden Frage angekommen: Wie verändern Sie sich so, dass Sie sich ändern *können?* Wir haben schon festgestellt, dass Sie sich bereits verändert hätten, wenn dazu ein Fingerschnippen genügen würde. Es ist nicht so einfach, plötzlich viel netter zu sein oder aufzuhören, mit Männern ins Bett zu gehen, die Sie nicht lieben, das heißt jahrelang (oder gar jahrzehntelang) eingeübte Verhaltensweisen zu ändern.

Tatsache ist, dass wir Menschen größtenteils so bleiben, wie wir sind, bis *irgendetwas* eine Verwandlung ermöglicht. Ich schlage vor, dieses *Etwas,* das die Verwandlung ermöglicht, der Einfachheit halber »Gott« zu nennen. Oder, genauer gesagt, GottGeistWieimmerSieesnennenwollen.

Wo finden Sie so etwas? Die gute Nachricht ist, dass Sie es selbst herstellen können. Ganz umsonst. Ab sofort. Die genauen Eigenschaften dieser Quelle legen Sie selbst fest. Sie entscheiden, welche Form sie annimmt, wie sie sich anfühlt, welche Eigenschaften sie hat und was sie für Sie tun kann. (Wie bei einem dieser Volkshochschulkurse mit dem Titel »Wir nähen uns einen Teddybären«.) Das Einzige, was Sie beachten müssen, ist, die verschreibungspflichtige Version zu verwenden, nicht das rezeptfreie Zeug. Sie brauchen eine Quelle, die stark genug ist, um die Verwandlung zu ermöglichen. Das ist gar nicht so schwer.

Die folgende Liste enthält Eigenschaften, die ich bei einer Kraftquelle besonders mag. Sie dürfen sich gern einige davon ausleihen oder auch Ihre eigenen erfinden:

1. **Sehr, sehr freundlich.** Wie eine Oma. Sie bestraft mich nie und versucht nicht, mir schmerzhafte Lektionen zu erteilen. Sie fährt mich nie an, und ich muss nicht besonders vorsichtig sein – ich darf meinen Sicherheitsgurt ablegen und mich in der Kabine des Lebens frei bewegen. Auch hier und da anstoßen.

2. **Sehr stark.** Sie kann jeden Fleck entfernen, ganz gleich, wie lange er schon da war. Sie kann innere (und äußere) Felsbrocken verschieben, die den Weg versperren, auch wenn sie so groß wie die Zugspitze sind.

3. **Mitfühlend.** Sie findet mich liebenswert, auch wenn ich wirklich Mist baue. Sie gibt mir immer eine zweite Chance. Sie verurteilt mich nie, auch wenn wir beide von Anfang an genau wussten, dass aus meinem jüngsten Debakel ein, äh, Debakel werden würde.

4. **Kennt jeden.** Sie kann die verrücktesten Begegnungen/Zufälle inszenieren. Sie kann dafür sorgen, dass mir ein

netter Mann, den ich letzte Woche kennengelernt habe, am Dienstag darauf in einem völlig anderen Teil der Stadt über den Weg läuft.

5. **Heilend.** Das kann allerdings länger dauern – was mir Gelegenheit gibt, Geduld oder andere Aspekte meiner Persönlichkeit weiterzuentwickeln.

6. **Ist immer genau da, wo ich gerade bin.** Sogar bei dem schrecklichen Arbeitsessen, an dem ich unbedingt teilnehmen muss. Sogar in Las Vegas. Ganz wichtig: Meine Quelle sagt mir nie, dass Hilfe käme, wenn ich mich nur an einem anderen Ort aufhielte. Sie ist immer im selben Augenblick bei mir.

7. **Liebevoll und verzeihend.** Will nur mein Bestes, auch wenn das nicht immer sofort zu erkennen ist. Ist nicht nachtragend.

8. **Nimmt Dinge in die Hand.** Sie ist zuverlässig wie eine Weltraummission, bei der ein Raumschiff losgeschickt wird und zwölf Jahre später genau nach Plan auf dem Mars landet. Meine Kraftquelle ist berechenbar. Die Dinge laufen nach einem festen Plan ab, und ich stelle mir gern vor, dass dieser Plan mein Leben beinhaltet.

9. **Ist wie Pina Bausch.** Meine Kraftquelle ist eine geniale Choreografin. Die Wellen werden von den Gezeiten bewegt, die Gezeiten vom Mond und der Mond von der Sonne. Und all das, während ich hier sitze, mir Wieder-

holungen von *Seinfeld* ansehe und dabei Kartoffelchips futtere.

Sobald Sie ein großes Etwas haben, können Sie anfangen, es kennenzulernen. Wie das geht? Nun, zunächst fangen Sie an, es überall wahrzunehmen. Das kann so aussehen: Ihnen geht ein Song durch den Kopf, und wenn Sie das Radio einschalten, läuft er dort tatsächlich in diesem Moment. Aus irgendeinem Grund haben Sie heute Morgen an Ihre beste Freundin aus der sechsten Klasse gedacht, und wenn Sie auf *Facebook* gehen, finden Sie eine Freundschaftsanfrage von ihr vor. Oder Sie haben sich gerade mit jemandem über Peru unterhalten, und dann wählt der Mann, mit dem Sie am selben Abend verabredet sind, ein peruanisches Restaurant. Sie fangen an, nach der *Vernetzung* aller Dinge Ausschau zu halten und sie zu sehen. Denn bei dem großen Etwas geht es um Verbindungen.

Ich schlage Ihnen nicht vor, in einer magischen Welt zu leben, in der alle Zufälle auf die Existenz von Außerirdischen hinweisen oder Sie Ihre Zukunft aus dem Nummernschild des Autos vor Ihnen lesen oder Sie telepathisch mit dem netten Mann im Vertrieb zu kommunizieren glauben. Sie müssen geerdet bleiben!

Aber als ich anfing, scheinbar zufällige Dinge genauer zu betrachten und mich hineinzufühlen, wurde mir klar, dass diese angeblichen Zufälle den ganzen Tag lang geschehen. Nach einer Weile war es – zumindest für mich – offenkundig: Die Wahrscheinlichkeit, dass innerhalb von 36 Stunden vier »Zufälle« passieren, ist so gering, dass es möglicherweise am Ende doch keine Zufälle waren.

Und das veranlasste mich, das Leben auf eine ganz neue Weise zu sehen. Zum einen fing ich an, mir eine neue Frage zu stellen: »Was wäre, wenn nichts von dem, was mir passiert, Zufall wäre? Wie würde ich es dann wahrnehmen?« Mir diese Frage (besonders im Zusammenhang mit der Partnersuche) zu stellen, zwang mich, tiefer in die Dinge einzudringen. Wenn ich beispielsweise den Grund dafür, dass mich ein Mann nicht zurückruft, in der Vernetzung sehe und nicht darin, dass etwas mit mir nicht in Ordnung ist, ist es auf einmal viel leichter zu akzeptieren. Wie schon gesagt: Wenn es in Ihrem Universum eine höhere Ordnung gibt, wissen Sie ganz sicher, dass der Richtige Ihnen niemals entgehen wird. Wenn er Ihr Mann ist, sitzt er montagmorgens um 8.30 Uhr mit Ihnen in der Therapiegruppe, oder er bringt ungefragt Ihren Müll runter.

Sobald Sie mit Ihrem großen Etwas vertraut sind, laden Sie diesen Vernetzungsgeist zu Ihrer Lebensparty ein. Nehmen wir an, Sie lernen bei einer Wohltätigkeitsveranstaltung einen sehr netten Mann kennen. Natürlich fragen Sie Ihre Freundin nach ihm und vielleicht bitten Sie sie sogar, ein paar Erkundigungen über ihn einzuziehen. Aber Sie müssen sie nicht die nächsten zwei Monate ständig fragen, ob sie herausfinden konnte, ob er Sie mag. Sie müssen nicht einmal seine Seite auf *Xing* oder *Facebook* besuchen. Denn zusätzlich zu den Nachforschungen auf der irdischen Ebene haben Sie sich auch mit folgenden Worten an Ihre höhere Kraft gewandt: *Liebes großes Etwas, wenn du willst, dass ich mit diesem Mann zusammen bin, stelle die Verbindung her!* Dann lassen Sie die Sache erst einmal auf sich beruhen, weil Sie wissen, dass Sie es erkennen werden, wenn dieser Mann der

Richtige ist – denn er wird Sie abholen und mit Ihnen wandern gehen. Und wenn er es nicht ist, muss es nicht einmal bedeuten, dass er es nie sein wird. Er ist es nur im Moment nicht. Und im Hier und Jetzt zu leben, ist die einzige Möglichkeit, lebendig zu sein.

Fangen Sie an, das zu praktizieren, kann sofort die Angst aufkommen, dass Sie diesen Mann (oder irgendeinen Mann) nicht bekommen und für immer allein bleiben, wenn Sie nicht irgendetwas unternehmen. An diesem Punkt brauchen Sie *Vertrauen.* Natürlich haben Sie nicht die Macht zu bewirken, dass ein bestimmter Song im Radio gespielt wird. Sie könnten den ganzen Tag singen und das Radio ein- und ausschalten und trotzdem nicht *bewirken,* dass es geschieht. Aber das Universum kann es. Sie wissen, dass es das kann, weil Sie die Vernetzung ständig um sich herum sehen. Es kann einfach nicht sein, dass es auf dem Planeten diese ganze Vernetzung gibt und Sie nicht ein Teil davon sind. Haben Sie nicht Anteil an der Schwerkraft? Sie wissen, dass die Schwerkraft genau dort wirkt, wo Sie gerade sind. Dann können Sie doch ebenso gut daran glauben, dass Sie auch Anteil an der Vernetzung haben.

Es gibt ein Wort dafür: *Bereitschaft.* Bereitschaft ist der Schlüssel zur Verwandlung. Warum? Weil Hoffnung Sie bis zu einer Tür führen kann, aber Bereitschaft sie öffnet. Nehmen wir langfristige Beziehungen als Beispiel. Sie wünschen sich eine wunderbare Partnerschaft. In einer Zeitschrift lesen Sie dann, dass es in Ihrem Land keine guten Männer mehr gibt. Anscheinend ist jemand von Tür zu Tür gegangen und hat herausgefunden, dass alle guten Männer entweder verheiratet oder schwul oder nach Australien ausgewandert sind. (Das ist natürlich ein lächerliches Beispiel, aber vielleicht auch wieder nicht, denn es kommt mir vor, als ob ich jeden zweiten Tag Artikel zu diesem Thema lese.) An diesem Punkt müssen Sie Bereitschaft entwickeln. Sind Sie bereit, Ihren Partner trotzdem Gestalt annehmen zu lassen – vielleicht aufgrund eines Wunders oder einer höheren Kraft? Können Sie die Möglichkeit zulassen, dass ein Mann – Ihr Mann – den Flug nach Australien verpasst hat und jetzt hier festsitzt und gerade im Begriff ist, das Café zu betreten, in dem Sie in diesem Augenblick einen Espresso trinken? Und selbst wenn Sie diesen Glauben nicht für die nächsten Monate aufrechterhalten können, sind Sie bereit, es während der nächsten fünf Minuten zu glauben?

Falls nicht, haben Sie noch die Wahl (und es ist eine Wahl), aufzugeben. Dann verschließen Sie Ihr Herz und schützen sich vor Enttäuschungen, indem Sie die Möglichkeit ausschließen, je das zu bekommen, was Sie wollen. Das tun viele Singlefrauen, und deshalb wirken sie manchmal verletzt oder wütend. Das Herz verschließt sich, und es entsteht eine Enge, die sowohl für die Frau mit dem verschlossenen Herzen als auch für ihr Gegenüber spürbar ist.

Ich möchte nur, dass Sie eines wissen: Wenn Sie das Gefühl haben, dass etwas nie geschehen wird, *beweist das nichts.* Es ist nur ein Zeichen dafür, dass Ihre Bereitschaft im Nebel verschwunden ist und Sie sich wieder der Möglichkeit öffnen müssen. Immer und immer wieder.

Womit wir zu dem letzten, unglaublich wichtigen Punkt dieses Buches kommen. Sind Sie bereit?

Spirituelle Übungen, die Ihnen helfen, sich zu verändern

Wenn es eine Botschaft gibt, von der ich wirklich hoffe, dass Sie sie aus diesem Buch mitnehmen, dann ist es diese: Partnerschaft ist ein spiritueller Weg. Es ist eine spirituelle Übung darin, sich selbst und einen Mann zu lieben. (Und später Ihre Kinder, wenn Sie welche haben, und andere Mitglieder Ihrer Familie und Menschen in Ihrer Umgebung.)

Ihre Fähigkeit, angesichts innerer und äußerer Herausforderungen immer wieder Ihr Herz zu öffnen, wird die Grundlage Ihrer Partnerschaft sein. Dieses Leben als spirituelle Übung beginnt möglicherweise nicht erst, wenn Sie vor dem Altar Ja sagen. Manche Frauen müssen es lernen, um überhaupt eine Beziehung eingehen zu können. Manche Frauen (wie ich) müssen es lernen, um eine Beziehung aufrechtzuerhalten. Wieder andere Frauen werden schon mit diesem Wissen geboren. (Wie schön für sie.) Die Frage ist wirklich nur, wo und wann Sie damit anfangen. Wir müssen alle irgendwo anfangen.

Mit der Kombination aus *Übung* und *Bereitschaft* und *Quelle* (Ihrem höchsten Selbst) können Sie jedes einzelne Hindernis auf dem Weg zu der Person, die Sie sein wollen, überwinden und somit den Weg dafür ebnen, dass sich das Potenzial Ihres Lebens entfaltet.

Eine der Möglichkeiten, die ich gefunden habe, diese drei Dinge in Form einer Visualisierung zusammenzubringen, sieht folgendermaßen aus: Ich stelle mir eine Maya-Ruine vor. Dann stelle ich mir die Sache vor, die ich loszulassen versuche, sagen wir, meine Angst vor dem Verlassenwerden (für mich ein ziemlich großer Brocken). Ich halte meine Angst vor dem Verlassenwerden in den Händen – wie die Maya vielleicht einen großen Korb voller Mangos gehalten haben – und steige die Millionen kleiner Stufen zur Spitze der Pyramide hinauf, wo die Opfergaben dem Sonnengott (oder wem auch immer) dargebracht werden. Und obwohl es mir sehr schwerfällt, diesen großen Korb voller Mangos loszulassen (weil mich in meiner Vorstellung die Angst vor dem Verlassenwerden vor Menschen schützt, die mich verletzen werden), bin ich bereit, ihn dort oben zurückzulassen, weil ich von jetzt an mein Leben meiner spirituellen Kraft anvertrauen will. Mein ganzes Leben.

Dazu bin ich nur aus einem einzigen Grund bereit: Ich bin 47 Jahre alt, und meinen Lebenskarren selbst zu lenken, hat bisher nicht funktioniert. Ich habe es versucht, bis die Räder abfielen. Das hat mir drei Scheidungen und viele schmerzliche Erfahrungen eingebracht. Darum bin ich jetzt endlich bereit, mein langes Experiment – den Versuch, Beziehungsprobleme auf meine Art zu lösen – einzustellen und etwas anderes auszuprobieren.

Wahrscheinlich fragen Sie sich, wie das Visualisieren von Mangos und Maya-Ruinen irgendetwas verändern soll (klingt doch irgendwie nach viel Nichtstun, nicht wahr?). Aber ich weiß aus Erfahrung, dass eine Verwandlung eintritt, sobald sich die innere Haltung ändert – und wirklich erst dann. Es geht einzig und allein um die Veränderung der inneren Haltung. Wie Sie diese Veränderung erreichen, ist unwichtig. Sie können dazu alles Mögliche nutzen – vom spirituellen Tanz über Meditation und ehrenamtliche Tätigkeiten bis hin zur Schwitzhütte. Ganz wie es Ihren individuellen Vorlieben entspricht. (Das ist quasi der Parallelkurs zum Teddybärnähen: »Wir töpfern einen Honigtopf«.) Ich weiß aber sicher, dass die innere Veränderung eintreten wird, wenn Sie sich dafür einsetzen. Um das bekannte Zitat aus dem Film *Feld der Träume* etwas abzuwandeln: »Wenn du es baust, wird die Veränderung kommen« (wenn auch nicht mit dem jungen Kevin Costner).

Manche Menschen sehen Gott als Synonym für *Liebe.* Das ist eine wirklich coole Definition für das Ziel Ihrer Verwandlung, denn sie hilft Ihnen, in den Bereichen, die Sie verändern wollen, weicher zu werden. Sie gibt Ihnen beispielsweise die Möglichkeit, die Gründe für Ihr Singledasein lediglich als Punkte in Ihrem Leben zu sehen, an denen etwas nicht ganz am richtigen Platz ist – als ob beim Tischdecken das Messer auf die falsche Seite oder der Löffel ein bisschen schräg gelegt wurde. Diese Dinge weisen nicht auf einen Riesendefekt hin. Sie zeigen einfach, wo etwas zurechtgerückt werden muss.

Im Prinzip könnte man sagen, dass jeder einzelne Grund für Ihr Singledasein auf Angst basiert. Auf der Angst, nicht das zu bekommen, was Sie wollen. Oder das zu verlieren, was Sie haben. Und Liebe ist das Gegenmittel zur Angst. Wenn Sie einfach jeden Bereich, in dem jetzt Angst vorherrscht, mit dem Licht der Liebe beleuchten, wird er sich zu verwandeln beginnen.

Wenn Sie sich mehr auf Liebe als auf Angst konzentrieren, strahlen Sie eine ganz natürliche Würde aus. Sie wissen, dass für Sie gesorgt wird, und sind daher weder gierig noch oberflächlich. Sie brauchen nicht zu lügen, weil Sie nicht versuchen müssen, jemanden in Ihrem Leben zu halten, der dort nicht hingehört. Sie denken über so etwas nicht einmal mehr nach. Sie wissen, dass Ihnen gegeben wird wie den Lilien auf dem Felde – Sie brauchen sich nur der Sonne zuzuwenden. Sie greifen nicht nach irgendetwas. Es ist da, und Sie sind ein Teil davon.

Trotzdem werden auf dem Weg zur Verwandlung Probleme zu bewältigen sein. Probleme, die es schwer machen werden, Kurs zu halten. Die zwei größten Probleme:

1. Sie können sich scheinbar nicht verändern.

2. Sie haben sich verändert, aber immer noch nicht das bekommen, was Sie wollen.

Diese beiden Probleme lassen sich auf dieselbe Weise lösen: durch mehr Übung. Auch wenn es so aussieht, als ob nichts geschieht, und Ihr Verstand Ihnen sagt, dass sich nie etwas verändern wird oder dass in Ihrem Leben nie etwas Schönes passieren wird, sind Sie es sich (und Ihrem zukünftigen Partner) schuldig, immer wieder zu Ihrer Vision und zu Ihrer Quelle zurückzukehren.

Und immer und immer wieder.

Es wird Augenblicke geben, in denen Sie sich nicht vorstellen können, wie es jemals Realität werden soll. (Das nennt sich auch »den Glauben verlieren«.) Aber keine Sorge – das, was Sie sich in Ihrem Herzen wünschen, ist nicht verloren. Es ist niemals verloren. Es ist nur vorübergehend dem Blick entzogen. Ihre Aufgabe besteht nur darin, zum Ja zurückzukehren.

Ja zu Ihnen. Ja zu ihm. Ja zu der verdammten Welt.

Und das Schöne ist, dass Sie genau das auch als gute Partnerin tun werden. Sie werden im Ja bleiben, was auch immer in Ihrer Beziehung geschieht. In Gesundheit und Krankheit.

In Reichtum und Armut. In guten und in schlechten Zeiten. Sie werden dieses weibliche Prinzip verkörpern, das mit etwas Höherem als dem Kontoauszug, den Testergebnissen, den schwierigen Zeiten und dem vollen Haar in Verbindung steht.

Sie werden diese Sache schaukeln. Sie werden den Menschen in Ihrer Umgebung Freude bringen und ihr Leben bereichern. Allerlei gute und schöne Dinge und Menschen werden durch Ihre Anziehungskraft in Ihr Leben kommen. Und ehe Sie noch wissen, wie Ihnen geschieht, werden Sie eine Partnerschaft fürs Leben eingehen.

Was ich schon immer wusste.

Was Sie jetzt wissen

Fassen wir Kapitel 10 noch einmal zusammen:

- **Ihnen fehlt eine spirituelle Orientierung.** Pflegen Sie den Glauben an eine Quelle, die eine Veränderung in Ihnen und in Ihrem Leben bewirken kann, auch wenn alles andere fehlgeschlagen ist.

- **Erschaffen Sie sich eine eigene Quelle.** Ihre spirituelle Kraft kann alles sein, was Sie wollen. Geben Sie Ihr die Eigenschaften, die Sie sich von ihr wünschen. Lassen Sie sich nicht durch die Gottesdefinitionen, mit denen Sie aufgewachsen sind, oder durch die Gottesdefinitionen anderer Menschen einschränken. Das ist eine sehr persönliche Sache. Sie müssen sie niemandem gegenüber verteidigen. Und seien Sie sich der Tatsache bewusst, dass Ihre Definition einer höheren Kraft sich ständig weiterentwickeln kann – so wie Sie sich ständig weiterentwickeln können.

- **Machen Sie nicht Männer zu Ihrer höheren Kraft.** Sie wollen diesen Job nicht, und sie sind auch nicht besonders gut darin.

- **Seien Sie bereit.** Das ist die Voraussetzung für eine Veränderung. Sie können sich dafür entscheiden, die Möglichkeit zuzulassen, dass das Unwahrscheinliche oder scheinbar Unmögliche geschieht. Tun Sie es! Andernfalls bleibt Ihnen nur die Möglichkeit, Ihr Herz zu verschließen. Und wenn Sie Ihr Herz verschließen (und sei es nur gegenüber Männern, aber beispielsweise nicht gegenüber Schoßhündchen), verzichten Sie vielleicht auf die größte Chance, sich als Mensch weiterzuentwickeln.

- **Fangen Sie an zu üben.** Eine Partnerschaft ist ein spiritueller Weg. Sie ist eine Übung in Liebe zu sich selbst und zum Partner. Und sie fängt nicht erst an, wenn Sie die Hochzeitstorte anschneiden und ein lustiges Video vom Brauttanz auf *YouTube* hochladen. Sie fängt genau jetzt an. Lassen Sie sich darauf ein!

Epilog

Natürlich habe ich jemanden kennengelernt. Einen Monat, nachdem der Artikel zu diesem Buch in *The Huffington Post* erschienen war, saß ich in einem Buchladen-Café und tippte auf meinem Laptop herum, als sich ein bärtiger Mann, der einen leeren Wäschekorb trug, neben mich setzte. Wir begannen uns zu unterhalten. Im Lauf der nächsten halben Stunde sprachen wir über männliche Bindungshormone, Oxytocin, meinen kriminellen Vater, seinen Vater, den Vietnamveteranen, meine Mutter, die Prostituierte, und seine Mutter, die Spiritistin. Und als klar war, dass seine Wäsche inzwischen staubtrocken sein musste und es Zeit zum Gehen war, fragte er nach meiner Telefonnummer. »Wir müssen im Gespräch bleiben«, meinte er. Er schickte mir noch am selben Abend eine SMS, und am nächsten Tag unternahmen wir zusammen eine dreistündige Wanderung.

Wir verliebten uns. Wir gingen eine Beziehung ein. Das war (während ich dies schreibe) vor acht Monaten. Er ist beängstigend intelligent, fordert mich im positivsten Sinne heraus und lässt sich nichts von mir gefallen. Ein Sechser im Lotto.

Und das habe ich herausgefunden: *Alles, worüber ich in diesem Buch geschrieben habe, trifft auf mich zu!* Natürlich wusste ich das schon vorher, aber solange ich noch Single war, war das alles noch viel theoretischer. Und ich war ziemlich lange Single.

In den letzten sechs Monaten habe ich über das geschrieben, was ich auch lebe. Und er hat es mit mir gelebt – Gott segne ihn dafür! Denn dieses *Es* war nicht immer nur schön. Manchmal zerfloss ihm das Make-up, und seine Haare sahen wie ein Rattennest aus. Und manchmal war es unglaublich – ein wunderschönes, erstaunliches, bemerkenswertes, atemberaubendes Etwas – mit nichts vergleichbar, das ich je erlebt hatte.

Mit anderen Worten: Es war Wirklichkeit. Wir sind einfach nur zwei Menschen, die das Leben leben. Wir haben Hoffnungen, Ängste, Träume, erleben Schönes und weniger Schönes. Vor allem sind wir bereit, einander noch einen Tag länger zu lieben – genau da, wo wir jetzt sind. Es ist wirklich ein Geschenk.

Und Heirat?

Nach acht Monaten ist es wirklich noch zu früh für diese Entscheidung. Aber so viel kann ich immerhin sagen: Wir sprechen darüber.

Danksagungen

Zuallererst möchte ich den Frauen (und Männern) danken, die ihr Herz geöffnet und mir ihre Geschichte erzählt haben. Die Welt verändert sich, wenn ein Mensch offen und ehrlich redet und ein anderer mit ganzer Seele zuhört. Ich kann nur hoffen, dass sich dieses Buch – ungeachtet aller Respektlosigkeiten und der manchmal drastischen Sprache – der vielen Gespräche würdig erweist und ein wenig mehr Liebe in die Welt bringt. Danke dafür, dass ich an eurer Reise teilhaben durfte.

Ich danke meiner Lektorin Pamela Cannon – und dem gesamten Team bei Random House/Ballantine – dafür, dass es so viel Freude gemacht hat, dieses Buch zu realisieren. Ihr seid wie ein toller Ehepartner – ihr habt mich unterstützt, ermutigt und mir immer das Gefühl gegeben, meinen Willen durchsetzen zu können.

Danke meinem Team bei WME, besonders meiner Buchagentin, Andy McNicol, für ihren fantastischen Instinkt. Außerdem Nancy Josephson, Tom Wellington, Kirby Kim, Simon Faber und Adriana Alberghetti – ich bin so dankbar für eure Unterstützung und dafür, wie ihr mich vertretet. Ihr seid immer zur Stelle, wenn ich bereit für den nächsten Schritt bin, und dafür kann ich gar nicht genug danken.

Ein besonderer Dank geht an Arianna Huffington und Roy Sekoff von *The Huffington Post* – dafür, dass ihr mir Gelegenheit gegeben habt zu sagen, was ich wirklich denke. Ohne euch wäre dieses Buch nicht das, was es ist. Danke auch den klugen und einfühlsamen Redakteurinnen Hallie Seegal und Sara Wilson.

Jill Soloway schulde ich in mehrfacher Hinsicht Dank: 1) Für die Organisation der Lesungsreihe »Sit 'n Spin«, bei der ich den ursprünglichen Essay »Why You're Not Married« vorgetragen habe. Dieser Abend hat mein Leben als Autorin verändert. 2) Dafür, dass du eine tolle Freundin und Mentorin bist. Und 3) dafür, dass du mich daran erinnert hast, worum es wirklich geht: anderen zu dienen. Ohne dich gäbe es dieses Buch nicht.

Ich danke auch Carrie Byalick, Molly Kawachi, Victoria Taylor, Natalie Lent und der ganzen Truppe bei ID PR dafür, dass ihr so klasse seid. Ich will euch nur eins sagen: Ihr Mädels schafft es ohne Weiteres, meine miese Kindheit wettzumachen.

Meine Liebe und Dankbarkeit gilt meinem 15-jährigen Sohn. Du bist wunderbar. Du inspirierst mich. Und wie jeder Elternteil kann ich mich nur von Herzen bei dir entschuldigen und hoffen, dass du es mit etwas Glück vielleicht eines Tages, nach deinem 35. Geburtstag, nicht als völligen Reinfall betrachten wirst, mich als Mutter zu haben.

Und schließlich möchte ich Luke von ganzem Herzen danken. Deine Geduld, dein Mut, deine Klugheit und Liebe sind überwältigend. Du hast jede Minute dieses Buches mit mir zusammen erlebt. Und du hast mir beigestanden, während es mich an all die Orte geführt hat, zu denen eine Frau tief in ihrem Inneren durch ein Buch geführt wird. Du bist ein Held! Währenddessen hast du mir das größte Geschenk von allen gemacht: Du hast mir die Chance gegeben, mehr und besser zu lieben. Meine Dankbarkeit lässt sich kaum in Worte fassen. Ich liebe dich.

Register

K

L

M

N

O

P